정책연구
2024-02

세대별 생애노동과 불평등

이지은 · 황규성

한국노동연구원

목 차

표 목 차

그림목차

요 약

1. 서 론

생애노동은 개인의 인생사와 밀접한 관계를 맺는다. 취업을 해서 평생 한 직장에서 일을 하거나, 혹은 여러 직장을 옮겨다니면서 계속 일을 하는 사람들이 있다. 결혼과 출산으로 인해 일을 그만두는 사람이 있는가 하면 자녀의 교육비를 벌기 위해 더 많은 시간의 노동을 선택하는 사람도 있을 것이다. 나이가 들어, 노동의 대가로 얻은 수입이 많거나, 부모 세대에게 물려받은 재산이 많은 사람들은 일정한 나이가 되면 여유롭게 노동시장에서 은퇴할 것이다. 반면 젊은 시절 열심히 일했음에도 불구하고 여전히 생계를 걱정해야 하는 사람들은 노년에도 불안정하고 낮은 수입의 일자리라도 있다는 것에 위안을 삼으며 계속 일하고자 할 것이다. 생애노동은 개인이 직면한 환경 속에서 순간순간 선택하는 결과의 총체이다.

같은 세대를 살아가는 사람들은 유사한 생애노동을 경험할 것인가? 그렇기도 하고 아니기도 할 것이다. 공통된 사회경제적 조건과 유사한 노동시장 상황은 그 시대를 사는 사람들에게 비슷한 생애노동을 제공할 것이다. 과거 산업화 세대에는 국가 차원에서 경제발전을 주도한 시기로, 넓은 취업 기회와 평생직장 개념이 강하면서, 한편으로는 장시간 저임금 노동이 일상이었다. 최근에는 장시간 저임금은 약화되었지만, 청년들의 취업 기회는 줄어들어 노동시장 진입이 점차 늦어지고 있으며, 평생직장의 개념은 약화되어 중장년층의 은퇴 시기가 빨라지고, 고령에도 재취업하고자 하는 사람들이 늘어나고 있다.

이러한 세대별 동질성의 다른 한편에는 같은 세대를 살아가면서도 다른 노동형태를 보이는 이질성이 존재한다. 한 직장을 꾸준히 다니면서 안정된 노동생애를 살아가는 사람이 있는가 하면, 잦은 이직으로 정규직과 비정규직을 옮겨가면서 불안정한 노동생애를 살아가는 사람이 있다. 이에 따라 파생하는 소득불평등도 다양한 양상을 보일 것이다.

이 보고서는 노동생애의 세대별 동질성과 세대 내 이질성을 파악하고, 그 차이를 분석하여, 소득불평등에 이르는 과정까지를 살펴보고자 한다. 제2장은 생애주기와 노동생애를 연결하는 세대론적 관점과 선행연구를 정리하였다. 제3장은 노동시장의 진입기와 활동기 분석을 통해 생애노동의 장기 추이를 파악한 것이다. 세대 내 이질성 파악을 위해 노동시장 진입 이후 경과 기간 동안의 개개인 노동이력을 분석하여 생애노동 궤적을 세대별로 분류하였다. 개별 세대는 관측기간이 상이하기 때문에 직접 비교하기 어려운 한계가 있다. 이에 모든 세대에서 공통적으로 포함된 청년기에 대하여 세대별 청년기 생애노동 궤적을 분석하고, 결정요인을 밝혔다. 제4장은 생애노동 가능 기간 대비 실제 노동기간과 고용형태를 기준으로 생애노동 유형을 분류하고, 세대별 차이를 분석하였다. 생애노동 유형에 따른 소득불평등에 대하여 세대 내, 세대 간 차이를 분석하였고, 첫 취업부터 10년 동안의 소득불평등 정도를 파악하였다. 제5장은 제3장과 제4장의 양적 분석을 보완하기 위해 표적집단 심층면접(FGI: Focus Group Interview)을 실시하였다. 면담을 통해 개인의 생애노동 궤적과 노동유형, 이에 따른 소득불평등을 아우를 수 있도록 하였다. 제6장에서는 요약과 한계, 정책적 시사점을 제시하였다.

2. 한국의 세대

세대상황, 세대결속, 세대단위 같은 주요 개념을 가다듬으면서 세대에 관한 사회과학적 접근에 기초를 닦은 만하임의 세대론과 이질적 요소의 병존을 비동시성의 동시성으로 포착한 블로흐의 논의는 세대에 접근하는 이론적 자원을 공급했다. 개인들과 역사적 · 사회경제적 맥락의 관계에 주목하는 생애과정론 역시 세대 연구에 활용할 수 있다. 특히 생애과정 체계 개념은 나라에 따라 상이한 생애과정의 속성이 있다는 점을 강조함으로써 국가별 생애과정의 유사성과 차별성을 조명하는 데 도움이 된다.

일하는 삶과 관련된 규칙, 제도, 규범, 관행 등에 주목하는 노동생애과정 체계는 일생에 걸친 노동의 궤적과 유형을 드러낼 수 있는 유용한 개념이다. 노동생애과정 체계는 나라별로 독특한 특징을 보이겠지만 역사적 변동에 따라 한 나라 안에서도 세대별로 다른 모습을 취한다. 노동생애 과정의 특징에 따라 세대 내 소득불평등과 세대 간 소득불평등은 역사적으로 상이한 형태를 드러낸다.

만하임의 세대상황을 세대경험으로, 세대결속을 세대표준으로, 세대단위를 세대분화로 번안하면 한국의 세대를 입체적으로 조망할 수 있다. 한국의 세대는 10대 후반부터 30대 초반 시기에 직면한 세대경험을 기준으로 건국 세대(1930~1944년생), 산업화 세대(1945~1962년생), 민주화 세대(1963~1980년생), 정보화 세대(1981~1995년생)로 구분할 수 있다.

건국 세대는 질풍노도의 시기에 해방, 정부수립, 분단, 전쟁을 겪으며 대한민국이라는 나라를 어떻게 만들어 갈 것이냐라는 시대적 과제를 안고 있었다. 전통사회에서 근대사회로 나아가는 길목에서 농지개혁을 경험하는 한편, 산업화의 초기단계를 공유했다.

산업화 세대는 청년기를 정치적 억압과 경제성장이 결합된 체제에서 살았다. 군사쿠데타에 이은 독재체제의 수립, 유신 같은 사건이 이들이 청년기에 공유한 정치적 세대경험이었다. 사회경제적으로는 산업화, 도시화를 포함해서 한국 자본주의가 급행열차를 탄 시기로, 한편으로는 고도성장의 세례를 받기도 했지만 다른 한편으로 "조국 근대화의 기수"로 호칭된 이들은 중노동으로 그늘이 짙게 드리워진 세대였다.

민주화 세대는 한국에서 민주주의를 정착시키는 데 커다란 공적을 세웠지만 이제는 기득권 수호세력으로 도마 위에 올랐다. 이들은 민주화 투쟁이 이어 1987~1988년의 노동자 대투쟁을 현장에서 경험하고 조금씩이나마 생활이 나아지고 있었다. 특히 1986~1989년에 걸쳐 한국경제가 유례없이 잘 나가는 "3저 호황"을 누렸다. 그러나 이들은 10년 후 불어 닥친 IMF 외환위기를 한참 일하고 있을 시기에 경험하였다.

정보화 세대가 앞선 세대와 뚜렷하게 구별되는 지점은 구심점이 희미하다는 점이다. 나라 만들기, 산업화, 민주화 같이 세대를 아우르면서 세대를 상징하는 깃발은 그다지 뚜렷하지는 않지만 인터넷의 보편화를 필두로 인공지능에 이르기까지 정보통신기술이 삶에 깊숙이 침투한 시기에 살고 있다. 본 보고서는 자료의 한계로 건국 세대는 분석에 포함하지 못하였다.

취업자 수와 산업별・종사상지위별 구성, 임금, 노동시간 등은 각 세대에 통용되는 노동생애의 틀을 형성했다. 아울러 각 세대의 노동생애는 입직시기, 일자리(고용관행, 안정성, 고용형태), 노동시간, 임금제도, 은퇴연령 등 상이한 제도 속에서 이루어졌다. 세대별 노동생애에는 지배적인 양태가 있다는 의미에서 전형(典型), 즉 표준적 노동생애가 성립됨으로써 각 세대의 노동생애에는 일정한 동질성이 있다고 볼 수 있다.

각 세대의 노동생애에 지배적인 양태가 있더라도 모든 세대 구성원이 비슷한 노동생애를 경험하지는 않는다. 동시대를 공유하면서 세대경험이 같은 사람들 사이에도 노동생애제도 중에서 주로 직면하는 생애노동제도가 달라 생애노동에 이질성이 존재한다. 생애노동의 동질성과 이질성은 실증적으로 규명해야 할 과제다.

3. 세대별 생애노동 궤적

제3장에서는 노동시장 진입기와 활동기의 세대별 특성 차이를 일차적으로 살펴보았다. 이후 세대별 생애노동 궤적의 유형을 나누고, 각각의 유형 특성과 세대별 차이를 파악하였다. 그러나 2022년 현재 1945~62년생인 산업화 세대는 61~78세이고, 1963~80년생인 민주화 세대는 43~60세, 1981~2000년생인 정보화 세대는 23~42세이다. [그림 2-11]에서 언급한 바와 같이 산업화 세대는 일부 노년을 포함하여, 청년, 중년, 장년이 모두 포함된 생애노동 궤적을 그릴 수 있다. 반면 민주화 세대는 일부 장년을 포함하여 청년, 중년의 생애노동 궤적이 가능하다.

마지막으로 정보화 세대는 청년과 일부 중년을 대상으로 할 수밖에 없다. 따라서 궤적은 각 세대 내에서의 이질성을 파악하는 데 중점을 맞추었다. 세대 간 생애노동 궤적 비교를 위하여 동일한 연령대 분석을 실시하였다. 산업화 세대의 청년, 민주화 세대의 청년, 정보화 세대의 청년의 청년기 노동 궤적을 직접적으로 비교하였다.

생애노동 장기 추이 분석의 시사점은 다음과 같다.

첫째, 첫 일자리 취득 연령은 최근에 오면서 점점 높아지고, 최종학력 졸업 이후 첫 일자리 취득 소요 기간도 길어지고 있다. 이는 과거에 비해서 대학 진학률이 높아지면서 자연스럽게 노동시장 진입이 늦어졌기 때문이다. 또한 첫 일자리 취득 소요 기간이 길어지는 것은 최근 노동시장의 양극화로 처음부터 안정적인 일자리로 진입하려고 하기 때문이다. 직종은 세대별로 직업군별 큰 차이가 없었다면, 사무직 종사자가 민주화 세대 이후 압도적으로 많아졌다.

둘째, 최근에 오면서 청년기(19~34세) 노동기간은 줄어들고, 장년기(50~64세) 노동기간 소폭 증가하였다. 이는 학력 상승으로 인한 취업 연령 증가로 청년기 노동기간은 줄고, 은퇴 이후 계속 일하는 중고령자가 많아지고 있는 사회현상을 그대로 반영하고 있다. 그러나 최종학력 졸업 이후 34세까지의 기간으로 산정하여, 노동 가능 기간 대비 실제 노동기간 비중을 살펴보면, 청년기의 노동 밀도가 최근에 오면서 오히려 높아진 것으로 나타났다. 즉 청년기의 실제 노동기간은 최종학력 증가로 인해 감소하였지만, 졸업 후 34세까지 기간 동안의 노동 비중은 더 높은 것을 알 수 있다.

셋째, 이직 횟수는 과거에 비해 증가하고 있으며, 첫 번째 일자리보다 두 번째 일자리의 근속기간이 길어지고 있다. 이는 평생직장의 개념은 옅어지고, 첫 번째 일자리가 두 번째 일자리로 가기 위한 가교 역할을 하고 있기 때문인 것으로 보인다.

생애노동 궤적분석을 위하여 집단기반 궤적분석(Group-Based Trajectory Analysis)을 이용하여 입체적인 궤적을 도출하였다. 산업화 세대(1945~1962년생), 민주화 세대(1963~1980년생), 정보화 세대(1981

~1995년생)를 나누어 각각 생애노동 궤적을 유형화하고, 세대별 비교를 통해 생애노동 궤적의 변화를 파악하고자 한다. 고용형태는 미취업, 비임금근로자, 임시일용 근로자, 상용근로자로 구분하였다.

생애노동 궤적은 세대별로 동질성과 이질성이 동시에 존재한다. 궤적은 노동시장에서 고용형태가 안정하게 유지되었는지, 시간의 흐름에 따라 이동하였는지, 노동시장을 퇴장하는지, 혹은 재진입하였는지로 구분된다. 고용형태가 유지된 유형은 '상용 유지', '임시일용 유지', '비임금 유지' 유형이다. '비임금 유지' 유형의 경우 정보화 세대에는 관측되지 않았다. 고용형태 이동 유형은 '비임금에서 임금', '임금에서 비임금', 혹은 비임금과 임금을 반복하는 '불안정 이동' 유형이다. '불안정 이동' 유형은 산업화 세대에는 발견되지 않았다. 퇴장 유형은 '상용 후 은퇴', '상용 후 퇴장', '중도 퇴장', '중도 퇴장 후 재진입', '경력단절 후 재진입'이다.

세대별 생애노동 궤적 분석을 통해 얻은 시사점은 다음과 같다.

첫째, '불안정 이동' 유형은 산업화 세대에서는 발견되지 않았고, 민주화 세대와 정보화 세대에서 발견되었다. 민주화는 임시일용과 상용 사이의 불안정 이동이라면, 정보화는 미취업과 취업 사이의 이동이다. 즉 정보화 세대에는 실업과 취업이 반복적으로 일어나고 있음을 추측할 수 있다. 이는 최근 평생직장의 개념은 없어지고, 청년 실업률이 급증하는 현실을 반영하고 있다.

둘째, '상용 유지' 유형의 여성 비중이 증가하고 있다. 산업화 세대 30.4%, 민주화 세대 33.7%, 정보화 세대 41.0%로 나타났다. 안정적이고 상대적으로 좋은 일자리에서는 주로 남성들이, 불안정하고 상대적으로 임금이 낮은 일자리에서는 주로 여성들이 일하고 있었던 노동시장의 성별 격차가 완전히 해소되지는 않았지만, 줄어들고 있는 것으로 보인다.

셋째, '비임금 유지' 유형이 정보화 세대에서는 없어졌다. 이는 우리나라 노동시장 전반의 성격을 반영한 것으로, 최근에 오면서 비임금 노동자의 비중이 줄어들었기 때문이라고 추측된다.

앞서 도출된 생애노동 궤적은 자료의 한계상 세대별 분석 기간이 달라 산업화 세대는 노동시장 진입 이후 40년, 민주화 세대는 30년, 정보화 세대는 20년을 대상으로 분석한 것이다. 분석 기간이 다르기 때문에 발생할 수 있는 문제점을 극복하기 위해 모든 세대에서 19~34세에 이르는 기간을 대상으로 청년기 노동 궤적을 분석하였다. 청년기는 최종학력 상태에 따라 노동시장 진입 시점이 다를 것이기 때문에 고용형태에 학생을 포함하여, 학생, 미취업, 비임금, 임시일용, 상용으로 구분하였다.

청년기 노동 궤적은 노동시장 진입 후 동일한 고용형태가 유지되는 '안정' 유형, 고용형태가 이동하는 '이동' 유형, 학생이나 미취업이 유지되는 노동시장 '미진입' 유형으로 구분되었다. 안정 유형은 노동시장 진입 시점에 따라 구분되는데, '20세 진입', '25세 이전 진입', '25세 이후 진입'으로 구분되었다.

세대별 청년기 노동 궤적 분석은 다음과 같은 시사점이 있다.

첫째, 최종학력이 대졸인 것으로 추측할 수 있는 '25세 이후 진입' 유형은 산업화 세대, 민주화 세대, 정보화 세대 구분 없이 모든 세대에서 첫 일자리에 획득한 상용을 유지하였다. 그러나 최종학력이 고졸이 다수인 노동시장 '20세 진입' 유형들은 세대별로 진입 후 양태가 다르다. 산업화 세대와 민주화 세대는 20세 노동시장 진입 후 상용을 계속 유지한 반면, 정보화 세대는 20세에 임시일용으로 첫 일자리를 획득한 이후 계속 임시일용을 유지하였다. 즉 정보화 세대에는 학력에 따라 고용형태가 상용과 임시일용으로 단절되었다면, 산업화 세대와 민주화 세대는 학력에 구분 없이 상용으로 노동시장에 진입하여 청년기 동안 상용을 유지하는 것을 알 수 있다.

둘째, 청년기 노동 궤적의 성별 특성을 보면, '25세 이후 진입' 후 상용은 모든 세대에서 남성이 80% 이상으로 압도적으로 많다. '25세 이전 진입' 후 상용의 남성 비율이 민주화 세대 68.3%, 정보화 세대 42.9%로 오히려 역전되었다. 이는 여성의 대학 진학률이 높아진 것에 기인한 것으로 보인다.

세대별로 청년기 노동 궤적 유형에 속할 결정요인을 알아보기 위해 다항 로짓 분석을 실시하고 한계효과를 계산하였다. 남성일수록, 학력이 높을수록 노동시장 진입 후 상용을 유지하는 유형에 속할 확률이 모든 세대에서 높았다. 그러나 아버지 학력과 14세 당시 경제적 형편은 세대별로 유형별로 유의한 정도가 일관성을 보이지는 않았다.

4. 세대별 생애노동 유형과 소득불평등

제4장은 세대별 생애노동 유형과 소득불평등에 대하여 분석하였다. 개인의 생애노동 유형이 세대별로 변화가 있는지 산업화 세대(1945~1962년생), 민주화 세대(1963~1980년생), 정보화 세대(1981~1995년생)로 구분하여 노동기간 총량을 살펴보았다. 또한 생애노동 가능 기간 대비 실제 노동기간으로 생애노동 유형을 구분하고 세대별로 차이가 있는지 살펴보았다. 유형은 노동기간과 고용형태에 따라 5가지로 분류하였다.

유형 1은 '안정적 임금노동자'로 생애노동 가능 기간 중 2/3 이상을 노동하였으며, 이 중 임금노동을 50% 이상 하고, 이 중 상용직 노동을 75% 이상 한 사람들이다. 유형 2는 '불안정 임금노동자'로 생애노동 가능 기간 중 2/3 이상을 노동하였으며, 이 중 임금노동을 50% 이상 하고, 이 중 상용직 노동이 75% 미만인 사람들이다. 이 유형에 속한 노동자는 최근 노동시장 이중구조에서 자주 언급되는 비정규직 근로자일 것이다. 계속해서 일은 하고 있지만, 비정규직 이후 정규직으로 이동하지 못하는 경우이다. 비정규직으로 계속 이직하여 일하고 있거나, 일용근로자로 일이 생길 때마다 쉬지 않고 일하는 경우이다. 유형 3은 '지속적 비임금노동자'로 생애노동 가능 기간 중 2/3 이상을 일하고, 이 중 비임금노동을 50% 이상 한 사람들이다. 과거 1960~70년대 자영업자와 무급가족종사자가 전체 노동시장에서 절반 이상을 차지하던 시절 장사를 시작하여 30년 이상 계속한 경우가 대표적으로 유형 3에 속한다. 유형 4는 '간헐적 임금노동자'로 생애노동 가능 기간 중 2/3 미만으로 일을 하고, 이 중 임금노동을 50% 이상 한 사람들이다. 즉 노동 가능 기간 30년 중 10년 이하로 일한 경우이다. 졸업 후 취직하여 일하다가 출산과 육아로 인해 일하던 직장을 그만둔 경력단절 여성이 대표적인 경우이다. 유형 5는 '간헐적 비임금노동자'로 생애노동 가능 기간 중 2/3 미만으로 일을 하고, 이 중 비임금노동을 50% 이상 한 사람들이다. 대표적인 경우가 남편 장사를 도와 무급가족종사자로 잠깐 일하는 것이다. 개업 초기에 잠시 도왔다가 장사가 잘되어 규모가 커지면서 정식 직원을 채용하여 그만두었거나, 처음에는 함께 일하지 않다가 장사가 어려웠을 때 잠시 돕는 경우일 것이다.

생애노동 유형 분류를 통한 시사점은 다음과 같다.

첫째, 생애노동 유형 중 '안정적 임금노동자'는 산업화 세대 20.5%, 민주화 세대 46.2%, 정보화 세대 53.7%로 급격하게 증가하였고, 반면 '지속적 비임금노동자'는 산업화 세대 25.3%, 민주화 세대 13.8%, 정보화 세대 4.2%로 감소하였다. 이는 전체 노동시장에서 임금노동자의 비중이 증가하고, 비임금 노동자의 비중이 감소하였기 때문이라 추측된다. 또한 '안정적 임금노동자'의 여성 비중은 4배 이상 증가(8.8%→22.0%→39.4%)하였는데, 이는 전체 노동시장에서 여성의 노동시장 진출 증가에 기인한 것이다.

둘째, 최종학력 졸업 이후 34세까지를 대상으로 청년기 생애노동 유형을 살펴본 결과, 생애노동 가능 기간 동안 실제 노동기간이 2/3 이상인 유형 비율이 산업화 세대(27.7%)에 비해 민주화 세대(54.0%), 정보화 세대(66.1%)가 높아, 최근에 오면서 노동 밀도가 높아졌음을 알 수 있다.

생애노동과 소득불평등 분석에서의 시사점은 다음과 같다.

첫째, 사업소득의 불평등 정도는 임금의 불평등 정도보다 월등히 높아 상위계층과 하위계층의 격차가 큰 것으로 나타났다. 2009~2022년 14년 동안 사업소득은 10분위 소득이 1분위 소득보다 평균 44배 높았고, 임금은 평균 10배가 높았다. 시간의 경과를 살펴보면, 사업소득 지니계수는 2009년 이후 2016년까지 감소하다가 최근 5년간 소폭 증가하는 추세인 반면, 임금 지니계수는 2018년 이후 감소 추세가 증가하였다. 즉 사업소득은 최근 불평등 정도가 심화되고 있으며, 임금은 최저임금 인상 효과로 불평등 정도가 낮아지고 있는 것으로 추측할 수 있다.

둘째, 생애노동 가능 기간 대비 실제 노동기간 비율과 고용형태에 따라 분류한 생애노동 유형별 노동소득(임금+사업소득) 불평등 추이를 살펴보았다. '안정적 임금노동자' 유형의 불평등 정도가 가장 낮았으며, 꾸준히 감소하는 추세이다. 반면 '간헐적 비임금노동자' 유형의 불평등 정도가 가장 높았고, '지속적 비임금노동자' 유형이 다음으로 높았다. 이는 사업소득의 불평등 정도가 높은 것과 같은 맥락에서 이해가 되며, 특히 간헐적으로 일하는 경우, 격차가 더 커질 수밖에 없을 것이다. 모든 유형에서 불평등 정도는 최근에 오면서 감소하는 추세를 보인다. 생애노동 유형별 불평등 정도는 산업화 세대, 민주화 세대, 정보화 세대가 큰 차이 없이 비슷하였다.

셋째, 청년기 소득불평등 정도를 파악하기 위해 첫 취업 후 10년 동안의 노동소득에 대하여 세대별 평균소득 대비 당해연도 소득 비중을 살펴보았다. 민주화 세대 중 1970년 초반 출생자는 이후 출생자에 비해 평균소득 대비 소득 비중이 가장 높았으며, 첫 일자리 취득 8년 차에 비중이 100%가 넘어선 반면, 1975년 이후 출생자는 10년 동안 100%를 넘지 못했다. 즉 과거에 비해 최근 청년들은 노동시장 전체에서 차지하는 임금 비중이 첫 일자리부터 10년 동안 계속 낮으며, 시간이 지나도 기성세대의 임금인상 수준을 따라가지 못함을 알 수 있다. 이러한 현상은 남녀 차이에서 더욱 두드러져서, 남성은 모든 출생 코호트에서 5년 차에 평균임금대비 100%를 넘어서지만, 여성은 모든 코호트에서 첫 취업 후 10년 동안 한 번도 100%를 넘지 못했다.

넷째, 생애노동 유형에 따른 1년 차 임금과 10년 차 임금을 비교하였다. '안정적 임금노동자'의 1년 차 소득 비중이 모든 출생 코호트에서 동일하게 높았으며, 10년 차 소득 비중도 안정적 임금노동자가 가장 높았다. 또한 10년 차 평균소득 대비 소득 비중은 최근에 오면서 낮아졌다. 즉 청년의 노동시장 전체에서의 임금 수준이 과거에 비해 낮다는 것을 추측할 수 있다.

다섯째, 첫 취업 후 10년 차 소득에 영향을 미치는 요인이 후기 민주화 세대(1970년대생)과 전기 정보화 세대(1980년대생)에서 차이가 있었다. 후기 민주화 세대는 고졸 대비 대졸 이상이 5.15로 가장 큰 영향 요인이었고, 1차년도 소득은 4.6으로 다음이었다. 반면 전기 정보화 세대는 여성에 비해 남성이 5.8로 가장 높고, 임시일용 대비 비임금일 경우 4.14, 1차년도 소득은 3.65 순으로 영향을 미쳤다.

5. 주관적 생애노동

제5장에서는 제3장과 제4장의 양적 분석을 보완하기 위해 질적 분석을 시도하였다. 앞서 제3장 세대별 생애노동 궤적과 제4장 세대별 생애노동 유형과 소득불평등은 모두 양적 데이터를 기반으로 개인의 생애 주기와 생애노동을 결합하여 분석한 것이다. 이러한 양적 분석을 기반으로 현재 노동자의 삶을 살고 있는 사람들의 의견을 청취하여 보다 현실적인 생애노동의 모습을 파악하고자 표적집단심층면접(FGI : Focus Group Interview)을 실시하였다.

면접대상은 제3장의 생애노동 궤적 유형이 반영될 수 있도록 '일자리 유지' 유형과 '일자리 이동' 유형, '경력단절' 유형으로 구분하였고, 총 17명을 대상으로 2024년 1월 24일, 29일, 30일 3일에 걸쳐 진행하였다.

조사내용은 제3장의 생애노동 궤적을 반영하기 위하여 노동시장 진입기, 활동기, 은퇴기로 구분하고, 제4장 소득불평등을 반영하기 위하여 개인이 느끼는 불평등에 관한 질문으로 구성하였다.

표적집단심층면접(FGI)의 시사점은 다음과 같다.

첫째, 첫 일자리를 갖는 것은 과거에 비해 현재가 더욱 어려워진 것으로 인식되었다. 50대는 IMF 이전에 취업을 하여 고졸자와 대졸자 모두 취업이 어렵지 않았다. 반면 정보화 세대인 30~44세는 IMF 이후 경제가 완전히 회복되지 못한 상태로 대부분 취업이 어려웠다고 언급하였다.

둘째, 이직을 한 이유는 세대별 공통된 특징이 발견되지 않았고, 개인이 처한 환경에 따라 다양하게 응답되었다. 모든 세대와 모든 일자리 유형에서 적성에 맞지 않거나, 출산 및 육아, 회사 사정이 어려워진 경우 등의 의견이 제시되었다. 이직 시 고려해야 할 점으로는 모두 '나이'를 언급하여, 일정한 나이 이후 이전 직장과 비슷한 수준의 직장으로 이직하는 것은 매우 어려운 일로 여겨진다.

셋째, 모든 연령대에서 은퇴하지 않고 계속 일하고자 하는 욕구가 있었다. 40대는 대출금을 갚는 것이 은퇴준비라고 할 만큼 은퇴준비가 되어 있지 않다고 응답하였으며, 상대적으로 50대는 은퇴준비에 대한 구체적인 계획을 가지고 있는 것으로 언급하였다.

넷째, 첫 일자리 임금 수준 대비 현재 임금수준을 비교했을 때, 일자리 유지형은 첫 일자리에서 또래보다 임금이 낮았더라도, 현재는 또래 집단보다 높게 받는다는 응답이 많았다. 반면 일자리 이동형과 경력단절형은 시작할때는 비슷하였는데, 현재는 또래보다 낮다는 응답이 대부분이었다. 특히 50대에 재취업을 한 경우는 최저임금 수준의 일자리를 얻는 것이 일반적이라는 의견이 많았다.

다섯째, 우리나라 소득불평등 정도에 대하여, 대부분 불평등하다는 의견이 많았다. 반면 50대에서는 다른 연령대에 비해 불평등이 심하지 않다는 응답이 상대적으로 많았는데, 불평등이 개인 능력의 차이에서 발생하기 때문이라는 의견이 제시되었다.

6. 정책적 시사점

한국의 각 세대는 모두 분투하며 살아 왔고, 지금도 그렇다. 하지만 안정된 삶에 이르는 길은 쉽지 않다. 청년은 청년대로, 중년은 중년대로, 장년의 장년대로 힘들지 않은 세대가 없다. 세대의 교집합에는 '안정된 삶의 희소가치화'라는 이름을 붙일 수 있는 상황이다.

'안정된 삶의 희소가치화'가 각 세대에 공히 관찰되는 현상이라면 한발두발 '모두가 안정된 삶을 누리는 사회'로 나아가야 함은 두말할 필요가 없다. 안정된 삶이 모두에게 고르게 펼쳐지는 사회로 나아가는 데 보탬이 되는 정책이 바로 생애과정 정책(life course policy)이다. 이행노동시장 이론으로 국내에 꽤 알려진 Schmid(2010)는 적극적 노동시장정책에서 생애과정 지향적 노동시장정책으로 전환하자고 제안한다.

생애과정 정책은 기존의 정책을 묶어 볼 수 있는 새로운 시각을 담고 있다. 사실, 생애과정 정책이라는 용어가 생소할 수는 있지만 조각조각의 형태로 이미 있다. 돌봄정책, 가족정책, 연금정책, 활동적 노화(active aging) 등 이미 널리 알려진 용어나 정책들이 모두 생애과정 정책에 해당한다. 노동생애는 복수의 이음새로 연결된 연속적 과정이다. 취업부터 은퇴에 이르기까지 노동생애가 부드럽게 이어지는 것이 바람직할 터인데, 이 과정에서 이음새의 어느 부분이 헐거운지를 점검하고 개선할 부분을 찾아 고쳐 나가는 것이 바람직하다.

제 1 장
서 론

생애노동은 개인의 인생사와 밀접한 관계를 맺는다. 취업을 해서 평생 한 직장에서 일을 하거나, 혹은 여러 직장을 옮겨다니면서 계속 일을 하는 사람들이 있다. 결혼과 출산으로 인해 일을 그만두는 사람이 있는가 하면 자녀의 교육비를 벌기 위해 더 많은 시간의 노동을 선택하는 사람도 있을 것이다. 나이가 들어, 노동의 대가로 얻은 수입이 많거나, 부모 세대에게 물려받은 재산이 많은 사람들은 일정한 나이가 되면 여유롭게 노동시장에서 은퇴할 것이다. 반면 젊은 시절 열심히 일했음에도 불구하고 여전히 생계를 걱정해야 하는 사람들은 노년에도 불안정하고 낮은 수입의 일자리라도 있다는 것에 위안을 삼으며 계속 일하고자 할 것이다. 생애노동은 개인이 직면한 환경속에서 순간순간 선택하는 결과의 총체이다.

같은 세대를 살아가는 사람들은 유사한 생애노동을 가질 것인가? 그렇기도 하고 아니기도 할 것이다. 공통된 사회경제적 조건과 유사한 노동시장 상황은 그 시대를 사는 사람들에게 비슷한 생애노동을 제공할 것이다. 과거 산업화 세대에는 국가 차원에서 경제발전을 주도한 시기로, 넓은 취업 기회와 평생직장 개념이 강하면서, 한편으로는 장시간 저임금 노동이 일상이었다. 최근에는 장시간 저임금은 약화되었지만, 청년들의 취업 기회는 줄어들어 노동시장 진입이 점차 늦어지고 있으며, 평생직장의 개념은 약화되어 중장년층의 은퇴 시기가 빨라지고, 고령에도 재취업하고자 하는 사람들이 늘어나고 있다.

이러한 세대별 동질성의 다른 한편에는 같은 세대를 살아가면서도 다른 노동형태를 보이는 이질성이 존재한다. 한 직장을 꾸준히 다니면서 안정된 노동생애를 살아가는 사람이 있는가 하면, 잦은 이직으로 정규직과 비정규직을 옮겨가면서 불안정한 노동생애를 살아가는 사람이 있다. 이에 따라 파생하는 소득불평등도 다양한 양상을 보일 것이다.

이 보고서는 노동생애의 세대별 동질성과 세대 내 이질성을 파악하고, 그 차이를 분석하여, 소득불평등에 이르는 과정까지를 살펴보고자 한다.

보고서의 구성은 다음과 같다. 제2장에서는 생애주기와 노동생애를 연결하는 세대론적 관점과 노동생애와 소득불평등에 대한 선행연구를 정리하였다. 한국의 사회 경제적 맥락과 노동시장, 제도의 변화 등을 기반으로 산업화 세대(1945~1962년생), 민주화 세대(1963~1980년생), 정보화 세대(1981~2000년생)로 세대를 구분하여, 세대별 생애노동의 동질성과 이질성에 대하여 논하였다. 제3장에서는 노동시장의 진입기와 활동기 분석을 통해 생애노동의 장기 추이를 파악하였다. 세대 내 이질성 파악을 위해 노동시장 진입 이후 경과 기간 동안의 개개인 노동이력을 분석하여 생애노동 궤적을 세대별로 분류하였다. 개별 세대는 관측기간이 상이하기 때문에 직접 비교하기 어려운 한계가 있다. 이에 모든 세대에서 공통적으로 포함된 청년기에 대하여 세대별 청년기 생애노동 궤적을 분석하고, 결정요인을 밝혔다. 제4장에서는 생애노동 가능 기간 대비 실제 노동기간과 고용형태를 기준으로 생애노동 유형을 분류하고, 세대별 차이를 분석하였다. 생애노동 유형에 따른 소득불평등에 대하여 세대 내, 세대 간 차이를 분석하였고, 첫 취업부터 10년 동안의 소득불평등 정도를 파악하였다. 이상의 제3장과 제4장은 통계분석을 기반으로 한 양적 분석이 주를 이룬다. 따라서 제5장에서는 표적집단 심층면접(FGI : Focus Group Interview)을 통해 주관적 생애노동을 입체화하여, 개인의 생애노동 궤적과 노동유형, 이에 따른 소득불평등을 아우를 수 있도록 하였다. 제6장에서는 연구의 요약과 한계, 그리고 남은 과제를 기술하였다. 참고로 보론 '풍경화 세점'은 한국의 대중문화를 통해 한국 전쟁 이후 현재를 관통하는 한국의 생애노동의 모습을 그려보았으니, 가볍게 읽기 바란다.

[그림 1-1] 연구의 흐름도

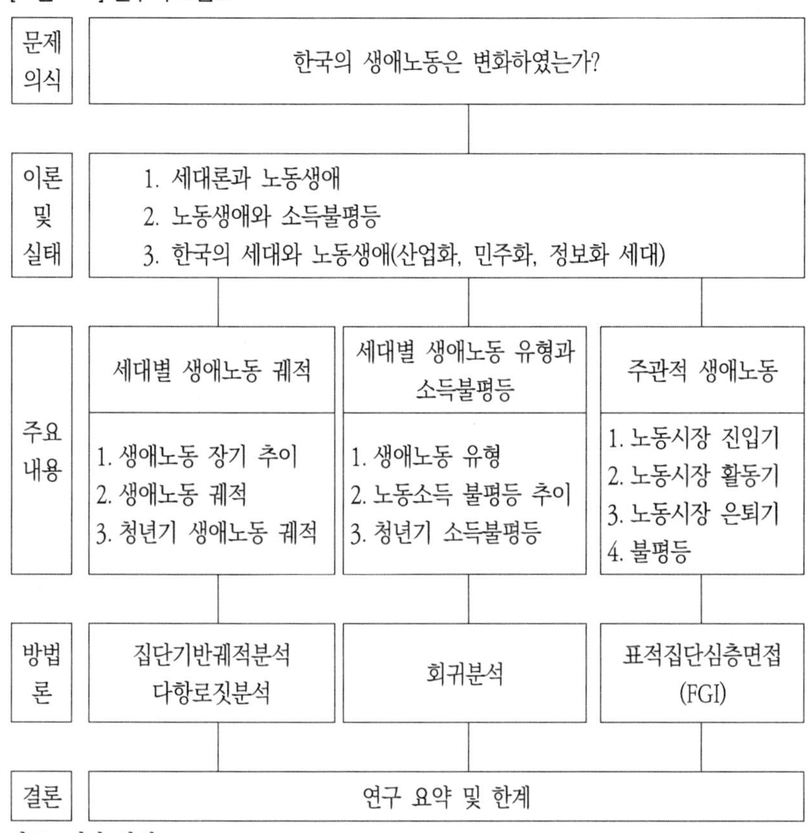

자료 : 저자 작성.

〈보 론〉

풍경화 세 점

덕수는 흥남부두에서 아버지와 동생 막순이하고 헤어진 채 부산 국제시장 고모네 가게에 얹혀살게 된다. 어릴 적에 구두닦이를 하던 덕수는 청년이 되자 남동생 등록금을 마련하려고 독일에서 광부로 일한다. 그곳에서 간호사로 일하던 영자를 만났는데, 귀국 후 부산으로 찾아 온 영자와 혼사를 올린다. 고모네 가게를 무리하게 인수했지만 뜻대로 되지 않던 차에 동생 끝순이의 결혼소식을 접하고 혼인자금을 마련하려고 베트남에 기술자로 일하러 떠난다. 이 와중에 꿈꾸던 선장이 되려고 해양대에 합격한 덕수는 등록을 포기한다. 구두닦이, 독일 광부, 베트남 기술자, 자영업자로 힘들게 살아 온 덕수는 결국 헤어진 막순이도 찾고 나이가 들어 손자손녀도 보았다. 어머니 제삿날에 술 한 잔 올리고 문칸방에 쭈그려 앉은 덕수는 어릴 적 헤어진 아버지의 사진을 바라보며 읊조린다. "이만하면 내 잘 살았지예… (흐느끼며) 근데, 내 진짜 힘들었거든예!" 그것이 덕수의 일생이다. 영화 「국제시장」 이야기다.

제주도에서 자란 한수는 없는 집에서 태어났어도 공부를 잘했는지 서울에서 대학을 나와 은행에 취직한 다음 고향 제주에 지점장으로 발령을 받았다. 그래도 삶은 퍽퍽하다. 미국으로 골프 유학 떠난 딸을 뒷바라지 하느라 등골이 휜다. 동네 친구 은희는 소싯적에 한수와 썸을 탔지만 결혼하지 않은 채 시장에서 생선 대가리 치는 장사꾼이다. 또순이처럼 억척같이 일한 덕에 돈을 꽤 모았다. 한때 주먹세계에서 일했던 인권은 손을 씻고 그 시장에서 순댓국을 팔면서 살아간다. 그의 친구 호식은 시장 상인들에게 얼음을 대면서 생계를 꾸린다. 관심종자이며 공주 DNA

를 타고난 것 같은 미란은 서울에서 마사지 숍을 운영하지만 빛 좋은 개살구다. 이들보다 한 살 어린 동석은 성질이 더러운데, 만물상 트럭을 운전하면서 벌어먹고 산다. 드라마 「우리들의 블루스」 이야기다.

만화 「미생」은 원 인터내셔널이라는 종합상사를 배경으로 입사동기 4명의 직장생활을 다룬다. 정치외교학과를 나온 안영이는 뛰어난 프레젠테이션 능력을 선보이며 수석으로 입사했다. 기계공학과 출신인 한석율은 탁월한 현장 감각을 바탕으로 업무에 열정이 넘치는 사원이다. 경제학을 전공한 장백기는 국제무역사 자격을 취득하고 서류처리 능력이 뛰어나다. 주인공 장그래는 바둑 연구생이었지만 입단에 실패한 다음 후원자의 소개로 인턴으로 입사한다. 안영이, 한석율, 장백기는 인턴을 거친 후 정규직으로 전환된다. 정규직이 되어도 직장은 녹록치 않다. 안영이만 대리로 승진하고 장백기와 한석률은 승진에서 누락된다. 정규직으로 전환되지 못하고 계약기간이 종료되어 회사를 떠난 장그래는 오상식 과장이 차린 온길 인터내셔널에서 직장 생활을 이어나간다. 대기업인 원 인터내셔과 중소기업인 온길 인터내셔널은 갑과 을의 관계에 놓이게 된다. 미생은 바둑용어로 완전히 살아 있지 않아 죽을 수도 있는 돌의 묶음을 말한다. 「미생」의 부제는 "아직 살아 있지 못한 자"다.

세대의 삶을 그려낸 풍경화 세 점이다. 영화 「국제시장」의 주인공 덕수는 70대 중반, 드라마 「우리들의 블루스」의 주인공들인 한수, 은희, 인권, 호식, 미란, 동석은 50대 중반, 만화 「미생」의 주인공들은 이제 막 사회생활을 시작하려는 20대 후반에서 30대 초빈 정도다. 이제 70대에 이른 덕수는 사진 속 아버지에게 낮은 목소리로 "힘들었다"고 털어 놓는다. 50대 한수, 은희, 인권, 호식, 미란, 동석이는 지천명(知天命)은 고사하고 누구 하나 맘 편한 사람이 없다. 젊은 직장인 장그래, 안영이, 한석율, 장백기는 어찌어찌 사원증을 목에 걸었지만 앞날은 불안하다. 한국인의 삶은 세대를 가리지 않고 죄다 버거웠고, 버겁다.

현실도 크게 다르지 않다. 노인들은 살기 어렵다. OECD에서 해마다 지수를 발표하면 노인빈곤과 노인 자살이 세계에서 가장 심각하다는 보도가 어김없이 귀를 스친다. 중장년도 마찬가지다. 모든 세대는 이전 세대와 다음 세대 사이에 놓여 있으니 세대는 모두 "낀 세대"다. 끼어 있지 않은 세대는 없지만 중장년이 스스로를 규정하는 "낀 세대"에는 부모도 부양해야 하고 자식도 키워야 하는 고단함과 억울함이 한 숟가락 녹아들었다. 청년에 관한 이야기는 암울하다. 희망보다는 절망과 탄식이 세대를 채색하고 있다. 2007년에 20대 청년들의 고단한 삶을 고발한 『88만 원 세대』 이후로 청년을 화두로 세대 이야기가 봇물 터지듯 번져 나갔다. "삼포세대"에서 출발하여 "N포세대"로 커져 청년은 포기하는 게 많은 세대가 되었다. 청년들이 만들었다는 "잉여세대"에는 자조가 배어있다. 이번 생은 망했다는 "이생망"이라는 말도 청년들 사이에 널리 쓰인다.

세대 이야기는 무성한데 최근 들어 한국의 세대담론에는 빛보다는 그림자가 짙게 드리워 있다. 세대담론이 현실을 고발하고 우리 사회의 아픈 곳을 진단하고 병을 고치는 도구로 쓰이면 좋으련만 사정은 그렇지 못하다. 정반대로 특정 세대를 변호하거나 비방하는 색깔 씌우기가 난무하다. 나이 든 자들은 젊은 친구들의 태도를 나무라기 일쑤다. "나 때는 말이야"에는 기성세대가 청년세대를 고깝게 바라보는 눈길이 담겨 있다. 서양에서 고대 문자를 판독해보니 '요새 아이들 버릇없다'라는 뜻이라고 하니, 나이든 세대가 젊은 세대를 못마땅해 하는 것은 동서고금을 가리지 않는 것 같다.

청년들은 할 말이 더 많다. "쉰 세대", "꼰대세대"에는 청년이 기성세대를 보는 쾌쾌한 감정이 묻어 있다. 한때 민주화의 화신으로 일컬어졌던 세대는 386에서 시작해 세월이 가며 586로 불리며 기성세대는 자기 자리에서 꿀 빨면서 청년의 앞길을 가로막는 존재로 묘사되기 일쑤다. 심지어 "헬조선"의 미필적 고의를 묻기도 한다(김정훈 외, 2019). 심지어 세대와 젠더가 만나 "이대남", "이대녀" 같은 담론으로 확대 · 재생산되면서 갈등을 넘어 혐오로 번지는 형국이다.

세대담론의 지형에 먼지가 잔뜩 낀 것은 대중매체의 자극적인 제목 뽑아내기 같은 선정주의에 오염된 탓이 크다. 특별히 심한 것이 청년담론이다. 갈라치기 기법으로 세대 갈등이나 세대 균열을 조장하기도 한다. "청년팔이"로 지적하듯 세대는 이제 상품성과 정치성을 갖게 되었다

(김선기, 2019). 21세기 한국의 세대담론은 법정처럼 고소 · 고발과 변호가 반복되어 어지러울 지경이다. 연금개혁 담론에서도 세대갈등은 위험한 용도로 고안된 것으로 보기도 한다(전상진, 2013).

세대 이야기가 늘 그랬던 것은 아니다. 세대가 현재를 토로하거나 비판하는 마음을 드러내기도 하지만 미래를 제시하는 슬로건으로 등장하기도 했다. “20대 기수론” “차세대 선두주자”, “세대교체”와 같은 말은 열정, 야심, 의도, 기획 같은 뜻을 내포한다. 세대가 희망과 긍정의 아이콘인 때도 있었다. 그런데 지금은 부정의 아이콘이 되어 버렸다. 세대의 존재 자체는 역사가 장구한데, 왜 이 시기에 세대 이야기가 온통 부정편향성(negativity bias)으로 얼룩진 언어들로 활활 타올랐을까?

담론은 현실과 시대의 흐름이나 시대 상황, 사회적 분위기를 반영한다. 세대는 흐르는 강물인데 유독 요즘 들어 좌절과 분노의 파도가 거세지고 있다면 담론의 선정성과 상품성으로 치부하기 어려운 현실이 있을지 모른다. 세대가 공론장에서 휘발성이 강한 이슈가 된 현실 자체가 우리 사회의 현실을 톺아보게 하는 계기다.

2024년 한국사회라는 바위 덩어리는 시간이 빚어낸 조형물이다. 바람이 깎고 파도가 가다듬어 만든 바위 덩어리는 여러 단층으로 이루어져 있다. 70대 중반의 덕수, 50대 중반의 한수, 은희, 인권, 호식, 미란, 20대 후반에서 30대 초반의 장그래, 안영이, 한석률, 장백기의 삶은 작은 조각 하나가 되어 그 단층에 녹아들어 있다. 세대로 사회읽기를 시도한다면 세대의 석층을 헤집어봐야 하는데, 그 원재료는 세대의 분사와 원사가 모여 쌓인 퇴적물이고, 그 퇴적물의 덩어리가 바로 세대다. 그렇다면 스냅사진과 동영상의 원재료인 세대를 어떻게 볼 것인지 사회과학적인 논의를 짚어볼 필요가 있다.

제 2 장
한국의 세대

제1절 이론 검토

1. 세대론

가. 세대의 분석적 적실성

학계에서는 일반적으로 계급과 계층, 젠더, 학력, 인종 같은 범주를 이용하여 사회를 분석한다. 계급을 소득계층으로 본다면 사람들을 저소득, 중간소득, 고소득으로 나누고 여기에 속하는 사람들을 구분한다. 어느 한 테두리에 속하는 사람들과 그렇지 않은 사람들은 서로 다른 특징이 있다. 남성과 여성, 고졸자와 대졸자, 백인과 흑인도 그렇다. 계급, 젠더, 학력, 인종은 사회과학에서 범주의 하나(a category)로 널리 인정된다. 그렇다면 세대는 소득계층만큼 사회와 구성원을 파악하는 사회과학적 범주의 하나로 자리매김할 수 있을까? 사람들을 청년, 중년, 장년, 노년으로 나누어보면 사회의 작동방식과 구성원의 삶을 의미 있게 관찰할 수 있을까?

사회과학적 범주의 하나로서 세대의 적실성에 대한 문제의식의 알맹이는 문제의 본질은 다른 곳에 있는데, 겉으로는 세대의 문제로 표출되는 것이 아니냐는 것이다. 사실 그럴 수도 있다. 세대와 관련된 문제는 다른 문제의 중요성을 누락하고 오로지 세대라는 시선으로 접근할 유혹이 도사리고 있다(김선기, 2014; 박재흥, 2001). 이렇게 되면 다른 문제들이 세대를 포장지 삼아 나타날 수도 있다. 이런 경향이나 태도는 세대주의(generationalism)로 일컬어진다. 사회적 · 정치적 문제는 다양한 요인들이 얽혀 있는데, 다른 요인들은 뒤로 물리고 세대로 덮어씌우는 경향이 바로 세대주의다(White, 2013: 236~241).

한국의 세대 연구에서도 겉으로는 세대라는 가면을 쓰고 있지만 가면을 벗기면 맨얼굴은 계급이라는 주장이 있다. 『88만 원 세대』의 문제의식을 비판적으로 검토한 신광영(2009)은 세대 간 불평등은 그다지 심각하지 않고 세대 내 불평등이 확대되고 있어 세대를 외피로 삼는 이야기들은 본질이 계급 문제라고 본다. "종로에서 뺨 맞고 한강에서 눈 흘긴다"는 말이다. 계급은 종로이고, 세대는 한강일 뿐이라는 입장이다. 세대가 동네북 신세가 되었는데, 진범은 세대가 아니고 계급이니 수사의 방향을 달리 잡아야 한다는 주장이다. 거칠게 표현하면 계급 본질주의, 계급 환원론이라고 할 수 있다.

반대로 종로에서 뺨 맞고 종로에서 울부짖고 있다는 입장도 있다. 세대 문제의 독자성을 강조하면서 다른 범주로 설명할 수 없는 세대 고유의 현상이 있다는 것이다. 이런 견해를 가장 적극적으로 펼치는 연구자는 아마도 이철승(2019)인 듯싶다. 그는 이른바 86세대들이 온갖 지점들에서 자리를 독점하고 있어서 청년들이 비집고 들어갈 구석이 좁으며, 이것을 청년 문제의 본질로 파악하고 있다. 이런 입장에 서면 세대는 각시탈이 아니라 민낯이다.

연구자 대부분은 두 가지 입장의 중간지대 어딘가에 서있는 것 같다. 계급은 계급대로, 세대는 세대대로 고유한 문제를 안고 있다는 접근이 대다수인 것으로 보인다. 사실 세대현상과 계급현상을 엄밀히 구별하는 게 말처럼 쉽지는 않다. 예를 들어, 특정 세대에는 계층이동이 활발했는데, 다음 세대에는 계층이동이 활발하지 않게 되었다면 이는 계급 · 계층의 문제임과 동시에 세대 문제다. 계급이동이 세대별로 양상이 다르다면 그것은 그 자체로 세대 문제가 된다. "개천에서 용"나는 시절이 있었다면 그 세대의 계급문제이고, 개천에 물이 말랐다면 이것도 그 세대의 계급문제다.

무엇이 세대현상이고, 무엇이 세대현상이 아닌지, 어디까지가 세대의 문제이고, 어디까지가 계급의 문제일까? 세대의 용법은 무채색과 유채색이 혼합된 회색 담론이 많듯이 세대와 계급도 현실에서는 뒤섞여 있기 마련이다. 세대의 범주적 타당성 혹은 적실성 문제는 사실 연구자의 마음속에 있다. 세대와 계급이 두부 자르듯 가르는 정확한 기준을 찾기보다는 세대 개념을 짚어 보는 것이 나을 듯하다.

나. 세대 개념

만하임(Karl Mannheim)은 사회과학적 세대 연구의 거목으로, 약 100년 전인 1928년과 1929년에 발표한 에세이 두 편(Mannheim 1964[1928/1929])은 사회과학적 세대 연구에서 중요한 역할을 한다. 세대에 관한 사회과학적 논의는 동의하든 비판하든 모두 만하임을 출발점으로 삼는다고 할 정도다(Pilcher, 1993).

만하임은 세대를 계급·계층, 문화와 같이 고유한 속성을 가지는 사회과학적 범주의 하나로 위치시켰다. 그는 "세대 문제는 엄중하게 고려할 가치가 있다"라고 언급하면서 "세대현상을 해명하지 않고서는 역사연구를 제대로 수행하기 어렵다"고 주장한다(Mannheim, 1964[1928/1929]: 522, 524). 그는 에세이 곳곳에서 "세대현상(Generationsphänomen)"이라는 용어를 썼는데(Mannheim, 1964[1928/1929]: 524, 530, 541, 542, 549, 551, 565), 세대현상이라는 말은 사회현상 중 하나로 세대가 계급을 포함하여 다른 사회과학적 범주와는 구별되는 독립적인 범주의 하나로 간주했다는 것으로 이해된다.

하지만 만하임은 세대 개념을 명확하게 내리지는 않았다. 그러나 문맥상 해석하자면 세대를 청(소)년기(17~25세)에 어떤 중요한 역사적 사건에 영향을 받아 특정한 의식·문화·지식을 갖게 되는 동일한 혹은 유사한 출생 코호트 정도로 이해할 수 있다(전상진, 2002). 그는 세대에는 생물학적인 의미와 구별되는 사회적 의미가 있다는 점을 강조한다. 세대에 생물학적으로 접근하면 육체적·정신적·영적 변화를 설명할 수는 있지만 역사적이고 사회적인 상호관계는 설명하지 못한다고 지적하면서 세대를 역사적·사회적 과정에서 조명해야 한다고 주장한다. 이때 만하임이 주목하는 것은 생물학적 연령집단과는 구별되는, 질적으로 고유한 속성이다(Mannheim 1964[1928/

1929]: 527~528).

만하임의 논의에서는 세대상황, 세대결속, 세대단위 같은 주요 개념들이 세대의 고유한 속성을 구체화한다. 세대상황(Generationslagerung)은 자신의 의지와는 무관하게 역사적으로 직면하게 되는 시대적 상황을 말한다. 만하임은 같은 상황을 공유하는 비슷한 연령집단을 나타내는 표현으로 "같은 역사적 · 사회적 공간", "동일한 역사적 생활공동체" 같은 용어를 동원했다(Mannheim, 1964[1928/1929]: 542). 사람들이 소극적으로 시대 흐름에 떠밀려가든, 적극적으로 나서든 의지와 상관없이 어쩔 수 없이 직면하게 되는 객관적 조건들을 말한다. 요즘 말로 나타내면 해당 세대 전체가 직면하는 역사적 국면 정도로 이해하면 무리가 없을 것이다.[1] 만하임은 세대상황에는 일정한 "내재적 경향"이 있다고 본다. 사회적 · 역사적 과정에서 그 시대에 적실한 것으로 인정되는 행동양식, 감정, 생각들이 있는 반면에 배제되는 것들도 있다. 사람들이 이런 생각과 감정을 공유하면 그 세대를 관통하는 공통분모가 된다(Mannheim, 1964[1928/1929]: 528~529). 만하임의 세대이론에서 내재적 경향은 세대상황이 세대결속으로 이어지게 하는 다리 역할을 한다.

세대결속(Generationszusammenhang)은 "공통된 운명에 참여하고 시대의 정신적 흐름에 참여하면서 성립되는 유대"를 말한다(Mannheim 1964[1928/1929]: 542). 여기에서 공통된 운명이나 시대의 정신적 흐름은 세대상황을 말하는데, 세대결속은 이 역사 전개에 활동하면서 세대 구성인이 공유하는 연대로서, 세대가 정체성을 갖게 되는 기제라는 의미를 갖는다.[2] 세

---

1) Generationslagerung은 보통 "세대 위치"로 옮긴다. 영문 번역은 "generational location"으로 표현했다. 이 용어는 '세대 지위'로 옮길 만도 하다. 실제로 만하임은 세대를 계급과 비교하면서 단지 어떤 계급에 속한다고 해서 반드시 그 계급으로 형성되는 것은 아니듯이 특정 세대에 태어났다고 해서 반드시 세대를 구성하는 것은 아니라고 보았다(Mannheim 1964[1928/29]: 524~527). 이른바 즉자적 계급과 대자적 계급이 있듯이 즉자적 세대와 대자적 세대로 나눈다면 즉자적 세대를 지칭한다고 볼 수 있다. 이 용어는 세대가 어떤 위치나 지위를 가진다는 의미보다는 아직 구체적인 형상을 가지지는 못한 상태에서 잠재적 세대가 대면한 전반적인 사회적 상황이라는 뜻을 살려 "세대상황"으로 옮기기도 한다(전상진 2002). 세대위치, 세대지위, 세대상황 모두 쓸 수 있지만 여기에서는 시대적 조건을 보다 강조하는 세대상황이라는 번역어를 사용한다.

2) Generationszusammenhang은 영문 번역본에서는 "실제 세대(generation in actuality)"

대상황이 세대 구성원이 동질성을 가진 집단으로 형성될 잠재적인 상태를 나타낸다면 세대결속은 현실적으로 집단을 형성할 계기를 뜻한다. 만하임은 세대상황이 세대결속으로 나아가는 계기를 "역사적-사회적 통일성이라는 공동운명에 대한 참여"라고 밝힌다(Mannheim 1964[1928/1929]: 542).

만하임은 세대결속의 계기를 엔텔레키(Entelechie)에서 찾는다. 엔텔레키는 각 세대가 공유하는 고유한 속성으로 세계관, 성향, 정동 등 유대를 가능하게 만드는 기제를 뜻한다.[3] 각 세대는 고유한 엔텔레키를 만들어 내고 그 엔텔레키에 의해 세대는 질적인 통일성을 갖는다는 것이다(양해림, 2022: 147). 엔텔레키가 형성되는 정도는 세대상황에 따라 다르다. 만하임은 "상황에 잠복된 잠재성의 현실화"를 언급하면서 사회변화의 속도에 따라 잠재성이 현실화될 가능성이 달라진다고 본다. 즉 사회가 빠르게 바뀔수록 세대는 세대상황에 근거하여 자신의 고유한 세대 엔텔레키(Generationsentelechie)를 가지고 변화에 대응할 가능성이 높아진다고 주장한다(Mannheim, 1964[1928/1929]: 550~551).

세대단위(Generationseinheiten)는 같은 세대 구성원 안에서 성립하는 다양한 집단을 포착하는 개념이다. 만하임은 "같은 세대결속의 조건에서 나름대로 다양한 방식으로 [공통된] 경험에 대처하는 각각의 집단이 동일한 세대결속의 조건에서 세대단위를 이룬다"고 본다(Mannheim, 1964[1928/1929]: 544). 단지 객관적으로 어떤 계급에 속한다고 해서 그 계급에 해당하

로 옮겼다. 그러나 이렇게 옮기면 뜻이 모호해진다. 전상진(2002)은 세대가 형성되는 전반적인 맥락을 말하는 것으로, 세대상황이나 세대맥락이 보다 적절한 번역어라고 본다. 그러나 세대맥락으로 옮기면 세대상황과 구별하기 곤란하다. 이 용어는 즉자적 계급이 대자적 계급으로 전환되는 계기가 있듯이 즉자적 세대가 대자적 세대로 바뀌는 기제라는 뜻이 강하다. 따라서 세대결속이 보다 어울리는 표현인 것 같다. 이 용어가 포착하려는 세대는 세대상황에서 잠재적인 상태로 머물던 세대가 정체성을 가지고 현실태로 거듭난 세대다.

3) 엔텔레키는 희랍어 엔텔레케이아(entelecheia, ἐντελέχεια)의 독일어 표현이다. 아리스토텔레스가 만든 엔텔레케이아는 어원상 그 자체로 목적을 갖는 것을 뜻한다. 아리스토텔레스는 가능태가 현실태로 운동하는 과정을 설명하기 위해 이 개념을 고안했다. 엔텔레케이아는 잠재적인 것과 구분되는 현상을 지칭하는 용어로 잠재적인 것이 구체적인 형태로 나아가는 과정상에 있는 상태나 구체적으로 나타난 형태를 말한다. 이런 의미에서 엔텔레케이아는 '현실화의 목적(telos)이 되는 활동이 상태(actuality)나 완전한 상태(perfection)'를 가리킨다(아리스토텔레스, 2017: 350, 372 역주).

는 계급 정체성을 가지는 것은 아니듯, 특정 세대에 속한다고 같은 세대 정체성을 가지는 것은 아니다. 같은 세대 구성원 안에서도 지향이 다른 소집단이 있다는 의미인 세대단위는 같은 세대 안에서 이루어지는 집단의 분화를 포착한다.

만하임은 세 가지 개념을 설명하기 위해 19세기 프로이센 청년을 예로 들었다. 나폴레옹 전쟁(1803~1815) 이후 성립된 빈 체제에서 프로이센은 독일의 주도권을 놓고 오스트리아와 경쟁하는 한편 국가 개혁을 둘러싸고 소용돌이에 휩싸였다. 청년들 사이에는 프랑스 혁명의 영향을 받아 부르셴샤프트(Burschenschaft)[4] 운동처럼 자유주의를 지향하는 세력이 나타났다. 자유주의 운동이 청년에게 널리 퍼졌지만 반대로 보수적인 성향을 가진 청년들도 있었다. 만하임은 낭만적-보수적인 청년과 자유주의-합리주의적인 청년이 동일한 세대에 속하지만 서로 다른 단위를 이룬다고 보았다(Mannheim, 1964[1928/1929]: 544). 보수적인 청년들도 상당했음을 지적하면서 청년들이라고 해서 모두 진보적일 것이라는 믿음은 허상이라고 갈파한다(Mannheim, 1964[1928/1929]: 535).

만하임의 논의는 역사적이고 사회적인 맥락에서 세대에 접근함으로써 세대에 관한 사회과학적 전환점을 마련했다. 그의 세대 개념을 콕 찝어 "사회적 세대(social generation)"로 집약하기도 하였다(Pilcher, 1993).

세대상황, 세대결속, 세대단위처럼 세대를 분석하는 유용한 기본개념들과 틀을 세공한 것도 만하임 세대론의 주요 업적이다. 이런 개념들로 한국 현대사의 중요한 뷰기점을 이룬 1987년의 정치과정에 나타난 세대를 설명할 수 있다. 그렇지 않아도 전두환 독재체제의 억압적, 권위주의적인 정치에 대한 심리적 저항이 쌓인 상황에서 새해 벽두에 터진 박종철 고문치사 사건은 국민들의 공분(公憤) 지수를 높였다. 전두환의 4.13 호헌조치는 불을 당겼고, 행동에 나선 세력은 피 끓는 대학생과 청년들이었다. 민주화라는 기치로 청년들은 결속되었다. 민주화는 당시 청년들의 엔텔레키였던 셈이다. 학생운동 안에서는 대통령 직선제를 요구하는 학생들도 있었고, 보다 급진적

4) 부르셴샤프트는 명예, 자유, 조국을 3대 기치로 내걸고 흑색, 적색, 금색을 상징색으로 채택했다. 이 색들은 현재 독일 국기의 삼색으로 이어졌다(이민호, 2003: 138)

인 변혁을 꿈꾸는 학생들도 있었다. 반면에 학생운동은 체제를 전복하려는 불순한 세력이라고 보는 학생들도 있었다. 같은 시대상황을 공유하는 상황에서 청년들은 결속되었지만 한결같지는 않았다. 다양한 집단이, 그때 그곳에 있었다. 만하임의 개념틀은 세대의 동질성과 이질성을 동시에 포착할 가능성을 열어 놓았다.

다른 한편으로는 세대 개념의 한계가 지적되기도 한다. 만하임이 생각하는 세대는 잣대가 까다롭다. 만하임은 세대를 주관적 차원, 사회의식의 차원에서 세대를 지나치게 좁게 설정했다는 것이다. 그에게 세대는 역사적 사건이나 격변기를 거치면서 비슷한 사회의식을 가지게 되는 집단을 뜻한다. 인식이나 문화론적으로 축소 또는 환원시킨 세대 개념은 한계가 뚜렷하다(신진욱, 2022: 69; 박재흥, 2003). 물론 두드러진 역사적 사건들이 세대를 구분하는 기준이 될 수 있지만, 그것은 세대를 보는 기준 가운데 하나일 뿐이다. 반드시 역사적 대사건이 사람들의 마음에 녹아들어야 세대가 성립하는 것은 아니다. 특정한 사건이 없어도 세대는 시간을 타고 강물처럼 유유히 흘러간다. 반드시 동질적인 의식을 가지지 않더라도 같은 시대를 살아가는 비슷한 연령대의 사람들을 세대 말고 다른 언어로 부를 수는 없을 것이다.

만하임의 세대론이 장점과 동시에 한계를 지니는 것은 크게 두 가지 맥락이 작동한 결과로 판단된다. 하나는 세대를 정치사회학적으로, 그리고 사회운동론의 관점에서 접근했다는 점이다. 정치사회적 운동의 차원에서 세대에 접근하면 당대의 역사적 흐름과 사건과 결부지어 세대의 정치적 정향을 세밀하게 분석할 수 있지만, 다른 요인들 예컨대 사회경제적 맥락으로 확장하는 데에는 한계가 있을 것이다.

다른 하나는 세대의 의식과 관념의 형성 차원에서 접근했다는 점이다. 이렇게 되면 집합적 주관성(collective subjectivity)이라는 일관된 기준으로 세대에 접근할 수 있는 반면 다른 요소들은 배제될 수 있다. 의식의 공유를 세대의 핵심 요인으로 보는 관점은 범용성이 떨어진다. 한 발 물러나 생각해보면 만하임이 세대를 사회적 의식이나 문화론적으로 규정한 것은 이해가 될 법하다. 사회학자로서 만하임의 주특기는 지식사회학이다. 지식사회학은 존재와 사회적 의식의 관계를 탐구하는 학문분과다. 이렇다 보니 비슷한 세계관, 비슷한 의식, 비슷한 관념을 공유하는 집단으로 규정하는 게 자연스

러웠을 것이다. 실제로 세대문제를 다룬 두 편의 에세이가 수록된 저서의 이름은 『지식사회학』이다. 이 책에서는 세대문제뿐 아니라 다른 주제들도 존재와 의식의 관계에 주목하면서 서술했다.

세대는 만하임이 독점하는 개념이 아니다. 만하임이 지식사회학의 시각으로 세대에 접근했다는 점을 감안하더라도 그의 개념을 곧이곧대로 받아들일 필요는 없다. 사회적 존재와 의식의 관계에 집중한 만하임은 의식에 방점을 두고 세대를 규정했지만 사회적 존재를 강조할 수도 있고, 존재와 의식을 함께 고려할 수도 있다. 세대를 지식사회학적 편식에서 해방시키면 이야기가 풍성해질 수 있다. 이런 맥락에서 박재흥(2003)은 보다 일반화된 세대 개념이 필요하다고 지적한다. 본 보고서는 이런 비판에 동의하면서 한국의 세대를 사회적 존재, 그중에서도 노동생애의 관점에서 재구성하고자 한다.

다. 이질적인 세대의 공존

각 세대는 같은 시간대를 함께 살아간다. 하지만 역사는 각 세대에 서로 다른 유산을 안겨준다. A세대가 받은 유산과 B세대가 받은 유산이 질적으로 다르다면 두 세대는 같은 시간을 공유하면서도 다른 시간에 대면하게 된다. 만하임(1893~1947)과 동시대인인 블로흐(Ernst Bloch, 1885~1977)는 같은 시대를 살아가는 사람들이 서로 다른 사회경제적 상황에 직면하고 이에 따라 가지는 의식도 다양하다는 것을 "비동시적인 것들의 동시성"으로 포착한다.5)

만하임이 1800년대 프로이센에서 세대 개념을 도출했다면 블로흐는 당

5) 비동시적인 것들의 동시성(Gleichzeitigkeit des Ungleichzeitigen)은 독일 예술사학자인 핀더(Wilhelm Pinder)가 처음 제기한 것으로, 그는 각기 다른 시대에 태어나고 자라나 다른 문화, 감성, 양식을 추구하는 사람들이 동시대에 공존하면서 상호작용한다는 점을 강조했다. 이 개념은 "비동시성의 동시성"으로 통용되지만 추상적 성격이 아니라 구체적 대상을 뜻하기 때문에 '비동시적인 것들의 동시대성(또는 동시대적 공존)'이 정확한 번역이다(신진욱, 2022: 64, 366~367). 물론 본래의 의미를 충실하게 살린다면 '비동시적인 것들의 동시성'으로 옮기는 게 나아 보인다. 하지만 동시대에 공존하는 비동시적인 것들의 상태 또는 속성을 강조한다면 "비동시성"으로 쓰지 못할 것도 없다. 실제로 글의 본래 제목은 "비동시성과 변증법(Ungleichzeitigkeit und Pflicht zu ihrer Dialektik)"이다.

대, 즉 1930년대 초반 독일의 시대진단에서 출발했다. 당시 독일은 바이마르 공화국(1919~1933) 시기였다. 바이마르 공화국은 중반기까지는 1차 대전의 배상금 문제를 원만히 해결하고 산업화의 속도를 높이면서 독일을 비교적 안정적으로 이끌었지만 후반부로 갈수록 극심한 혼란에 시달린다. 1929년에 나타난 세계 대공황은 결정타였다. 국고는 바닥나고 실업자는 넘쳐났다. 블로흐가 비동시적인 것들의 동시성 개념을 담은 글을 발표한 시기가 바로 이때다.6)

독일 전체를 휘감은 격변기에 대처하는 상황과 구조는 지역마다 달랐다. 독일은 다른 나라에 비해 뒤늦게 산업화가 진행되었지만, 루르 지역을 포함하여 서남부 지역에서는 공업발전이 일정한 궤도에 올랐다. 반면에 농촌의 질서가 유지되는 지역도 있었다. 다른 한편으로 엘베강 동쪽의 구 프로이센 지역은 귀족세력인 융커가 여전히 지배력을 행사하면서 전근대적인 질서가 상당히 유지되었다.

이런 상황에서 계급구조도 복잡했다. 산업화가 상당히 진행된 곳에서는 노동자 계급이 형성된 반면 다수가 농민으로 살아가는 지역도 많았다. 이른바 쁘띠 부르주아에 속하는 사람들도 적지 않았다. 객관적 상황이 저마다 다르면 주관적 의식의 이질성으로 연결되는 경향이 있다. 농민은 농민대로, 노동자는 노동자대로, 쁘띠 부르주아는 쁘띠 부르주아대로 생각이 제각각이다. 어느 나라나 구시대적인 것과 현대적인 것이 혼합되어 객관적 상황과 주관적 의식에 투영되기 마련이다. 그런데 당시 독일은 심하게 뒤섞여 있었다. 블로흐는 독일이 영국에 비해 산업화도 늦었고 프랑스처럼 시민혁명을 완수하지도 못한 상황에서 구시대의 잔재와 새로운 것이 마구 엉켜 있는 독일을 "전형적인 비동시성의 나라"로 보았다(Bloch, 1985[1935]: 113~114).7)

1930년대 초반 독일의 사회경제적 발전단계의 상이한 요소들이 동시에

---

6) "비동시성과 변증법"은 1932년에 발표된 되었다. 이 글은 블로흐가 1920년대 후반부터 1930년대 초반에 쓴 글을 묶어 1935년에 출간한 『이 시대의 유산』에 수록된다.

7) 이런 의미에서 블로흐의 비동시성은 시간뿐 아니라 공간(지역)도 포괄하는 개념이다. 지역별로 상이한 산업화 정도는 비동시성의 중요한 원천이기 때문이다. 나아가 블로흐는 역사를 단선적으로 나아가는 것이 아니라 '여러 리듬과 여러 공간이 혼재된 존재'로 본다(Bloch, 1985[1935]: 68~69).

존재하는 것이 블로흐의 요지였다. 그의 눈에는 사람들이 같은 시기를 공유하더라도 서로 다른 시간대에 살고 있다. 비동시성을 다룬 글의 첫 문장은 "모든 사람이 같은 현재(Jetzt)에 존재하는 것은 아니다. 그저 현재 시점에서(heute) 모든 사람들을 볼 수 있다는 사실 때문에 겉으로만 같은 현재에 존재할 뿐이다. 사람들은 다른 사람들과 동시에 살고 있지 않다"로 시작한다(Bloch, 1985[1935]: 104).

객관적 상황과 주관적 의식은 매우 다르지만 어떤 계기가 주어지면 한데 모아질 수도 있다. 1930년대 초반 독일의 상황이 그랬다. 대공황, 인플레이션, 대량실업 등은 사람들에게 공통분모를 만들어 주었다. 바로 실망과 분노다. 노동자 계급을 포함하여 중산층은 궁핍해졌고, 신흥 부르주아는 자본가로 성공할 전망이 불투명해졌으며, 농민은 농산물 값을 제대로 받거나 자기 땅을 갖기도 어려워졌다. 저마다 다른 사정의 공통점은 실망과 분노였다. 블로흐는 당시의 상황이나 분위기를 "역사의 유령"으로 표현한다(Bloch, 1985[1935]: 114).

실망과 분노의 이유는 비동시적이다. 농민은 자기 땅 소유라는 전근대적인 희망이 좌절된다고 느꼈다. 노동자는 일하면 잘살 것이고 자본가는 성공한 자본가가 될 것이라는 근대적 소망이 꺾였다. 비동시적인 실망과 분노는 쓰레기 집하장에 모여 들었다. 바로 파시즘이다. 히틀러는 불만들을 능수능란하게 결집시키는 마술을 부렸다. 블로흐의 진단이다. "대중은 그것[새로운 삶에 대한 약속]으로 몰려든다. [대중에게] 견딜 수 없는 현재는 히틀러에게는 다르기 때문이며, 히틀러는 모든 이에게 오래된 좋은 것을 장밋빛으로 덧칠하기 때문이다. 불타오르면서 굴욕적이고, 모순적이며 비동시적인 이런 움직임만큼 어디로 튈지 모르고 위험한 것은 없다"(Bloch, 1985[1935], 104). 블로흐의 글은 1932년에 발표되었는데, 히틀러는 이듬해에 집권했다.

블로흐의 "비동시적인 것들의 동시성" 개념은 만하임의 세대 개념과 마찬가지로 독일을 배경으로 태어났지만 일반적으로 '이질적 요소의 동시대적 공존'이라는 뜻으로 널리 쓰인다. 비동시성은 한국의 세대에 접근하는 경우에도 쓸모가 있다. 한국처럼 산업화가 압축적으로 진행된 이후 탈산업화가 빠르게 뒤따른 경우 각 세대들은 같은 시기를 서로 다른 시간대에 살아갈 개연성이 높다. 노동생애에서도 동시적이지 않은 것들이 병존한다.

2. 노동생애

가. 생애과정

사람들은 태어나서 취학, 취업, 결혼, 출산, 집 장만, 은퇴, 노후생활과 같은 일정한 경로를 거친다. 개인이 생애주기나 생애단계마다 벌어지는 사건들을 모두 모으면 그 사람의 한 평생이 된다. 이것이 생애과정(life course)이다. 생애과정은 여러 가지 뜻으로 쓰이는데, 여러 용법을 정리한 연구에 따르면 생애과정은 시간이나 연령, 생애단계, 사건 · 이행 · 궤적, 생애기간에 걸친 인간 발달, 초기 경험이 이후 성인에 미치는 영향 등 다섯 가지로 쓰인다고 한다(Alwin, 2012).

서양에서 생애과정에 주목하는 연구가 속속 나타나기 시작한 것은 1960~70년대 무렵이었다. 미국에서는 [그림 2-1]과 같이 세대연구가 발달심리학, 사회학, 인류학에 걸쳐 이루어지고 있었는데 구조기능주의 사회학을 거쳐 코호트, 연령 계층화(age stratification), 전기(biography), 생애과정

[그림 2-1] 미국에서 생애과정 연구의 출현 과정

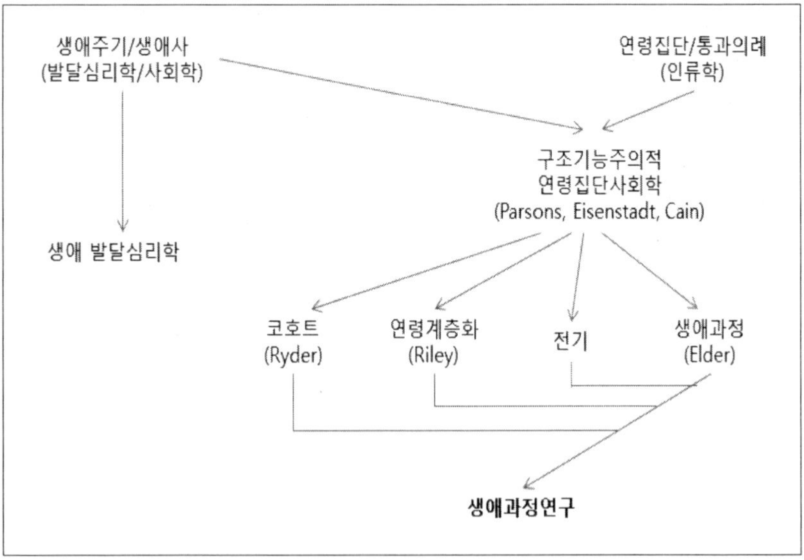

자료 : Wingens(2022: 29).

등 네 가지 연구흐름이 있었다. 이 흐름들은 생애과정을 중심으로 연구하던 엘더(Glen Elder)가 1974년에 『대공황의 아이들』을 출간하면서(Elder, 1999[1974]) 생애과정으로 흡수통합되는 경향을 보였다.

『대공황의 아이들』은 발달심리학자들이 오클랜드의 1920~21년생, 버클리의 1928~29년생을 대상으로 축적한 데이터에서 영감을 받았다. "이렇게 장기 데이터를 보니 [이들의] 삶과 발달과정을 시간에 걸쳐서, 그리고 맥락의 변화에 비추어 생각해보게 되었다"고 저술 동기를 밝혔다(Elder, 1999, 304). 그는 두 지역에서 어릴 적에 대공황을 겪으며 자란 아이들이 나중에 어떻게 살아가는지를 장기적으로 추적하면서 사회변동과 개인들의 삶이 어떤 관계를 맺는지 규명하고자 했다. 당시 이 책은 두 가지 측면에서 새로웠다. 하나는 특정 연령이나 단계에 한정하여 진행되던 생애연구를 생애 전체로 확장하여 총체적인(holistic) 시각을 보여주었다는 점이다. 다른 하나는 생활의 특정한 부문에 초점을 둔 연구경향에서 벗어나 가족생활과 노동생활의 관계에 주목하면서 삶을 사회변동과 엮었다는 점이다(Wingens, 2022: 25~26). 엘더는 그 이후 "생애과정 시각"에서 출발했다가(Elder, 1999[1974]), "생애과정 패러다임"(Elder, 1995), "생애과정 이론"(Elder, 1995; Elder et al., 2003)과 같은 학술적 진화과정을 이끌었다. 이 책은 미국에서 생애과정 연구의 기념비적인 작품으로 평가되는 것 같다.[8] 생애연구는 사회학의 분과학문인 생애과정 사회학(sociology of life course)으로 자리 잡았다.

학술적으로 생애과정은 개인들과 역사적 · 사회경제적 맥락의 관계에 주목하는 개념이다(Elder et al., 2003: 3~19). 생애과정은 개인들과 사회적 맥락이 만나는 수준에 따라 세 가지로 나눌 수 있다. 하나는 개별적 생애과정이다. 이때 연구의 초점은 개개인들이 접하게 되는 생애사의 사건들과 사회구조의 관계에 놓인다. 다른 하나는 집합적 생애과정이다. 이 수준에서는 연령 코호트와 사회구조 혹은 사회변화의 관계에 관심을 둔다. 세 번째는 제도로서의 생애과정이다. 이때 생애과정은 삶의 시간적 차원을 규정하는 규칙의 체계로 이해할 수 있다(Wingens, 2022: 3).

독일에서는 생애과정을 세 번째 의미, 즉 제도로 이해하는 경향이 발달해

8) 1974년에 초판 발행에 이어 1999년에는 출간 25주년을 기념하여 재발행되었다.

왔다. 개별적 · 집합적 생애과정은 행위주체 각자가 마음 먹은 대로 이루어지지 않는 것이 보통이다. 각 나라마다 생애과정을 둘러싸고 일반적으로 통용되는 일정한 틀이 있기 때문이다. 예를 들어 몇 살에 초등학교에 입학하고, 몇 년 동안 배우고, 보통 몇 살에 취업하고 결혼하며, 은퇴하는지 등 생애과정 전반에 관련된 규칙, 제도, 규범, 관행 같은 것들이다. 현대사회는 생애와 관련된 규칙에 대해 일정한 틀을 만들어 '생애과정의 제도화' 과정을 거쳐 왔고, 이런 규칙이나 체계를 생애과정 체계(Lebenslaufregime, life course regime)로 부른다(Kohli, 1985).

생애과정 체계는 고정된 것이 아니라 시간의 손길이 닿으면 바뀐다. 서구에서 생애과정의 변화를 장기간 추적한 연구에 따르면 20세기 생애과정은

〈표 2-1〉 서구에서 생애과정 체계의 변화

생애과정 체계	산업적 (1900~1955)	포디즘/복지국가적 (1955~1973)	탈산업적 (1973~)
단위	- 임금소득자	- 남성 생계부양 - 핵가족	- 개인
시간조직	- 불연속성	- 표준화 - 안정적 - 연속적	- 표준적 불연속
교육	- 중간 강제성	- 중 · 고등교육 확대 - 평생교육 확대	- 교육연수 연장 - 단속적 - 평생학습
노동	- 임금관계 - 기업 가부장주의 - 실업	- 종신고용 - 상향 이동 - 소득 점증	- 지연된 진입 - 기업 · 직종 간 이동 - 평탄한 임금궤적 - 실업
가족	- 보편성 - 출산율 저하	- 보편적 조기 결혼 - 조기 출산 - 중간 출산율	- 지연된 결혼 - 가족형태 다양화 - 낮은 출산율 - 높은 이혼율
은퇴	- 규제적 - 낮은 연금수준	- 규제적 - 중간 연금수준	- 조기퇴직 - 연금수준 점감 - 수명 연장 - 만성질환 증가

자료 : Mayer(2005: 24).

〈표 2-1〉과 같이 산업적 생애과정, 포디즘 및 복지국가적 생애과정, 탈산업적 생애과정 체계로 변동되어 왔다.

서구에서 생애과정 체계의 변동은 역사적으로 큰 흐름을 공유한다고 하더라도 나라마다 상이할 것이다. 국가별 생애과정 체계를 파악하는 기준은 다양하게 설정할 수 있다. 대표적인 기준으로 생애과정을 구성하는 주요한 행위, 생애 전반에 걸친 시간의 짜임새, 생애과정에서 사회계급 및 성별 불평등, 출생 코호트 내의 불평등을 꼽을 수 있다(Mayer, 2005: 42). 이 기준들로 복지국가 유형의 대표적인 국가인 미국, 독일, 스웨덴의 생애과정을 들여다 보면 〈표 2-2〉와 같은 특징이 있다.

같은 맥락에서 유럽의 건강, 고령화, 은퇴조사(Survey of Health, Ageing and Retirement in Europe : SHARELIFE) 3차 조사자료를 활용하여 유럽 14개국에서 65세 이상 고령자의 생애과정을 살펴본 연구가 있다. 경력 표준화(standardisation) 정도, 경력 유동성(volatility), 경력 이질성(heterogeneity)을 기본으로 삼고 성별 차이를 추가하여 생애과정 체계를 분류해 보니 동질적 고도 표준화형(체코), 유연 표준화형(덴마크, 동독, 스웨덴), 성별 고도 표준화형(오스트리아, 네덜란드, 스위스, 서독), 이질적 중간 표준화형(벨기에, 프랑스, 이탈리아, 폴란드), 성별 낮은 표준화형(그리스, 스페인)으로 구분된다(Möhring, 2016). 위의 연구들을 통해서 생애과정 체계는 나라별도 일정한 속성(properties)이 있음을 파악할 수 있다.

나라별로 상이한 생애과정 체계는 사람들 삶의 궤적을 형성하는 틀을 만들어 놓았다. 보통사람들이 일반적으로 밟게 되는 생애과정을 '통상적 생애과정(normal life course)'이라고 한다. 〈표 2-2〉에서 본 미국, 독일, 스웨덴의 생애과정 체계는 그 나라에서 보통사람들이 거치는 삶의 경로와 궤적을 모아서 특징을 추려낸 것으로 볼 수 있다.

보통사람들이 거치는 삶의 경로와 궤적은 표준화(standardization) 정도를 반영한다. 표준화 정도는 사회경제적 변동에 따라 다르다. 예를 들어 봉건사회, 상업 자본주의, 산업 자본주의로 올수록 보통사람들의 삶의 경로에 영향을 미치는 규칙이나 규범은 촘촘해졌을 것이다. 아마도 표준화는 포디즘이 전성기를 구가했을 때 극성수기를 맞았을 것이다.

포디즘의 위세가 한풀 꺾이면서 최근에는 생애과정의 탈표준화(de-

〈표 2-2〉 미국, 독일, 스웨덴의 생애과정 특징

시기	미국	독일	스웨덴
독립 시점	- 이름, 편차 심함	- 중간, 편차 심함	- 이름, 편차 약함
학업수료	- 이름	- 이름	- 중간
교육훈련	- 계층화 낮음	- 계층화 높음	- 계층화 낮음
노동시장 진입	- 이름 - 느슨한 조율 - 일반숙련	- 늦음 - 높은 조율 - 산업특수 숙련	- 중간 - 중간수준 조율 - 일반숙련
경제적 독립	- 이름, 소득	- 늦음	- 이름, 복지급여
가족형성	- 이름	- 동거, 늦은 결혼	- 동거, 늦은 결혼
직업 이동	- 사내 : 높음 - 기업 간 : 높음	- 사내 : 중간 - 기업 간 : 낮음	- 사내 : 높음 - 기업 간 : 높음
계급이동	- 높음 - 상향, 하향	- 낮음 - 상향	- 중간 - 상향
고용/실업	- 높은 고용률 - 마찰적 실업 - 탈출 늦음	- 낮은 고용률 - 긴 실업기간 - 탈출 이름	- 높은 고용률 - 마찰적 실업 - 탈출 늦음
여성 경력	- 높은 참여 - 높은 숙련격차 - 전일제	- 중간수준 참여 - 동질적 숙련 - 파트타임	- 높은 참여 - 고저숙련 혼합 - 파트타임
가족생활	- 불안정 - 높은 편모 비중 - 중간 출산율	- 안정적 - 낮은 편부모 비중 - 낮은 출산율	- 중간 수준 - 비혼 부모 중간 - 출산율 저하
소득이력	- 평탄 - 편차 심함 - 높은 빈곤율	- 누진적 - 편차 낮음 - 낮은 빈곤율	- 평탄 - 편차 낮음 - 낮은 빈곤율
은퇴	- 늦음 - 편차 심함 - 높은 소득불평등	- 조기퇴직 - 편차 낮음 - 중간 소득불평등	- 점진적 퇴직 - 편차 중간 - 낮은 소득불평등

자료 : Mayer(2005: 40~41).

standardization)가 화두로 떠오르고 있다(Kohli, 2000; Wingens, 2022). 예를 들어 〈표 2-2〉에서 독일은 조기퇴직이 성행하는 나라로 제시되었다. 그러나 최근에는 고령자 고용률이 높아져 더 이상 독일을 조기퇴직의 나라로 바라볼 수 없게 되었다. 60세 혹은 65세 정년이라는 제도와 관행이 급격하게 바뀌면서 정년 이후에는 일하지 않는다는 문화가 점차 소멸하며 과거의 표준이 이제 낡은 것이 되어가고 있는 상황이다.

나. 노동생애로 보는 세대

생애과정은 모든 개인적 · 집합적 생애사의 사건들을 포괄하는 개념으로, 생애를 통째로 묶어 볼 수도 있고 부분을 따로 떼어 볼 수도 있다. 가족생활로 볼 때 결혼, 출산, 육아, 이혼, 자식 결혼 같은 사건들을 모아보면 생애 가족체계를 이룰 것이고, 집합적 생애과정을 배움의 관점에서 보면 평생학습체계가 될 것이다.[9] 이 중에는 노동생애과정이 있다. 일생에서 겪는 수많은 사건과 흐름 중에서 노동은 중대한 일부(a significant part)를 구성한다. 사람마다 차이가 있겠지만 대략 20대에 취업을 하고 60대에 은퇴한다고 보면 30~40년은 일을 하니 인생에 꽃을 피우는 시기는 대부분 노동에 할애하는 셈이다. 현대사회의 생애과정은 주로 돈벌이 활동의 체계(Erwerbssystem)를 중심에 놓고 짜여 있다(Kohli, 1985: 3).

생애과정 체계는 부분체계(partial regime)로 이루어진다. 생애과정 체계가 있다면 일하는 삶과 관련된 규칙, 제도, 규범, 관행 같은 것들을 모으면 노동생애과정 체계(working life course regime)가 될 것이다. 〈표 2-1〉에서 다른 요인들을 걷어내고 노동으로 묶어보면 그것이 바로 노동생애과정의 특징이 된다. 생애과정 체계의 부분체계 중 하나로서 노동생애과정 체계가 있다.

유럽에서는 2000년대 초반에 노동생애에 관한 국가 간 비교연구가 진행된 바 있다. 삶 및 노동조건 개선을 위한 유럽재단(European Foundation for the Improvement of Living and Working Conditions : Eurofound)은 2001년에 연구 네트워크를 구성하여 유럽연합 회원국을 대상으로 시간의 배분에 초점을 두고 노동생애의 실태와 국가별 특징을 도출했다. 보고서는 다섯 권으로 출간되었다. 각 보고서는 노동생애 전반에 걸친 시간의 배분에 관한 이론적, 정책적 맥락(Naegele et al., 2003), 생애과정 전체의 노동시간 선택

---

9) 평생학습체계(lifelong learning regime)는 '평생학습의 체계'와 '일생에 걸친 학습체계'의 뜻을 동시에 가진다. 여기에서는 물론 후자의 의미로 썼다.

지(Anxo et al., 2005; 2006), 생애과정에 걸친 시간사용 및 선택지와 선호(Torres et al., 2007), 생애과정에 걸친 유연성과 안정성 실증분석(Muffels et al., 2008) 등을 다루었다.

국가 간 비교연구뿐 아니라 개별국가 사례 연구도 진행되었다. 스웨덴에서는 포디즘에 가까운 생애과정 체계가 탈산업화 등의 영향을 받아 바뀌어 가면서 새로운 세대로 올수록 과거의 틀에 박힌 노동생애과정에서 벗어나는 사람들이 많다고 한다(Jonsson, 2002).

포르투갈에서는 2010년에 세 연령집단(1935~40년생, 1950~55년생, 1970~75년생) 각각 500명을 대상으로 생애과정에 대한 조사가 이루어졌다. 첫 세대는 2차 대전 이전에 태어나 살라자르(Salazar) 우파 권위주의 시기와 노보(Estado Novo) 식민주의 체제에서 자랐고, 두 번째 세대는 전후세대로 권위주의에서 민주주의로 이행하는 1960년대에 청년기를 보냈으며, 세 번째 세대는 EU체제가 성립한 이후 청년기를 맞이했다. 세 세대의 생애과정을 가족형성과 노동이력을 추적한 연구에 따르면 각 세대별로 18~35세 청년기에 주된 노동이력은 〈표 2-3〉과 같이 6개 유형으로 나눌 수 있다. 각 유형의 분포는 세대별로 차이가 크다. 예를 들어 안정적 노동자의 비중은 1950~55년생에서 가장 높았고 1970~75년생에서 가장 낮게 나타났다(Aboim & Vasconcelos, 2019).

〈표 2-3〉 포르투갈의 세대별 고용이력 유형

(단위 : %)

	1935~40년생			1950~55년생			1970~75년생		
	남	여	계	남	여	계	남	여	계
가사종사자	1.1	27.8	16.8	1.4	19.6	12.2	0.5	6.7	4.3
학생, 군, 실업	1.1	1.9	1.6	2.4	1.0	1.5	1.0	2.4	1.9
학생, 노동자	3.8	2.7	3.1	9.4	9.2	9.3	18.9	22.1	20.9
불안정 노동자	20.8	6.8	12.6	14.6	7.5	10.4	27.7	27.0	27.2
자영업자	29.5	14.1	20.4	28.3	6.5	15.4	13.6	7.9	10.1
안정적 노동자	43.7	46.8	45.5	43.9	56.2	51.2	38.3	33.9	35.6

주 : 18~35세 청년기 기준.
자료 : Aboim & Vasconcelos(2019: 312).

3. 노동생애와 소득불평등

자본주의 사회에서 소득불평등은 피할 수 없는 숙명으로 인식되는 경향이 있다. 그러나 소득불평등이 한결같지는 않다. 같은 자본주의라도 불평등이 심각한 자본주의도 있는 반면에 상대적으로 평등한 자본주의가 있다. 일국 자본주의 체제 안에서도 불평등이 심해지는 때와 줄어드는 때가 있다.

경제성장 단계에 따라 불평등 수준이 달라지는 현상을 예리하게 포착한 이는 쿠즈네츠였다. 산업화 초기에는 시골 사람들이 도시로 몰려들어 도시와 농촌의 소득격차가 벌어지면서 소득불평등이 커지지만, 산업화가 일정한 수준에 도달하면 노동자의 임금이 높아지고 시골에서도 희소한 노동력 탓에 임금이 높아져 소득불평등이 누그러진다는 것이다(Kuznets, 1955). 경제성장과 불평등은 시간이 지남에 따라 뒤집어 놓은 바가지 모양을 띤다는 "역U자 가설"은 "쿠즈네츠 곡선"으로 불리며 이 분야 연구에서 고전의 반열에 올랐다. 쿠즈네츠는 이 작품으로 1971년에 노벨 경제학상을 받기도 했다. 그러나 쿠즈네츠 가설은 경험적 근거가 그리 탄탄하지는 않았다. 그는 솔직했다. 논문의 말미에 "이 논문은 아마도 5%는 경험적 정보이고 95%는 머릿속에서 나온 건데, 여기에는 그렇게 되면 좋겠다는 소망(wishful thinking)이 묻어 있을 것이다"라고 썼다(Kuznets, 1955: 26). 그럼에도 쿠즈네츠 가설은 경제성장과 소득불평등의 관계에 대하여 오랫동안 왕좌를 차지했다.

최근에 쿠즈네츠 이론에 강력한 도전장을 내민 이는 프랑스 경제학자 피케티였다. 쿠즈네츠가 분석대상으로 삼은 1913~1948년 사이에 미국에서 불평등이 줄어든 것은 사실이지만 이는 산업화 단계가 아니라 전쟁과 대공황 때문에 발생한 우연의 산물, 즉 어쩌다 생긴 불평등 감소일 뿐이라는 것이다. 그는 자본주의 경제에서 불평등은 자본소득이 경제성장률을 앞지르는 현상(r>g)에 기인한다고 주장한다(Piketty, 2014). 방대하고 장기적인 자료를 기반으로 소득불평등을 이처럼 단순하고 명쾌하며 날카롭게 파고든 이론은 찾아보기 어렵다. 그의 분석과 주장은 "피케티 열풍"을 낳을 정도로 세계 경제학계를 흔들어 놓았다. 쿠즈네츠 가설이 틀렸다고 주장하는 이는 피케티뿐이 아니다. 밀라노비치 역시 세계화의 영향으로 불평등이 악화되었다는 점을 지적하면서 쿠즈네츠 곡선을 반박했다(Milanović, 2014). 그는 경제발전이 일정한 수준에 도달한 이후에도 어떤 계기에 의해 불평등은 다시 심화될 수 있다는 점을 상기시켜 주었다.

쿠즈네츠, 피케티, 밀라노비치가 주목한 경제성장, 전쟁과 대공황 같은 경제적 사건, 세계화 같은 경제의 흐름은 자본주의 경제가 처한 '국면'을 이르는 말이다. 피케티처럼 불평등을 자본주의 자체의 속성에 기인한다고 보더라도 자본수익과 경제성장률의 차이는 자본주의가 굴러가는 각 단계마다 달리 나타날 것이다.

자본주의 경제의 국면은 곧 세대 문제로 연결된다. 특정한 출생 코호트들은 그 시대에 공통된 사회경제적 변화에 직면하게 된다. 경제성장의 단계나 크고 작은 경기변동 같은 거시경제의 환경이나 노동시장 상황 등은 상이한 세대경험의 원재료가 된다. 따라서 각 세대는 서로 다른 국면에서 삶을 영위하고, 밟게 되는 생애과정도 다르기 마련이다. 생애과정이 세대별로 서로 다른 특징을 갖는다면 소득불평등도 세대에 따라 다르게 나타날 것이다. 그런데 생애과정과 불평등에 영향을 미치는 요인은 매우 다양하고 복잡하기 때문에 여러 가지 맥락이 작동한다(Elder & Shanahan, 2006). 다차원적인 맥락이 작동하면서 각 세대는 상이한 소득불평등 구조에 처하게 된다.

세대와 소득불평등은 현실적으로 매우 복잡한 관계에 놓이게 되는데, 어떤 요인이 어떻게 작용하여 세대 간(between) 또는 세대 내(within) 소득불평등에 영향을 미치는지는 실증의 영역으로 넘어온다. 해외에서는 세대와 소득불평등의 관계에 관한 실증 연구가 상당히 진척되었는데, 주제별로 크게 묶어보면 세대 간 소득불평등, 세대 내 소득불평등, 경제적 충격의 세대효과, 소득불평등의 세대 간 이전으로 나누어 볼 수 있다.

첫째, 세대 간 소득불평등에 관한 실증연구는 소득을 올릴 가능성이 세대별로 어떤 차이가 있느냐를 중심으로 이루어졌다. 출생 코호트에 따라 중산층(middle class)에 진입할 기회가 다르다는 연구가 있다(Chauvel, 2013). 이 연구는 복지레짐 유형(Esping-Andersen, 1990)을 바탕으로 프랑스(조합주의), 미국(자유주의), 노르웨이(사민주의), 이탈리아(가족주의)를 분석대상으로 삼았다. 룩셈부르크 소득자료(Luxembourg Income Study)를 활용하여 1980년대부터 2000년대 중반까지 노동시장에 진출한 사람들이 이후 중산층으로 진입할 가능성을 측정했다. 분석해 보니, 4개국 모두 자본주의 황금기에 청년기를 겪은 베이비부머 세대는 중산층에 진입할 확률이 높았지만 그 이후 세대의 경우 문이 좁아졌다고 한다. 물론 복지레짐 유형별로 중산층 진입기회는 다르게 나타났다.

1935~1975년생 중에는 1950년 언저리에 태어난 사람들이 소득을 올릴 기회가 많았다는 명제가 일반적으로 통용된다. 그러나 이것도 나라별로 다르다는 점에 주목한 연구가 있다(Chauvel & Schröder, 2014). 룩셈부르크 소득자료를 활용하여 분석해보니 세대 간 소득불평등은 보수주의 복지레짐에서 가장 심각하고 사민주의나 자유주의 복지레짐에서는 덜하다고 한다. 이 연구는 보수주의 복지레짐에서 세대 간 소득불평등이 심각한 이유를 다음과 같이 추론했다. 즉 보수주의 복지레짐은 생애소득이 안정적 일자리 확보에 크게 의존하는 체제인데, 1970년대 중반에 맞은 경제위기에 적응하는 과정에서 적응의 부담을 1975년 이전에 안정적인 일자리를 잡지 못한 사람에게 지웠기 때문이라고 주장한다. 이 연구자들은 후속 연구도 내놓았다(Chauvel & Schröder, 2015). 마찬가지로 룩셈부르크 소득자료를 활용하여 독일, 프랑스, 미국을 분석했다. 독일과 미국에서는 경제성장이 모든 세대에 축복이었지만 프랑스에서는 달랐다고 한다. 프랑스의 경우 20세기에는 고루 처분가능소득이 늘었지만 1950년 이전 태생은 경제성장의 세례를 받은 반면에 그 이후 태생은 경제성장으로 덕 본 게 별로 없다고 주장했다.

비슷한 맥락에서 룩셈부르크 소득자료를 활용하여 덴마크, 핀란드, 스웨덴(사민주의), 프랑스, 독일(조합주의), 영국, 미국, 호주(자유주의)에서 세대 간 소득기회의 불평등을 연구한 사례가 있다(Freedman, 2017). 이 연구는 이중화(dualization), 즉 내부자-외부자 분할의 문제의식을 가져왔다는 점에 기존 연구와 차별성이 있지만 분석결과는 비슷하다. 1950~1970년생들은 소득을 올릴 기회가 많았지만, 1970년 이후에 태어난 세대에게는 상대적으로 기회의 문이 좁았다고 한다. 그나마 사민주의나 자유주의 복지레짐은 나은 편인데, 조합주의 복지레짐에서는 젊은 세대가 겪는 아픔이 컸다고 한다.

이 연구들은 소득의 코호트 효과를 보여준다. 먼저 태어났으면 중산층이 되었을 텐데 늦게 태어난 죄로 중산층의 문을 열지 못한 사람들이 꽤 많다는 것이다(Chauvel, 2013). 마찬가지로 소득을 올릴 기회도 그 사람이 어떤 세대에 속하느냐에 따라 다르게 나타난다고 한다. 이 연구들을 통해 어떤 세대의 소득은 그 세대가 자본주의 경제의 어떤 국면에서 경제활동을 하느냐에 따라 달라질 수 있다는 것을 짚어 낼 수 있다. 또 한 가지 찾을 수 있는 함의는 자본주의 유형에 따라 세대 간 소득불평등은 다른 양상을 보인다는 점이다. 이 연구들이 복지유형을 기준으로 국가들을 비교하는 이유는 각 유형이 갖춘 속성이 세대 간 소득불평등과 일정한 관계를 형성한다고 보기 때문이다.

둘째, 세대 내 소득불평등에 관한 연구다. 프랑스의 1996~2014년 가계소득조사를 활용하여 출생연도를 5년 단위로 나누어 지니계수와 분위수 배율을 산출한 연구가 있다. 분석 결과에 따르면 소득불평등은 55~59세까지는 커진 다음 이후에는 줄어드는 모양을 취한다. 그러나 조세 및 복지제도와 같은 재분배 기제가 작동하고 나면 특히 청년층의 소득불평등은 상당히 누그러진다(d'Albis, & Badji, 2022). 세대 내 소득불평등에 관한 연구는 다른 주제에 비해 채택하는 방법론이 단순해 연구자들이 꺼릴 수는 있어도 소득불평등을 화두로 세대를 비교하는 경우에는 중요한 의미를 가질 수 있다.

셋째, 특정한 경제적 사건이 세대별 소득에 미치는 영향을 다룬 연구가 있다. 경제활동을 영위하는 여러 세대가 같은 시기에 같은 사건에 직면하더라도 받는 영향은 세대에 따라 다를 것이다. 특히 경제적 충격은 세대에 중립적인 영향을 미칠 수도 있지만 보통은 세대에 편향적으로 영향을 미칠 것이다. 경제위기가 아무래도 취약층에 더 큰 타격을 주는 것과 다르지 않다. 이를 생애과정의 시각에서 해석하면 경제적 충격과 같은 특정한 사건이 미치는 영향은 그 사건이 해당 코호트의 생애단계 중에서 언제 발생하느냐에 따라 충격의 효과는 달리 나타난다(Elder & Shanahan, 2006).

생애과정 시각을 들여와 경제위기가 세대별 소득에 미친 상이한 영향을 분석한 연구가 있다(Karonen & Niemela, 2020). 이 연구는 핀란드의 1966~2015년 소득분배 통계와 가계소비지출 조사 결과를 결합하여 1990년대 초반과 2007/2008년 금융위기가 각 세대의 소득에 어떤 영향을 미쳤는지 분석했다. 분석 결과 경제위기는 세대별 소득에 미친 영향이 적지 않았다. 두 번의 경제위기 상황에서 베이비부머 세대들이 받은 충격은 그리 크지 않았던 반면에 후배 세대들은 상당히 큰 타격을 입었다. 예를 들어 1970년생은 1993년 경제위기 시기 노동시장에 진입하였는데, 그 이후에도 소득이 꾸준히 상승하지는 못했다. 이 연구는 1970년대 이후 출생한 취업자는 대체로 선배 세대들의 소득향상을 따라가지 못하는 것으로 파악했다.

스페인에 대해서도 비슷한 연구가 이루어졌다(Escalonilla & Villadoniga, 2022). 이 연구는 2005~2019년 고용이력 자료를 활용하여 2008년의 대침체(the Great Recession)가 세대별 소득에 어떤 영향을 미쳤는지 분석했다. 분석 결과 베이비부머 세대(1951~1965년생)와 밀레니얼 세대(1982~1993년생)는 대침체의 충격을 크게 받았던 반면에 X세대(1966~1981년생)는 이에 대해 상대적으로 원만하게 방어해냈다.

경제위기로 인해 특정한 세대가 다른 세대보다 소득을 올리지 못하는 현상이 그저 잠깐 지나가는 현상에 그치면 그나마 다행인데 현실은 그렇지 않다. 스페인 사례 연구는 "특정 코호트는 경제적 충격으로 인해 누적되는 영향을 경험할 수도 있다"고 염려한다(Escalonilla & Villadoniga, 2022, 286). 핀란드 사례 연구에서도 상흔효과(scarring effect)를 언급하면서 특정 코호트에서 깊이 파인 상처가 오랫동안 지속되는 것을 경계했다(Karonen & Niemela, 2020: 307). 특정 세대가 받은 충격이 설상가상으로 쌓이면 좀처럼 회복하기 어려울 수 있다는 경고장이다.

마지막으로, 세대와 소득불평등의 관계에 대한 연구 중 가장 까다롭고 뜨거운 주제는 사회경제적 지위가 세대에 걸쳐 어느 정도 재생산되느냐의 문제, 즉 세대 간 소득이동성(intergenerational income mobility)이다. 소득의 대물림 현상은 세대 간, 세대 내 소득불평등과 경제적 사건의 세대별 소득불평등 효과를 모두 관통한다. 이 주제는 데이터 차원에서는 두 세대 이상의 소득자료를 확보해야 되기 때문에 자료가 장기적으로 축적되어 있어야 연구가 가능하다. 정치사회적 차원에서 소득이동성은 휘발성이 매우 강한 이슈다. 사람들이 수저계급론에 고개를 끄떡이면서도 단전에서 무언가 끓어오르는 데에는 이유가 있다. 서구에서도 다르지 않은 것 같다. 인생에서 커다란 위험 중 하나는 그 사람이 어느 집에서 태어나느냐라는 것이다(Farhi & Werning, 2010: 635).

그래서인지 세대에 걸친 소득이동성은 해외에서 끊임없이 논의되고 있다. 세대 간 소득이동성이 둔해지고 있고 소득이동의 느린 발걸음은 좀처럼 변하지 않는다는 것이 일반적인 합의이다(Piketty, 2000: 432). 경제협력개발기구는 높은 소득불평등과 낮은 세대 간 소득이동성이 지속되고 있다고 보고했다(OECD, 2008).

세대 간 소득이동성에 대해서는 국가들의 실태를 실증적으로 비교하는 연구가 활발하게 이루어지고 있다. 이탈리아, 영국, 미국처럼 소득불평등이 높은 나라는 세대 간 소득이동성이 낮고, 소득분포가 고른 북유럽 국가들은 세대 간 소득이동성이 높다고 한다(OECD, 2011: 40). 소득이동을 측정한 어떤 연구에서는 세대 간 소득탄력성(intergenerational earnings elasticity)이 덴마크(0.15), 노르웨이(0.17), 핀란드(0.18) 순으로 낮고, 미국(0.47), 이탈리아(0.5), 영국(0.5)이 높게 나타났다(Corak, 2016). 부모세대의 소득이 높으면 자녀세대 역시 소득이 높은 나라가 있는 반면에 북유럽 국가들은 그렇지 않다는 것이다. 이와 비슷한 연구로, 1980년대에 소득이 고르게 분포된 나라는 2000년대 세대 간 소득이동성이 높다는 분석이 있다(Björklund & Jäntti, 2009). 소득불평등이 심한 나라일수록 소득이동성이 낮다는 이른바 "위대한 개츠비 곡선"이 사실에 부합한다고 보아도 무리가 없을 것이다.

개별 국가의 세대 간 소득이동성에 대한 실증연구도 이어졌다. 영국에서는 1978~2018년 가구소비조사(Family Expenditure Survey : FES) 및 후속 조사를 활용하여 유산이 다음 세대의 소득에 미친 영향을 분석한 연구가 있다(Bourquin et al., 2021). 분석 결과 1960년대생은 부모로부터 약 15만 파운드(생애 가구소득의 9%)의 유산을 물려받은 데 반해 1980년대생은 약 32만 파운드(생애 가구소득의 16%)를 물려받아 20년 사이에 약 두 배가량 높아졌다. 1980년대생 중 생애소득 상위 5분위는 39만 파운드, 하위 5분위는 15만 파운드에 그친 것으로 추정되었다. 유산이 소비를 포함한 생활수준과 자산 축적에 영향을 미치고, 이는 다시 사회적 이동성을 위축시키는 결과를 초래했다.

스페인의 세대 간 소득이동성을 실증분석한 연구도 있다(Martín & García-Perez, 2023). 2005년과 2011년의 생활여건조사 자료를 활용하여 부모와 자녀의 교육수준, 가구의 경제상황, 자녀의 고용형태에 초점을 맞추었다. 세대 간 소득이동성은 낮아지는 가운데 이동에 미치는 영향이 식별되었다. 이 연구는 분석대상 시점에 따라 각 변수의 영향력이 달라지지만 부모의 교육

수준이 자녀의 소득에 큰 영향을 미친다는 것을 발견했다.

핀란드에서는 인구의 11%를 추출한 조사자료를 활용하여 1956~1978년 사이에 태어난 사람을 5개 코호트로 구분한 다음 세대 간 소득이동성을 실증한 연구가 제시되었다(Sirniö et al., 2017). 분석 결과에 따르면 부모의 소득이 높거나 낮은 집단에서 아들들은 소득이동이 큰 변동 없이 비슷한 수준을 유지하는데 딸들은 약간 증가했다. 또한 소득이 낮은 집단에서는 교육의 효과가 크게 나타나는 반면에 소득이 높은 경우에는 효과가 미미하다고 한다. 핀란드에서는 불평등이 늘어도 세대 간 소득이동성은 낮지 않은데, 교육이 제 몫을 한다는 결론이다. 이 연구를 통해 핀란드에서 세대 간 소득탄력성이 낮은 이유를 짐작해 볼 수 있다.

제2절 한국의 세대와 노동생애

1. 세대 구분

가. 구분 기준

세대를 고정되고 딱딱하게 읽는 것은 경계해야 하겠지만 세대로 사회를 독해할 때 세대 구분 자체는 유용하고 불가피하기도 하다. 이 보고서에서는 만하임의 문제의식을 살리되, [그림 2-2]와 같이 연구목적에 맞게 수정하였다.

먼저 세대 개념을 수정하였다. 만하임의 세대 개념은 정치적 · 역사적 사건을 겪으면서 청소년기에 형성되는 '사회적 의식'의 공유에 기반을 두기 때문에 너무 협소하다. 이 보고서는 만하임의 세대 개념에서 내포를 줄이고 외연을 넓힌다. 공유하는 사회적 의식이 뚜렷하지 않은 연령집단이 있어도 세대가 아닌 것은 아니다. 강렬한 경험이 없거나 공유하는 의식이 흐릿해도 세대는 세대다. 물론 청소년기의 정치적 사건은 사람들의 의식을 형성하는데 대단히 중요하겠지만 세대는 여기에 국한되지 않는다. 사람들은 청소년

[그림 2-2] 본 보고서의 세대 접근방식

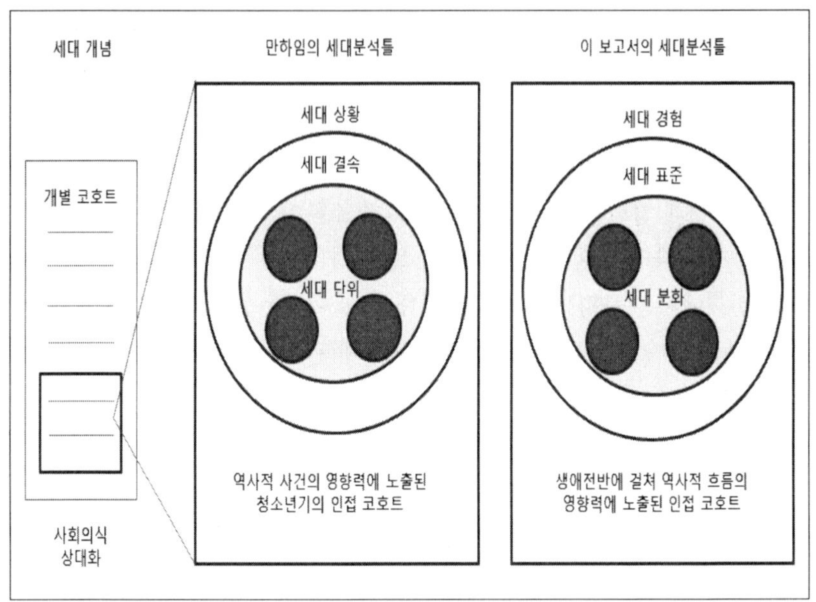

자료 : 전상진(2002)을 참조하여 재작성.

기 이후에도 정치적 사건뿐 아니라 정치 · 경제 · 사회 · 문화 · 과학기술에 걸쳐 총체적인 변화에 끊임없이 노출되기 때문에 세대를 장기간의 생애 전반으로 펼쳐 보아야 할 필요가 있다. 청소년기를 생애전반으로, 역사적 사건을 '역사적 흐름'으로 각각 확장하여 세대를 파악한다.

만하임의 딱딱한 세대 개념을 느슨하게 한 다음 세대상황, 세대결속, 세대단위 등 활용가치가 높은 개념은 보고서의 목적에 맞게 수정한다. 세대상황은 '세대경험'으로 번안한다. 만하임은 세대상황으로부터 의식을 공유하는 내재적 경향에 주목하여 세대를 끌어냈지만, 세대를 보다 폭넓게 보기 위해 특정한 사회적 의식은 상대화할 필요가 있다.

아이러니하게도 만하임의 에세이에는 세대상황을 세대경험으로 수정할 단초가 들어 있다. 그는 세대형성을 논하기 위해 경험을 자주 언급하는데, 같은 경험을 공유하는 일군의 사람들을 지칭하기 위해 경험공동체(Erfahrungsgemeinschaft)를 언급했다(Mannheim, 1964[1928/1929]: 579). 이런 경험공동체를 통해 비슷한 사회의식을 갖게 된다는 설명이다. 그의 논의구도에서 엄격한 세대 개념으로 나아가는 징검다리로 설정한 경험공동체를 살리되, 특정한 사회의식을 걷어내면 세대경험이 된다. 즉 특정한 사회적 의식을 형성하든 그렇지 않든 간에 각 세대의 구성원들은 당대의 상황을 공통적으로 경험하게 된다. 당사자들이 상황에 적극적으로 참여하느냐, 아니면 소극적으로 관찰하는 데 그치느냐의 문제는 두 번째다. 경험이 직접적이냐 간접적이냐는 것도 부차적이다. 세대 구성원이 특정한 사회적 의식을 갖게 되느냐라는 것도 경향은 있으나 귀결이 정해져 있지 않은 열린 문제다. 각 세대 구성원들이 단지 공통적으로 경험하는 역사적 흐름이 있다는 것이 중요하다. 이 사실 자체로 세대는 경험공동체가 된다.

세대결속은 세대표준으로 대체한다. 만하임의 세대결속은 비슷한 사회적 의식을 뜻하는데, 같은 세대 구성원들이 공유하는 공통점이나 유사성, 즉 동질성을 확보하는 계기를 가리킨다. 사회적 의식의 공유를 부차화하고 생애 전반으로 시야를 확장하는 이 보고서에는 세대표준을 세대 구성원 대다수의 생애에 관철되는 규범이나 규칙으로부터 생기는 일반적인 삶의 형태 정도로 쓴다. 세대의 주류(mainstream) 정도로 이해할 수 있다.

세대표준은 객관적 차원과 주관적 차원이 있다. 교육을 예로 들어보자. A 세대는 10대 후반에 대학 진학률이 30%일 때 살았다. B 세대는 같은 시기에 대학 진학률이 70%였다. A 세대는 대학에 진학하지 않고 고등학교 졸업 이후에 곧바로 취업하는 것이 늘 있는 일이었다. 반대로 B 세대는 고등학교 졸업 이후 곧바로 취업하는 일은 예외에 해당했다. 세대에 관통하는 통상적인 경로가 있는데, 이것을 객관적 세대표준이라고 부를 수 있다.

사회적 의식의 차원에서도 주관적 표준이 있다. 대학입학은 어쩌다 있는 일이었던 A 세대에서 대학에 가면 어깨에 힘이 들어가지만 고졸은 아쉽기는 해도 그리 부끄러운 일은 아니다. 대학 진학률이 70%에 이르는 B 세대는 사정이 다르다. 주관적 차원의 세대표준은 세대정서, 세대심성(mentality) 정도의 의미이다. 주관적 세대표준은 유대를 강조하는 만하임의 세대결속 개념보다 훨씬 느슨하다. 세대표준에서는 유대가 있으나 없으나 상관없다. 있다 하더라도 느슨한 유대면 족하다. 세대 정체성도 있을 수 있고 없을 수도 있다. 있는 경우에도 강약을 가리지 않는다. 다만 사람들의 마음속에 무엇이 대세를 점하느냐가 중요하다.

세대 내 이질성을 간파하는 만하임 세대이론의 핵심 개념인 세대단위는 세대분화로 옮긴다. 같은 경험공동체에 속하고 유대와 결속이 이루어진다 하더라도 물리적 조건이 같은 것은 아니다. 세대에 통용되는 규칙이 있어도 세대 구성원이 모두 똑같은 것은 아니다. 주관적 차원에서도 마찬가지일 것이다.

나. 한국인 세대 구분

집합적 생애사로서 세대의 삶에는 역사의 흐름을 받아 안은 사회변동이 투영되어 있다. 이런 측면에서 코호트는 사회변동 연구에서 중요한 개념이다(Ryder, 1965). 만하임의 세대이론은 사회변동 이론으로 평가되기도 한다(Laufer & Bengtson, 1974). 한국인의 세대 구분은 한국 현대사의 변동에서 출발한다. 한국 현대사의 주요 사건들은 각 세대 구성원들에게는 경험으로 다가선다. 약 70년간 한국 현대사의 주요한 흐름과 굵직한 사건을 정리하면 〈표 2-4〉와 같다.

정치적 흐름은 민주주의 관점에서 정리할 수 있다. 정부수립(1948년), 전쟁(1950년), 4.19(1960년), 박정희 집권(1961년), 신군부 집권과 광주민주화운동(1980년), 6월 항쟁(1987년)을 거치기까지 약 40년 동안 비민주적인 정치체제가 성립하고, 이에 대한 저항이 이루어졌던 시기를 묶어 볼 수 있을 것이다. 1987년 이후 민주주의 체제가 성립한 이후 박근혜 탄핵을 예외로 하면 이전 시기보다는 큰 사건이 줄었다. 결함 민주주의라는 한계가 있고, 역행하는 흐름이 이따금 나타나지만 민주주의 성숙이라는 도도한 경향을 거스르기는 어려울 것이다.

한국 자본주의가 걸어온 길에서 겪은 주요 사건들로는 1949년의 농지개혁, 1963년 이후 경제개발, 2차에 걸친 석유파동, 1997년 말의 경제위기와 신자유주의의 득세 같은 흐름을 꼽을 수 있다. 사회적 측면에서 전태일 분신, YH 사건은 한국 자본주의가 낳은 비극적 사건으로 지목될 것이다. 2014년에 커다란 충격을 안겨준 세월호 사건은 한국 사회사에서 암울한 장면으로 기록될 것이다.

세대 구성원들이 공감하든, 그렇지 않든 간에 역사의 일정기간 동안 사람

〈표 2-4〉 한국 현대사 주요 사건

시기	정치	사회 · 경제
1940년대	- 정부수립(1948)	- 농지개혁(1949)
1950년대	- 전쟁(1950~1953)	- 노동기본법 제정(1953)
1960년대	- 4 · 19(1960) - 장면 정부(1960) - 군사쿠데타(1961) - 박정희 정부(1963) - 베트남 파병(1964) - 1차 민청학련(1964) - 한일협정(1965) - 3선개헌(1969)	- 경제기획원 설립(1961) - 1차 경제개발 계획(1962) - 베트남 파병(1965) - 2차 경제개발 계획(1967)
1970년대	- 유신체제(1972) - 긴급조치(1974~75) - 2차 민청학련(1974) - 박정희 사망(1979)	- 새마을 운동(1970~) - 와우 아파트 붕괴(1970) - 전태일 분신(1970) - 3차 경제개발 계획(1972) - 1차 석유파동(1973~74) - 2차 석유파동(1979~81) - YH 사건(1979)
1980년대	- 신군부 집권(1980) - 민주화운동(1980) - 전두환 정부(1981) - 6월 항쟁(1987) - 노태우 정부(1988)	- 3저 호황(1986~88) - 노동자 대투쟁(1987) - 서울 올림픽(1988) - 토지공개념(1989)
1990년대	- 남북 UN 동시가입(1991) - 김영삼 정부(1993) - 김대중 정부(1998) - 남북정상회담(2000)	- 금융실명제(1993) - 공기업 민영화(1994~) - 외환위기(1997) - 노사정위원회(1998)
2000년대	- 노무현 정부(2003) - 이명박 정부(2008)	- 한일월드컵(2002)
2010년대	- 박근혜 정부(2013) - 박근혜 탄핵(2017) - 문재인 정부(2017)	- 세월호(2014)

자료 : 저자 작성.

들을 휘감은 분위기(national mood)가 있다. 사회 전반에 통용되는 깃발로서 일정 시기를 아우르는 시대정신 같은 것도 있다. 시대의 표제어라고도 할 수 있을 것을 기준으로 1945~1964년, 1965~1980년, 1981~1998년, 1999~2020년으로 나눌 수 있다.

해방된 1945년부터 1965년까지는 다른 제3세계 국가들과 마찬가지로 나라 만들기가 시대적 화두였다. 이 과정에서 정치적으로 해방, 건국, 분단, 전쟁이라는 사건에 이어 이승만의 퇴진을 이끈 4·19, 박정희의 군사쿠데타 같은 사건이 이어졌다. 경제적으로는 전쟁 이전에 전개되었던 농지개혁을 주요 사건으로 하여 자본주의적 산업화가 시동을 걸었지만 변변한 성과를 내지는 못했다. 사회적으로는 전통과 근대가 병존하는 사회였다.

1965년부터 1980년까지는 반공과 경제발전을 깃발로 내세운 박정희 집권기에 해당한다. 박정희는 3선 개헌과 유신을 통해 독재체제를 수립했고 이에 대항하는 서울의 봄과 광주민주화 운동이 정치사에 획을 그었다. 경제적으로는 급속한 산업화와 고성장이 이루어진 시기였다. 사회적으로는 억압적인 규율사회였다. 정치가 경제와 사회를 주조하는 힘이 가장 강력했던 시기다.

1981년부터 1998년까지는 민주화를 시대정신으로 삼았던 시기다. 6월 항쟁을 계기로 집권세력의 민주적 교체가 터를 잡아 전두환, 노태우, 김영삼으로 집권자가 바뀌었다. 경제적으로는 1980년대 중반에 3저 호황을 거치면서 경제가 한 단계 도약하게 되었으나 눌려 있던 노동자들이 6월 항쟁에 이어 대규모 투쟁을 전개했던 시기다. 1997년 말에 터진 외환위기는 한국경제의 항로를 바꾸어 놓았다. 사회적으로는 산업화 시기부터 이어진 규율이 다소 누그러지는 시기였다.

경제위기를 넘어선 1999년부터 2020년까지는 성숙의 시기로 표현했다. 민주주의 공고화, 한국 자본주의의 질적 전환이 시대적 과제였다. 하지만 산업화나 민주화 같은 거대담론이나 시대의 깃발은 소구력이 떨어지고 각 분야에서 각각 성숙의 단계로 접어들었다. 정치적으로는 김대중, 노무현, 이명박, 박근혜, 문재인으로 이어지는 정권교체가 이루어져 이른바 형식적 민주주의는 되돌리기 어려울 정도로 틀을 잡았다. 하지만 민주화 이후의 민주주의(최장집, 2010)에는 아직도 의문표가 붙는다. 산업구조의 고도화, 혁신 같은 키워드로 경제적인 성숙을 시도하고 있지만, 사회적으로는 정치적·행정적 규율이 물러나고 시장적 규율이 득세하는 세상이 되었다.

매체의 표현과는 결이 다르게 학술계에서 세대를 구분해 보려는 시도가 있다. 사회통합을 주제로 한 연구에서는 산업화 세대(1940년생~59년생), 민주화 세대(1960~1974년생), 정보화 세대(75년생~95년생)로 나누었다(여유진 외, 2015). 최샛별(2018)은 산업화 세대(~1949년생), 베이비붐 세대(1950~1969년생), X세대(1970~1979년생), 88만 원 세대(1980~1992년생)로 구분하기도 했다.

이 보고서는 여유진 외(2015)의 세대구분을 수용하면서 한국 현대사의 구분을 배경으로 삼고 10대 후반부터 30대 초반 시기에 직면한 세대경험을 기준으로 〈표 2-5〉와 같이 건국 세대, 산업화 세대, 민주화 세대, 정보화 세대로 구분하고자 한다.

건국 세대는 질풍노도의 시기에 해방, 정부수립, 분단, 전쟁을 겪으며 대한민국이라는 나라를 어떻게 만들어 갈 것이냐라는 시대적 과제를 안고 있었다. 전통사회에서 근대사회로 나아가는 길목에서 농지개혁을 경험하는 한편, 산업화의 초기단계를 공유했다.

1945~1962년에 태어난 산업화 세대는 청년기를 정치적 억압과 경제성장

〈표 2-5〉 한국의 세대 구분

세대구분 (출생연도)	시대정신	청년기 세대경험
건국 세대 (1930~1944)	국가건설	- 정치 : 해방, 건국, 분단, 전쟁, 4·19, 5·16 - 경제 : 농지개혁 - 사회 : 전통과 현대의 병존
산업화 세대 (1945~1962)	경제발전	- 정치 : 독재, 유신, 서울의 봄, 광주민주화운동 - 경제 : 산업화, 고성장 - 사회 : 규율 사회
민주화 세대 (1963~1980)	민주화	- 정치 : 6월 항쟁, - 경제 : 3저 호황, 노동자대투쟁, 외환위기 - 사회 : 규율 이완
정보화 세대 (1981~2000)	다원화	- 정치 : 민주주의 성숙과 퇴행 - 경제 : 저성장 고착, 청년실업 - 사회 : 무정형, 시장적 규율

자료 : 저자 작성.

이 결합된 체제에서 살았다. 군사쿠데타에 이은 독재체제의 수립, 유신 같은 사건이 청년기에 공유한 정치적 세대경험이었다. 사회경제적으로는 산업화, 도시화를 포함해서 한국 자본주의가 급행열차를 탄 시기로, 한편으로는 고도성장의 세례를 받기도 했지만 다른 한편으로 "조국 근대화의 기수"로 호칭된 이들은 중노동으로 그늘이 짙게 드리워진 세대였다. 전태일은 1948년생이었다.

1963~1980년생은 한국에서 민주주의를 정착시키는 데 커다란 공적을 세웠지만 이제는 기득권 수호세력으로 도마 위에 오른 민주화 세대다. 이른바 86세대가 여기에 속한다. 이들은 민주화 투쟁이 이어 1987~1988년의 노동자 대투쟁을 현장에서 경험하고 조금씩이나마 생활이 나아지고 있었다. 특히 1986~89년에 걸쳐 한국경제가 유례없이 잘 나가는 "3저 호황"을 누렸다. 그러나 이들은 10년 후 불어 닥친 IMF 외환위기를 한참 일하고 있을 시기에 경험하였다.

1981~1995년에 태어난 세대는 MZ세대, 에코 세대 등 다양하게 호명된다. 이 보고서에서는 '정보화 세대'로 부른다. 이 세대가 앞선 세대와 뚜렷하게 구별되는 지점은 구심점이 희미하다는 점이다. 나라 만들기, 산업화, 민주화 같이 세대를 아우르면서 세대를 상징하는 깃발은 그다지 뚜렷하지는 않다. 다만, 인터넷의 보편화를 필두로 인공지능에 이르기까지 정보통신기술이 이들의 삶에 깊숙이 침투했다는 점에서 정보화 세대로 이름 부친다. 이들은 외환위기 이후 신자유주의 질서가 한국에 틀을 갖춘 이후 노동생애에 진입했기 때문에 선배 세대와는 다른 경로를 밟고 있을 것으로 추정된다.

2. 세대경험

가. 사회경제적 맥락

세대경험, 세대표준, 세대분화를 파악하는 기준은 다양하게 설정할 수 있다. 이 보고서는 세대 전체가 무엇을 같이 경험하고, 같은 경험의 공간 안에서 동질성과 이질성이 어디에서 발생하는지를 살펴보는 데에서 출발한다. 그 세대를 관통하는 그 무엇인가가 다른 세대와 구별될 때 우리는 하나의 세대로 규정할 수 있을 것이다. 만하임에게 그 기준은 주로 역사에서 중대한 의미가 있는 정치적 사건이지만 세대를 생애 문제로 접근하면 세대경험의 원료가 되는 사회경제적 맥락에 눈길이 간다. 세대경험 중 정치적 경험은 커다란 사건을 중심으로 파악하면 대략 흐름이 이해될 수 있다. 이와 달리 사회경제적 세대경험은 특별한 사건들도 있지만 유유한 흐름이 중요하다. 노동생애과정의 1차적 요소인 세대경험은 한국 현대 사회경제사에서 추출할 수 있다.

먼저 한국의 경제성장은 사람들의 삶에 엄청난 영향을 미치는 요인이다. 경제성장은 시기마다 등락이 있지만 [그림 2-3]에서 보면 고도성장 국면과 저성장 국면이 뚜렷이 구분된다. 10년 단위로 평균 경제성장률을 계산해보면 8.8%(1960년대), 10.5%(1970년대), 8.9%(1980년대), 7.3%(1990년대), 4.9%(2000년대), 3.3%(2010년대)이다. 1970년대가 가장 높은 성장률을 보였고 21세기에는 저성장이 고착되는 형국이다.

[그림 2-3] 한국의 경제성장률

(단위 : %)

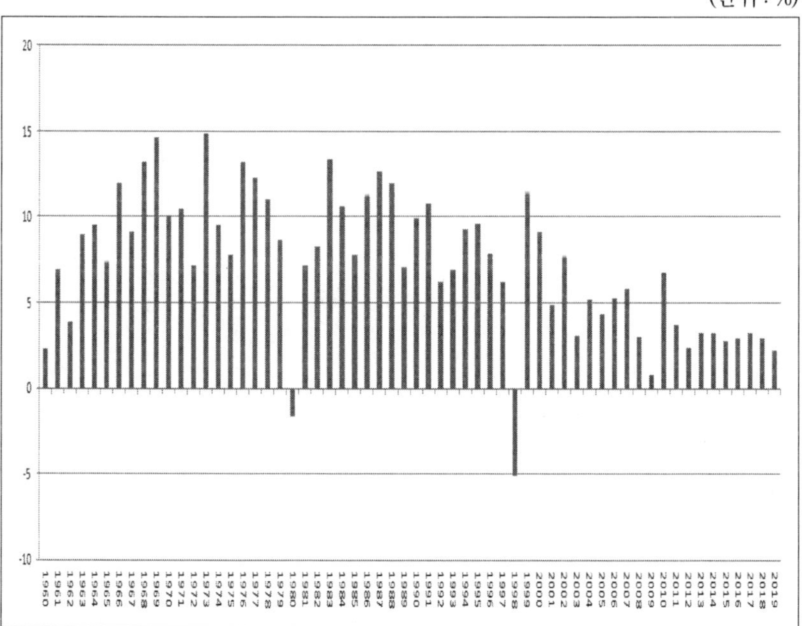

자료 : 한국은행, 경제통계시스템에서 계산.

[그림 2-4] 한국의 도시화율

(단위: %)

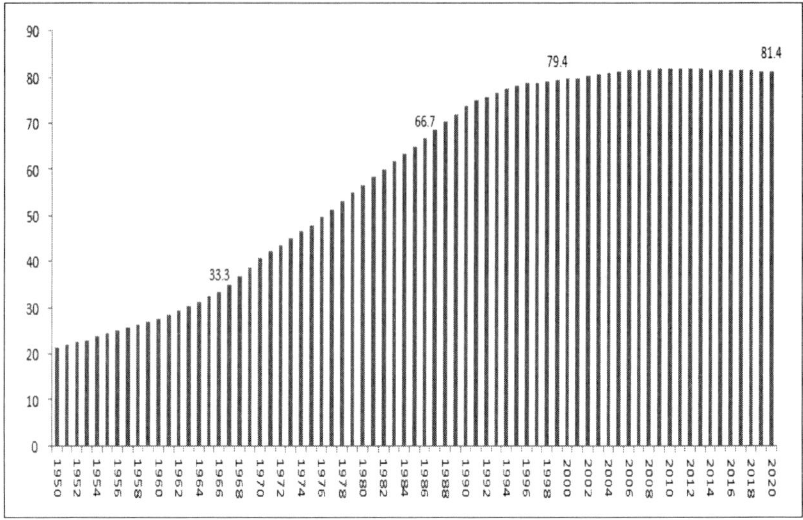

자료 : 통계청, 도시화율(https://kosis.kr/statHtml/statHtml.do?orgId=101&tblId=DT_2KAA204&conn_path=I3, 접속일 : 2024. 2. 15).

[그림 2-5] 한국의 고등교육기관 취학률

(단위 : %)

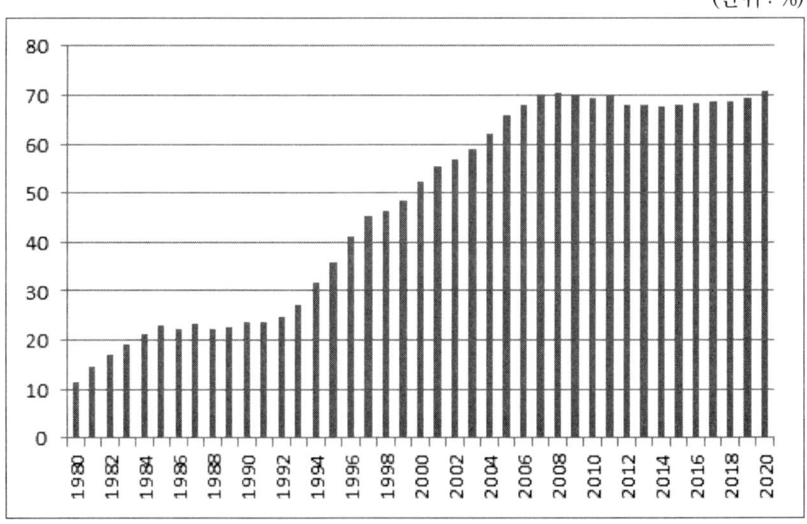

주 : 취학률은 교육기본통계조사의 학생 수와 통계청의 추계인구를 이용하여 산출됨.
자료 : e-나라지표(https://www.index.go.kr/unity/potal/main/EachDtlPageDetail.do?idx_cd=1520, 접속일 : 2024. 2. 15).

경제성장은 주거공간의 변화를 동반했다. 산업화 초기국면에 시작된 이촌향도(離村向都) 물결은 꾸준히 이어져 1966년에 도시화율이 33.3%에 이르렀고 불과 20년이 지난 1986년에는 66.7%에 도달했다. 2/3가 시골에서 살았는데 2/3가 도시에서 사는 데 그저 20년밖에 걸리지 않았다. 이제는 다섯 명 중 네 명은 도시에서 산다(그림 2-4 참조).

경제성장, 도시화와 함께 생활에 중요한 영향을 미치는 요인 중 하나가 교육이다. 한국에서는 대학진학이 매우 중요하다. 대학입학 시험은 국가차원의 큰 행사다. 경찰이 순찰차와 오토바이로 수험생을 태워다 주는 나라는 아마도 한국밖에 없을 것이다. 듣기평가 시간에는 비행기도 안 뜬다. 이런 분위기를 반영하는 듯 한국의 고등교육 입학률은 꾸준히 높아졌다(그림 2-5 참조).

나. 노동시장

경제성장, 도시화, 교육 등은 생활세계의 변동을 초래한 요인들이지만 노동생애의 세대경험에 보다 직접적으로 영향을 미치는 요인은 한국 노동시장의 역사다. 한국인의 노동생애에 중요한 요인들인 취업, 임금, 노동시간, 실업의 장기 추이를 살펴본다.

[그림 2-6]을 살펴보면, 1963년 취업자 수는 756만 3천 명이었지만 꾸준히 늘어나 1986년에 1천만 명, 1995년에 2천만 명, 2013년에는 2천5백만 명을 돌파했다. 같은 기간 고용률은 52%에서 출발하여 등락이 있었지만 1970년대에 50% 중반에 이른 후 낮아졌다가 1980년대 중반부터 회복하더니 1994년에 60%를 넘어섰다. 고용률은 외환위기를 전후로 요동쳤지만 곧 회복하여 최근에는 60% 초반대를 보이고 있다.

〈표 2-6〉에서 취업자의 산업별 구성을 살펴보면, 농림어업 부문은 계속 축소되고 제조업은 확대된 후 축소되며 서비스 부문은 지속적으로 성장하는 양태를 보인다. 꾸준히 늘어나던 취업자 중 제조업 종사자의 비중이 정점을 찍었던 해는 1989년으로 27.8%에 이르렀다. 그 이후 제조업 종사자 비중은 조금씩 떨어지더니 2000년대에는 10% 중후반대를 기록하게 된다. 서비스업 종사자의 비중은 급속하게 늘어나 2020년에는 70%에 도달했다.

취업자를 종사자 지위에 따라 나누어보면, 임금근로자의 비중은 1963년

[그림 2-6] 한국의 취업자 수 및 고용률 추이

(단위 : 천 명, %)

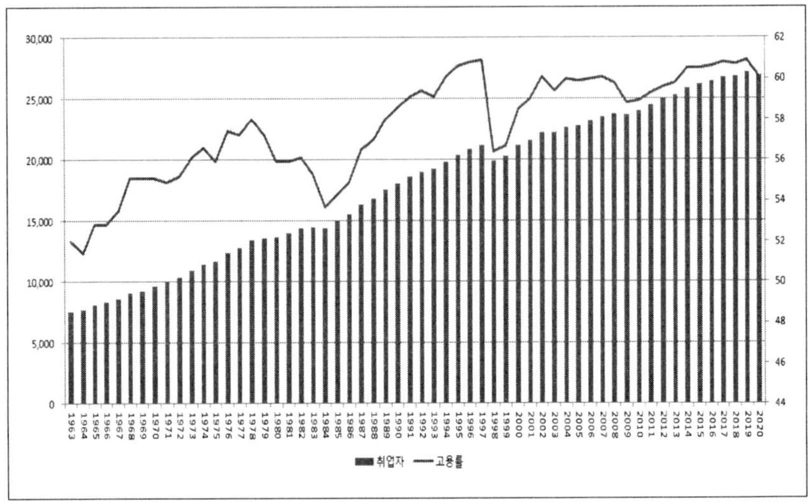

자료 : 한국노동연구원(2023), 『KLI 노동통계』.

〈표 2-6〉 산업별 취업자 구성 추이

(단위 : %)

	농림어업	제조업	건설업	서비스업
1965	58.5	9.4	2.9	
1970	50.4	13.2	2.9	
1975	45.7	18.6	4.4	
1980	34.0	21.6	6.2	37.0
1985	24.9	23.4	6.1	44.3
1990	17.9	27.2	7.4	46.7
1995	11.8	23.6	9.4	54.8
2000	10.7	20.3	7.5	61.2
2005	8.0	18.6	8.0	65.2
2010	6.6	17.0	7.4	68.7
2015	5.1	17.6	7.1	69.5
2020	5.4	16.3	7.5	70.0

주 : 1990년 이전은 5차, 1995~2000년은 6차, 2005~2015년은 9차, 2015년 이후는 10차 산업분류기준.

자료 : 한국노동연구원(2023), 『KLI 노동통계』.

[그림 2-7] 종사상 지위별 취업자 구성 추이

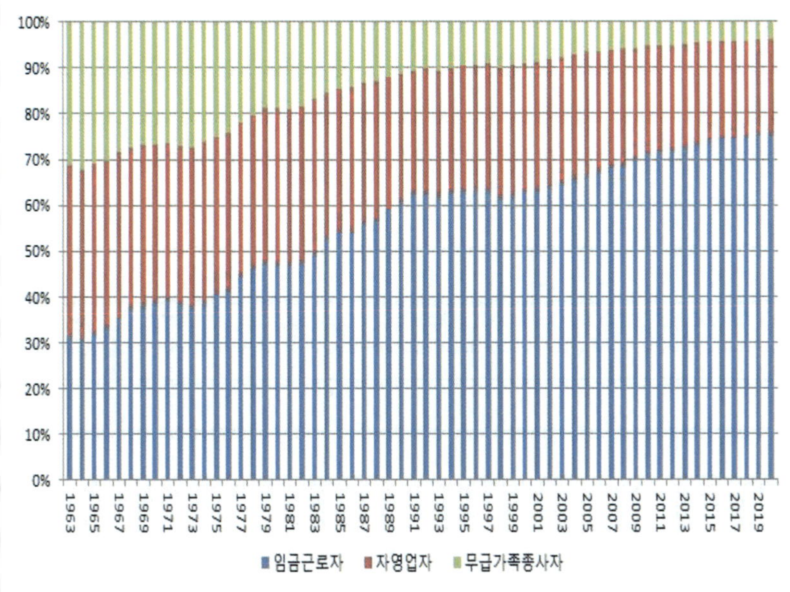

자료 : 한국노동연구원(2023), 『KLI 노동통계』.

에 31.5% 수준에 머물렀지만 꾸준히 높아져 1984년에는 52.9%로 과반을 차지했고 2020년에는 75.6%에 이르렀다.

임금근로자의 비중이 꾸준히 늘어나는 가운데 근로자의 임금상승률은 변동 폭이 크게 나타난다. 1970년대 중후반에는 임금이 큰 폭으로 올랐지만 1980년에 급락한 이후 5% 선에서 유지되다 외환위기를 겪으면서 크게 낮아졌다. 그 이후 임금상승률은 2~3% 수준에 머물러 있다(그림 2-8 참조).

일하는 시간도 생애노동에서 중요한 의미가 있다. 〈표 2-7〉에 따르면 일하는 한국인은 1980년에 주당 51.6시간을 일했는데, 꾸준히 낮아져 2020년에는 38.7시간을 기록했다. 장시간 근로자의 비중 역시 지속적으로 낮아져 2020년에 주당 48시간 이상 일하는 근로자는 다섯 명 중 한 명꼴로 떨어졌다.

실업은 노동생애에서 중요한 경험에 해당한다. 1963년부터 실업자와 실업률은 빠르게 줄었지만 1980년에 높아진 이후 외환위기 전까지 낮아졌다. 외환위기를 거치면서 실업자와 실업률이 급증한 이후 2000년대에는 실업자가 80만~100만 명, 실업률은 3% 후반~4%대를 보이고 있다(그림 2-9 참조).

[그림 2-8] 실질임금상승률 추이

(단위 : %)

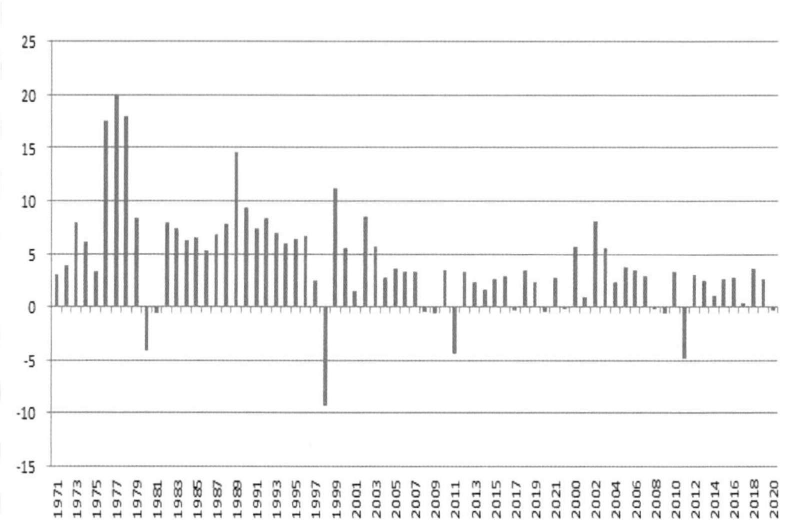

주 : 10인 이상 비농전산업 기준.
자료 : 한국노동연구원(2023), 『KLI 노동통계』.

〈표 2-7〉 한국의 근로시간 추이

(단위: 시간/주당, %)

	주당 근로시간		장시간 근로자 비중
	비농전산업	제조업	
1980	51.6	53.1	
1985	51.9	53.8	51.4
1990	48.2	49.8	56.2
1995	47.7	49.2	49.3
2000	47.5	49.3	43.7
2005	45.1	46.9	51.4
2010	42.5	45.0	41.5
2015	41.1	43.4	34.4
2020	38.7	40.7	20.0

주 : 10인 이상 사업체 기준.
장시간 근로는 1980년대는 56시간, 1990~2000년은 52시간, 이후는 48시간 이상.
자료 : 한국노동연구원(2023), 『KLI 노동통계』.

[그림 2-9] 한국의 실업 장기 추이

(단위 : 천 명, %)

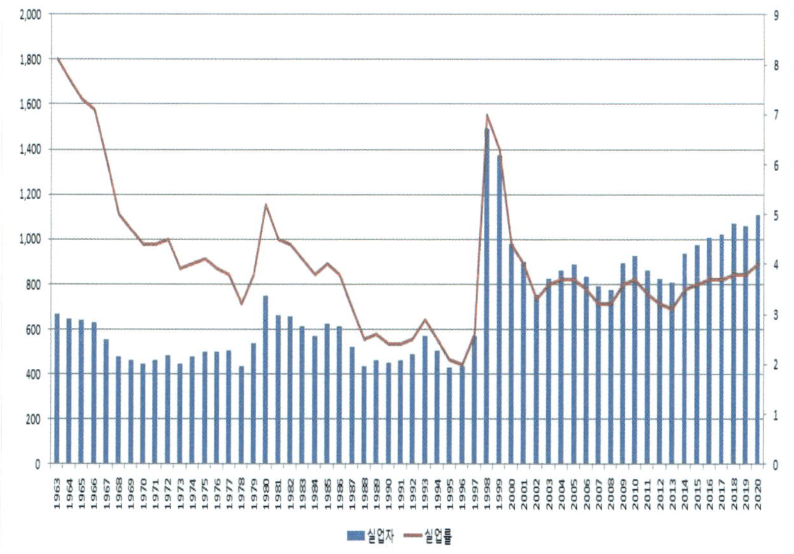

주 : 1999년까지는 '구직기간 1주', 2000년부터는 '구직기간 4주' 기준.
자료 : 한국노동연구원(2023), 『KLI 노동통계』.

[그림 2-10] 한국의 연령대별 실업률

(단위 : %)

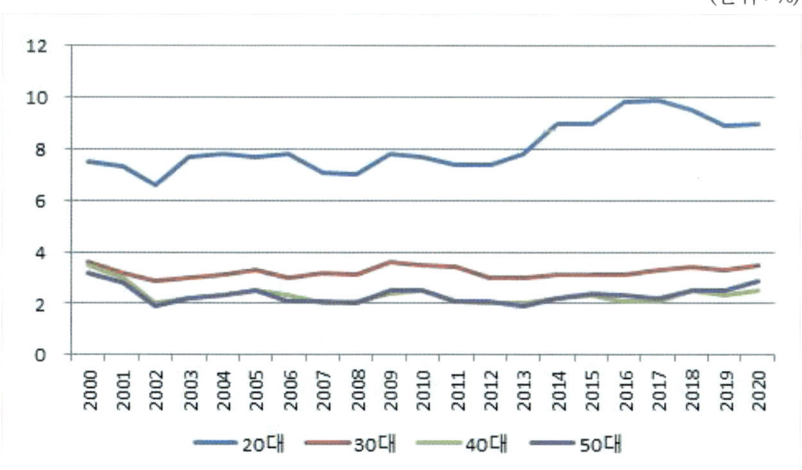

자료 : 통계청, 「경제활동인구조사」(https://kosis.kr/statHtml/statHtml.do?orgId=101&tblId=DT_1DA7102S&conn_path=I3, 접속일: 2024. 2. 15).

21세기 실업 양태 중 두드러진 특징 중 하나는 연령대별 실업률이 일정한 패턴을 보인다는 점이다. 40대와 50대의 실업률은 2~3%, 30대는 3%대를 보이고 있지만 20대 실업률은 다른 연령대의 두세 배에 이른다. 물론 확장된 실업률 개념을 쓰면 청년 실업률은 이보다 훨씬 높게 나타난다(그림 2-10 참조).

1963년부터 확보할 수 있는 거시지표를 통해 한국 노동시장의 역사를 훑어보면 두 군데에서 예리한 변곡점이 보인다. 1980년과 1998년이다. 약 60년간 한국 노동시장의 역사는 이 시점을 기준으로 〈표 2-8〉과 같이 세 시기로 나누어 볼 수 있다.

1963년부터 1980년까지 취업자 수는 급격하게 늘었고 이에 따라 고용률도 급증했다. 급속한 산업화의 결과로 제조업 종사자의 비중은 한 번도 꺾이지 않고 꾸준하게 늘었다. 임금노동자의 비중도 빠르게 높아져 1980년에는 약 절반 수준에 도달했다. 임금은 전기에는 횡보하다 1970년대 중반부터 급증하는 추세를 보였다. 그러나 노동소득분배율은 매우 낮은 수준에서 벗어나지 못했다. 일하는 사람들은 너무 오래 일했다. 실업자는 50만 명 정도였지만 급속한 공업화의 영향으로 실업률은 급속하게 줄었다.

1981년부터 1998년 사이에 취업자 수와 고용률은 이전 시기와 비슷하게 급격하게 늘었다. 하지만 이 시기에는 산업화가 일정한 한계에 도달함으로써 제조업 종사자의 비중은 정점에 이르렀고 서비스업 종사자의 비중이 급격하게 늘었다. 임금노동자의 비중은 계속 높아져 1990년에는 60%를 넘어섰다.

〈표 2-8〉 한국 노동시장의 시기별 특징

	1963~1980	1981~1998	1999~2020
취업자/고용	- 급격한 증가	- 급격한 증가	- 완만한 증가
취업자 구성	- 제조업 비중 급증 - 임금노동자 급증	- 제조업 비중 정점 - 임금노동자 급증	- 서비스 비중 정점 - 임금노동자 급증
임금	- 횡보 후 급등 - 낮은 분배율	- 횡보 후 급등 - 분배율 점증	- 횡보 후 점증 - 분배율 정체
근로시간	- 최장시간 노동	- 점진적 감축	- 꾸준한 단축
실업자/실업	- 50만 명 수준 - 실업률 급감	- 50만 명 수준 - 실업률 점감	- 80만 명 수준 - 평탄한 실업률 - 청년실업 구조화

자료 : 저자 작성.

임금은 전기에는 인상률이 낮았지만 이른바 노동자 대투쟁을 거치면서 1988년부터는 높아졌고 이에 따라 노동소득 분배율도 높아졌다. 노동시간은 점진적으로 줄었다. 실업자는 50만 명 정도였지만 실업률은 줄었다.

외환위기를 맞은 1990년대 말은 한국 노동시장에서 중대한 변곡점이었다. 외환위기를 거치면서 노동시장은 크게 바뀌었다. 취업자는 서서히 늘었지만 고용률은 약 60%로 큰 변동이 없다. 이른바 탈산업화가 진행되면서 제조업 취업자는 줄고 서비스업 종사자가 늘었다. 임금노동자는 꾸준히 늘어 2009년부터 70%를 넘어섰다. 임금상승률은 정체국면에 접어들었고 노동소득분배율도 최근 몇 년간을 제외하면 정체상태를 벗어나지 못하고 있다. 실업자는 연간 80만 명 수준으로 고실업이 일상적인 일이 되었다. 특히 청년실업은 이제 만연해 있다.

다. 생애노동 제도

한국의 세대별 노동생애를 살펴볼 때 노동시장의 흐름과 함께 고려해야 할 것이 제도적 측면이다. 노동생애를 둘러싼 제도는 단지 채용제도, 임금제도와 같은 좁은 의미의 공식적인 제도뿐 아니라 관행이나 문화 같은 비공식적 제도를 포함한다. 노동생애의 제도적 차원은 입직시기, 고용, 노동시간, 임금제도, 은퇴연령으로 나누어 볼 수 있다. 정부 수립 직후를 제외하고 1963년부터 각 시기별 노동생애제도의 성격은 〈표 2-9〉와 같이 발전주의형, 혼종형, 신자유주의형으로 구분할 수 있다.

1963년부터 1980년까지는 경제발전이 최우선의 국가목표로 설정되었다. 노동생애 제도는 압축적 공업화에 발맞추어 빠르게 틀을 잡았다. 이 시기 입직연령은 낮은 고등교육 진학률 때문에 매우 일렀을 것으로 추정된다. "평생직장"이라는 말이 통용될 정도로 평생고용이 관행으로 정착되었고, 자연스럽게 고용안정성은 상당히 높았으며, 취업은 정규직 고용을 의미했다. 하지만 이 시기에는 장시간 노동에 시달렸다. 임금결정제도는 연공급이 지배적이었다. 은퇴연령은 보통 정년이었다.

이 시기 생애노동제도는 요소투입형, 수출주도형 경제발전 전략과 짝을 이루었다. 노동과 자본의 양적 투입에 경쟁력을 확보하는 경제구조 탓에 횡

〈표 2-9〉 한국 노동생애 제도의 시기별 특징

		발전주의형 (1963~1980)	혼종형 (1981~1998)	신자유주의형 (1999~2020)
입직시기		- 이름	- 점진적 지연	- 늦음
고용	관행	- 평생고용	- 이완된 평생고용	- 뜨내기 고용
	안정성	- 높음	- 중간	- 낮음
	형태	- 정규직	- 정규직 중심	- 비정규직 확대
노동시간		- 장시간	- 점진적 단축	- 점진적 단축
임금제도		- 연공급	- 연공급 중심	- 연공급 + 성과급
은퇴연령		- 정년	- 정년이 지배적	- 다기화

자료 : 저자 작성.

단면, 종단면 노동시간을 늘이는 전략이 굳어졌다. 세계시장에서 한국의 상품은 낮은 가격에 경쟁력이 있었기 때문에 임금은 낮게 책정될 수밖에 없었다. 이른바 장시간 · 저임금 체제가 성립한 것이다.

1981년부터 1998년까지 생애노동제도는 한편으로는 발전주의 유산을 받아 안으면서도 부분적으로는 이후에 나타날 신자유주의적인 제도의 씨앗을 안고 있었다는 뜻에서 혼종형이었다. 대학에 들어가는 고교생의 비중이 높아지면서 자연스럽게 일자리를 가지는 시점이 늦춰졌다. 노동시장에 진출하는 때가 늦어지긴 했지만 고용관행, 고용안정성, 고용형태 등 고용제도는 이전 시기와 크게 달라지지는 않았다. 정확한 실증 자료는 제시하기 어렵지만 "IMF 사태 직전까지 한국에서는 한번 취직이 되면 해고될 우려가 거의 없다고 해도 과언이 아니었다"는 말은 근거가 있었다(정이환, 2006: 327). 노동시간은 경향적으로 줄어들었고 임금제도는 연공급이 중심을 이루었다. 은퇴연령 역시 정년과 크게 다르지 않았다.

그러나 이 시기에는 발전주의형 노동생애제도와는 결이 다른 제도들도 움터나기 시작했다. 이 시기의 중간에 놓인 1987년의 노동자 대투쟁이 낳은 노동질서는 "1987년 노동체제"로 불릴 만큼 노동세계에 중요한 변곡점을 이루었다. 노동체제 혹은 노사관계에서 가지는 중요성만큼은 아닐지라도 1987년은 생애노동 제도에서는 임금 부문에서 영향을 미쳤다. 연공급 중심의 임금제도 자체보다는 억눌렸던 노동자의 분노가 임금인상 요구로 분출

되었다. 다른 한편으로는 기업 내부노동시장이나 기업별 단체교섭 등이 노동세계 전반에 들어서면서(정이환, 2006), 기업규모별 생애노동소득에 편차가 심해지는 계기가 되기도 했다.

외환위기를 거치고 나서 신자유주의 질서가 노동생애제도에 파고 들었다. 대학 진학률이 약 70%에 육박하면서 노동시장에 진입하는 시점이 전반적으로 뒤로 더 밀렸다. 그것도 중간에 인턴 같은 형태가 들어오면서 정규직 고용을 기준으로 하면 이행시간이 더 걸렸다. 비정규 고용이 확산된 탓에 직장을 잡아도 평생직장이 아니었다. 노동시간은 계속 줄고 있지만 시간과 맞바꾸는 임금은 연공급이 일정하게 유지되지만 성과중심 임금제가 크게 확산되었다. 정년은 이제 고용안정성이 대단히 높은 일부 직장을 제외하면 그림의 떡이다. 단기고용과 실업이 반복되는 양태가 확산되기도 했다.

여기에서 짚어야 할 점은 21세기 한국 노동세계를 감싸고 있는 양극화와 이중화가 노동생애 제도에서도 관철된다는 것이다. 안정된 고용을 장기적으로 누리는 집단이 있는가 하면 이 직장 저 직장을 떠도는 사람도 많다. 말랐다 비가 오면 물이 흐르는 내처럼 간헐적 고용에 노출되는 사람들이 많아졌다. 이중구조형 노동생애 제도로 부를 법하다. 이러다 보니 생애소득의 불평등도 전례 없이 커지고 있을 것이다. 외환위기는 이렇게 노동생애 제도에서도 근본적인 변화를 낳았다.

제1절에서 '역사적 흐름'이라는 큰 맥락에 따라 구분한 세대는 노동생애과정을 살펴보는 데에도 대체로 유용하다. 이것은 우연의 일치로 보기 어렵다. 한국 현대사는 정치와 경제가 일정한 관계를 맺는 경향을 보였기 때문이다.

박정희 집권기의 "개발독재"는 정치적 독재와 강행적 산업화 및 고도성장이 결합되었다. 노동시장과 노사관계도 이에 부합하게 설정되어 저임금·장시간 노동 체계가 성립했다. 오랫동안 지속되던 저임금·장시간 노동 체계는 1980년대 중반부터 서서히 풀려 나가더니 민주화의 시간이었던 1987년을 분기점으로 노동운동이 활발히 전개되면서 조금씩 완화되기 시작했다. 민주주의가 조금씩 자라고 있는 가운데 맞은 1997년의 외환위기는 노동세계를 크게 흔들었고 그 영향력은 아직까지 남아 있다. 한국 현대사는 정치, 경제, 노동이 일정한 관계에 놓여 있었다.

생애노동제도 변화의 역사는 생애과정의 제도화와 탈제도화 과정을 반영한다. 한국의 생애노동제도는 산업화와 함께 급발진해서 짧은 기간에 단단한 틀로 굳어졌다. 그러나 이 틀은 그리 오래가지 않았다. 숨 가쁘게 달려온 생애노동제도는 1987년 민주화 운동을 거쳐 1997~1998년의 외환위기에 직면하였다.

3. 세대표준과 세대분화

거시적인 맥락으로 본 한국 노동시장과 노동제도의 흐름은 각 세대에게 상이한 경험의 재료가 된다. 0~5세를 유년, 6~18세를 청소년, 19~34세를 청년, 35~49세를 중년, 50~64세를 장년, 65세 이후를 노년이라고 할 때 각 세대의 경험은 [그림 2-11]과 같이 나타날 것이다.

1950년생 A씨를 가상의 인물로 설정해보자. A씨는 급속한 공업화가 시작된 1963년을 10대 초반에, 1980년을 서른 살에, 민주화와 노동자 대투쟁을 30대 후반에, 외환위기를 40대 후반에 맞았다. 18세에 취업하여 쉬지 않고

[그림 2-11] 생애주기에 따른 세대별 생애노동 체계

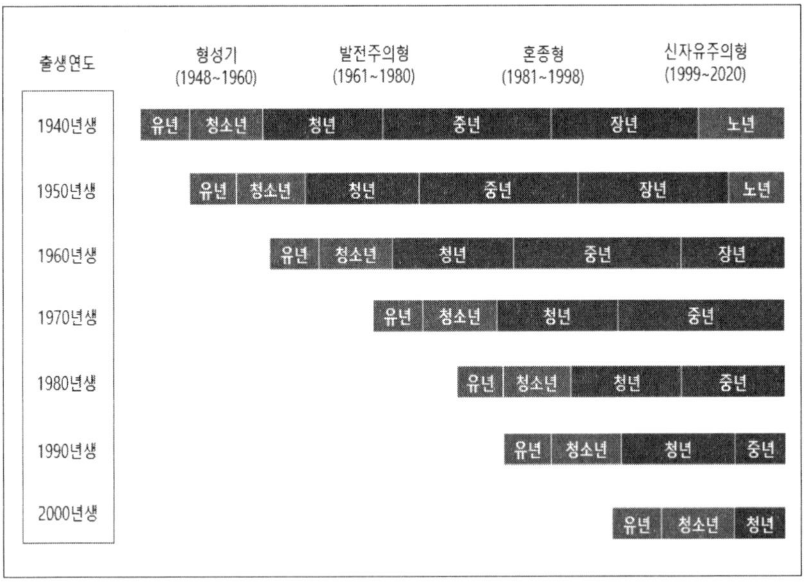

출생연도 | 형성기 (1948~1960) | 발전주의형 (1961~1980) | 혼종형 (1981~1998) | 신자유주의형 (1999~2020)

출생연도						
1940년생	유년	청소년	청년	중년	장년	노년
1950년생	유년	청소년	청년	중년	장년	노년
1960년생	유년	청소년	청년	중년	장년	
1970년생	유년	청소년	청년	중년		
1980년생	유년	청소년	청년	중년		
1990년생	유년	청소년	청년	중년		
2000년생	유년	청소년	청년			

주 : 진한 색(붉은색)이 노동생애를 구성하는 시기.
자료 : 저자 작성.

일한 다음 60세에 은퇴했다고 가정하면 43년간의 노동생애는 발전주의 시기 13년(1968~1980년), 혼종형 시기 18년(1981~1998년) 신자유주의 시기 12년(1999~2010년)으로 이루어진다. 1970년생 B씨가 20세에 취업하고 아직 일자리를 가지고 있으며 60세에 은퇴한다면 발전주의 혼종형 시기에 9년(1990~1998)을 보내고 노동생애의 대부분은 신자유주의 시기에 보내게 된다. 1990년생 C씨에게 발전주의나 혼종형 노동생애제도는 낯설 뿐이고 신자유주의 시기 불안정성이 지배할 때 생애노동을 시작했을 것이다.

각 세대가 생애주기별로 대면하는 노동생애는 〈표 2-10〉과 같은 일반적인 경향이 있을 것이다. 예를 들어 산업화 세대와 민주화 세대는 화수분 같은 일자리 덕에 이른 나이에 쉽게 취업했을 것이다. 이들은 평생직장 관행이 굳어지거나 일정하게 통용되는 시기에 중장년기를 보내는 대신 저임금·장시간 노동에 시달렸을 가능성이 높다. 반면에 정보화 세대는 취업문이 좁아진 탓에 청년기에 직장을 잡기도 힘든데다 그마저 스펙을 쌓고 시험준비 하느라 입직시기가 늦을 것이다. 이제 중년에 접어든 일부 정보화 세대는 이직이 잦고 양극화와 이중화로 인해 심한 노동조건의 격차를 겪었을 것이다.

살아온 생애노동 경로가 다르기 때문에 노동생애는 세대별로 상이한 궤적을 그릴 것이다. 산업화 세대의 노동생애와 민주화 세대의 노동생애는 경로가 서로 다를 것이다. 산업화 세대의 노동이력을 모두 합쳐서 평균을 내보니 고등학교를 졸업하고 19살에 첫 일자리를 잡은 후 직장을 3군데 다녔고 실업기간은 1년에 달했으며 60세에 은퇴했는데, 이때까지 소득은 총 20억

〈표 2-10〉 한국의 세대별 생애노동의 특징

시기	청년기	중·장년기
산업화 세대 (1945~1962)	- 넓은 취업 기회 - 이른 노동시장 진입	- 평생직장 - 장시간·저임금 노동
민주화 세대 (1963~1980)	- 넓은 취업 기회 - 늦어진 노동시장 진입	- 평생직장 약화 - 장시간·저임금의 분화
정보화 세대 (1981~2000)	- 좁은 취업문 - 늦은 노동시장 진입	- 잦은 이직 - 노동조건 이중화

자료: 저자 작성.

원이었다고 하면 이것은 산업화 세대의 평균적인 노동생애가 될 것이다. 세대별 노동생애에는 지배적인 양태가 있다는 의미에서 '전형(典型)'이 성립할 수 있다.

세대별 노동생애의 전형으로부터 노동생애의 일반적인 양태, 즉 표준적 노동생애과정을 도출할 수 있다. 각 세대 안에서 일반적인 생애노동의 궤적으로서 표준적 노동생애과정은 입직연령, 근속기간, 실업횟수 및 기간, 은퇴연령, 소득 등을 기준으로 파악할 수 있다. 하지만 노동생애의 경로가 세대별 평균치에 정확하게 들어맞는 구성원은 거의 없다. 전형은 어디까지나 전형이고, 평균은 어디까지나 평균일 따름이다. 평균치의 노동생애 언저리에서 일정한 범위 이내의 생애노동은 그 세대 노동생애의 일반적이고 통상적인 양태 안에 포괄될 것이다. 이런 범위 안에 드는 사람들의 노동생애는 지배적인 패턴에 속해 있는 것으로 볼 수 있다. 이런 방식으로 각 세대 안에서 생애노동의 동질성이 어느 정도인지를 파악할 수 있다.

그러나 같은 세대 구성원이라 하더라도 노동생애의 궤적이 한결 같지는 않을 것이다. 표준적 노동생애과정은 같은 세대 구성원이라면 비교적 비슷한 궤적을 그릴 가능성이 높다는 것을 뜻하지는 않는다. 표준적인 노동생애가 있다면 이런 표준에서 벗어나는 노동생애도 있기 마련이다. 노동생애제도의 전반적 특징이 발전주의에서 시작하여 혼종형을 거쳐 신자유주의형으로 이어졌다 하더라도 무 자르듯 단절적으로 변화하는 것도 아니다. 노동생애의 구분은 어디까지나 이념형적인 구분일 뿐이고 현실적으로는 세 가지 노동생애제도는 같은 시기에 공존하기 마련이다.

동시대를 공유하면서 세대경험이 같은 사람들 사이에도 주로 직면하는 생애노동제도가 다를 수 있다. 1980년대 생을 여성과 남성, 임금노동자와 자영업자 등으로 나눌 때 서로 다른 노동생애가 그려질 것이고 같은 집단 안에서도 표준적인 집단과 예외적인 집단이 있을 수 있다. 2000년에 노동생애를 시작한 세대 안에서도 한 직장을 꾸준히 다니는 사람이 있는 반면, 몇몇 직장을 옮겨 다니는 사람도 있고, 비정규와 실업을 오가는 사람도 있다.

이것이 세대분화로서 세대 내 이질성의 문제다. 세대 내 이질성은 노동생애를 구성하는 모든 지점에서 드러날 것이다. 같은 세대 안에서도 입직시기, 고용형태, 노동시간, 임금, 은퇴 등에서 분산과 편차가 있을 것이다. 세대별 노동생애의 표준과 분산, 즉 동질성과 이질성은 세대 전체를 뭉뚱그려 볼 수도 있고, 집단을 나누어 볼 수도 있다. 이 보고서에서 다루고자 하는 것이 바로 노동생애의 세대별 동질성과 이질성이다.

제 3 장
세대별 생애노동의 궤적

제1절 서 론

한국의 노동생애는 산업화 시대의 급격한 경제발전과 민주화 과정을 거쳐 현재에 이르기까지 다양한 형태를 나타내고 있다. 산업화 세대[10]에는 이른 나이에 취업하여 평생직장의 개념을 가지고 장시간 저임금 노동이 일반적인 모습이었을 것이다. 민주화 세대는 전반적으로 학력이 높아지면서 노동시장 진입이 늦어지고, 정규직 중심의 연공급이 대세를 이루던 시대이다. 정보화 세대는 극심한 채용 불황으로 취업은 점점 늦어지고, 비정규직이 만연한 이분된 노동시장 속에서 정년의 개념 없이 능력주의를 기본으로 하는 성과급이 확대되고 있다. 이러한 세대 간의 공통된 모습은 당시의 제도적 특성이 반영된 것으로, 세대 간 생애노동 궤적의 차이를 보여주는 일반적인 모습일 것이다.

그러나 같은 세대에 속해 있다고 해서 모두 동일한 궤적을 가지고 있는 것은 아니다. 개인의 성별이나 학력, 첫 취업, 이직, 결혼, 출산, 육아, 소득, 은퇴 등의 생애 중요 사건에 따라 매우 다양한 개별성을 갖는다. 동일한 세

10) 제2장의 분류에 따라 세대별 생애노동을 구분하기 위하여 산업화 세대는 1945~62년생, 민주화 세대는 1963~80년생, 정보화 세대는 1981~2000년생으로 구분하였다.

대를 살아온 사람이더라도 임금근로자 중에서도 첫 직장에서 정년을 맞이하는 사람이 있고, 다양한 비정규직 일자리를 옮겨다니면서 실직과 재취업을 반복하는 사람이 있다. 또한 젊어서부터 비임금 근로자의 삶을 사는 사람이 있는가 하면, 명예퇴직이나 실직으로 타의적 비임금 근로자의 길에 들어서는 사람도 있다. 이것이 세대 간 동질성과 세대 내 이질성의 모습이다.

본 장에서는 노동시장 진입기와 활동기의 세대별 특성 차이를 일차적으로 살펴보고자 한다. 이후 세대별 생애노동 궤적의 유형을 나누고, 각각의 유형 특성과 세대별 차이를 파악하고자 한다. 그러나 2022년 현재 1945~62년생인 산업화 세대는 61~78세이고, 1963~80년생인 민주화 세대는 43~60세, 1981~2000년생인 정보화 세대는 23~42세이다. [그림 2-11]에서 언급한 바와 같이 산업화 세대는 일부 노년을 포함하여, 청년, 중년, 장년이 모두 포함된 생애노동 궤적을 그릴 수 있다. 반면 민주화 세대는 일부 장년을 포함하여 청년, 중년의 생애노동 궤적이 가능하다. 마지막으로 정보화 세대는 청년과 일부 중년을 대상으로 할 수밖에 없다. 따라서 궤적은 각 세대 내에서의 이질성을 파악하는 데 중점을 맞출 예정이다. 예를 들어 동일한 민주화 세대에서 임금근로자로 생애노동 기간 전반을 보낸 사람과, 정규직과 비정규직을 이동하다가 결국 비임금 근로자로 노동시장에 남아있는 사람의 비율이 각각 어느 정도이고, 어떤 특성을 가지고 있는지 알 수 있을 것이다.

또 한 가지 주제는 동일한 연령대의 세대 간 비교이다. 산업화 세대 청년, 민주하 세대 청년, 정보화 세대 청년의 청년기 노동 궤적을 직접적으로 비교하고자 한다. 세대별 입직 시기의 차이나 정규직을 유지하는 유형과 잦은 이직을 통한 불안정한 노동을 하는 유형을 예측하고자 한다.

제2절 자료의 특성

본 연구는 생애노동을 세대별로 비교하여, 그 동질성과 이질성을 밝히는 것을 목적으로 한다. 세대별 생애노동은 기본적으로 한 개인의 노동 이력이 관찰된 자료여야 가능하므로, 한국에서 가장 오래되고 대표성 있는 한국노동패널 자료를 이용하여 분석하고자 한다.

한국노동패널조사는 오랫동안 동일한 개인을 추적 조사하여 조사 당시의 일자리 상태를 파악할 수 있다. 또한 조사하지 못한 시기의 상황을 포괄하도록 설계되었으며, 처음 조사에 임하는 사람에게는 조사 이전 일자리 경험도 질문하여, 한 개인의 생애에 걸친 노동 이력을 관찰할 수 있다.

한국노동패널은 한국 도시지역 5,000가구와 그 가구에 속한 15세 이상 개인을 대상으로 1998년 조사를 시작하였다. 2009년 표본 추가를 통해 전국 단위 표본이 되었으며, 2018년에는 5,000가구의 신규 표본을 추가하여 1만 2천 가구가 넘은 대규모 패널조사가 되었다. 2022년 현재 11,670가구와 그 가구에 속한 15세 이상 23,275명이 조사되었다.

한국노동패널 1~25차 자료(1998~2022년 조사)에서 한 번이라도 응답한 36,514명 중 일생 동안 한 번이라도 일한 경험이 있는 사람 28,802명(78.9%)의 노동 이력은 총 274,470건이다. 직업력 자료는 한 개인의 일자리 정보를 종합한 것으로 최초로 노동시장에 진입한 순간부터, 실직, 재취업, 은퇴를 시기순으로 망라한 일자리의 역사이다. 노동패널은 조사가 시작되기 전 직업 이력에 대하여는 회고적 조사를 실시하였다. 예를 들면 1998년 1차 조사 이전에 이미 직업을 가지고 있었던 46세 A씨는 1998년 1차 조사 당시에 현재 일자리에 대하여 응답하고, 24세에 처음 취직한 일자리부터 1998년까지의 모든 일자리에 대하여도 회고 조사로 응답하였다. 2020년에 패널 가구원과 결혼하여 신규 진입한 32세 B씨는 2020년 현재 일자리에 대하여 응답하고, 2020년 이전에 가지고 있었던 모든 일자리에 대하여 회고 조사로 응답하였다. 회고 자료는 응답자의 기억에 의존한 자료이기 때문에, 회고 기간이 길수록 자료의 신뢰성 문제가 발생할 수 있다. 그럼에도 현재 우리나라에 존재하는 자료 중 한 개인의 노동이력을 가장 자세하게 파악할 수 있는 자료는 노동패널 자료가 유일하기 때문에 가장 많이 사용되고 있다. 특히 본 연구의 목적인 개인의 생애노동 궤적을 파악할 수 있는 자료는 노동패널조사가 가장 적합하다.

〈표 3-1〉은 제2장에서 기술한 한국의 세대별 생애노동의 특징에 따라 산업화 세대, 민주화 세대, 정보화 세대로 표본 구성을 살펴본 것이다. 산업화 세대는 1945~1962년 출생자로 총 9,036명이며, 이 중 취업 경험이 있

〈표 3-1〉 분석 표본의 세대별 구분

(단위 : 명, %)

	취업 경험 없음	취업 경험 있음	합계
산업화 세대 (1945~1962)	985 (10.9)	8,051 (89.1)	9,036
민주화 세대 (1963~1980)	913 (7.9)	10,622 (92.1)	11,535
정보화 세대 (1981~1995)	1,553 (22.3)	5,405 (77.7)	6,958
합계	3,451 (12.5)	24,078 (87.5)	27,529

자료 : 한국노동연구원, 「한국노동패널」, 1~25차(1998~2022년 조사).

〈표 3-2〉 표본의 성별 특성

(단위 : 명, %)

		남성	여성	합계
취업 경험 없음	산업화 세대	150 (15.2)	835 (84.8)	985
	민주화 세대	257 (28.1)	656 (71.9)	913
	정보화 세대	794 (51.1)	759 (48.9)	1,553
	합계	1,201 (34.8)	2,250 (65.2)	3,451
취업 경험 있음	산업화 세대	4,199 (52.2)	3,852 (47.8)	8,051
	민주화 세대	5,547 (52.2)	5,075 (47.8)	10,622
	정보화 세대	2,754 (51.0)	2,651 (49.0)	5,405
	합계	12,500 (51.9)	11,578 (48.1)	24,078

주 : 산업화 세대는 1945~62년생, 민주화 세대는 1963~80년생, 정보화 세대는 1981~95년생으로 구분됨.

자료 : 한국노동연구원, 「한국노동패널」, 1~25차(1998~2022년 조사).

는 사람이 8,051명(89.1%)이다. 민주화 세대는 1963~1980년에 태어난 사람으로 취업 경험이 있는 사람이 10,622명(92.1%)이다. 정보화 세대는 1981~1995년 출생자[11])로 취업 경험이 있는 사람이 5,405명(77.7%)이다.

11) 제2장에 따르면, 정보화 세대는 1981~2000년생으로 구분되지만, 2000년생은 자료 분석이 가능한 가장 최근 시점인 2022년에 23세로 아직 노동시장에 진입했다고 보기 어려운 점이 있다. 따라서 본 절에서는 1981~1995년생을 정보화 세대 분석대상으로 선정하였다.

전체 분석 표본은 산업화 세대, 민주화 세대, 정보화 세대 취업 경험이 있는 24,078명이다.

취업 경험 유무에 따른 표본의 성별을 살펴보았다. 취업 경험이 없는 집단은 산업화 세대, 민주화 세대에는 여성이 월등히 많았고, 정보화 세대는 거의 비슷하였다. 취업 경험이 있는 집단은 모든 세대에서 남성이 약간 많았다.

〈표 3-3〉에서 취업 경험이 있는 경우 학력을 살펴보면, 산업화 세대는 중졸(47.5%), 고졸(36.3%) 순으로 많고, 민주화 세대는 고졸(43.6%), 대졸(28.2%) 순으로 많다. 정보화 세대는 대졸(41.7%), 고졸(27.1%) 순으로 많아, 최근에 오면서 학력이 상승한 것을 보여준다.

〈표 3-3〉 표본의 학력 구성

(단위 : 명, %)

		중졸 이하	고졸	전문대졸	대졸	석사 이상	합계
취업 경험 없음	산업화 세대	561(57.0)	323(32.8)	13(1.3)	77(7.8)	11(1.1)	985
	민주화 세대	90(10.0)	415(46.2)	106(11.8)	250(27.8)	38(4.2)	899
	정보화 세대	40(3.5)	567(49.7)	138(12.1)	361(31.6)	35(3.1)	1,141
	합계	691(22.8)	1,305(43.1)	257(8.5)	688(22.7)	84(2.8)	3,025
취업 경험 있음	산업화 세대	3,820(47.5)	2,919(36.3)	320(4.0)	798(9.9)	191(2.4)	8,048
	민주화 세대	650(6.1)	4,636(43.6)	1,809(17.0)	2,990(28.2)	536(5.0)	10,621
	정보화 세대	84(1.6)	1,466(27.1)	1,330(24.6)	2,253(41.7)	272(5.0)	5,405
	합계	4,554(18.9)	9,021(37.5)	3,459(14.4)	6,041(25.1)	999(4.1)	24,074

주 : 산업화 세대는 1945~62년생, 민주화 세대는 1963~80년생, 정보화 세대는 1981~95년생으로 구분됨.

자료 : 한국노동연구원, 「한국노동패널」, 1~25차(1998~2022년 조사).

제3절 생애노동의 장기 추이

1. 노동시장 진입기

노동시장 진입기에서는 첫 일자리 취득 연령, 첫 일자리 취득 소요기간의 세대별 차이와, 첫 일자리의 종사상 지위, 산업, 직업 등의 일자리 특성을 살펴보고자 한다.

세대별 첫 일자리[12] 취득 연령은 산업화 세대는 20.7세, 민주화 세대는 22.5세, 정보화 세대는 24.1세로 최근에 오면서 노동시장 진입 연령이 높아지고 있다. 상대적으로 여성이 남성보다 빨리 노동시장에 진입하고 있는데, 이는 남성이 군대 제대 이후 노동시장에 진입하기 때문인 것으로 보인다.

세대별로는 상대적으로 산업화 세대가 정보화 세대에 비해 첫 일자리 취득 연령이 낮지만, 모든 세대에서 최종학력별 첫 일자리 취득 연령은 거의 유사하다. 학력이 높아질수록 노동시장 진입이 늦어져 취업 연령도 높아진

〈표 3-4〉 세대별 성별 첫 일자리 취득 연령

(단위 : 세, N=10,654)

	전체	남성	여성
산업화 세대	20.7	21.4	19.5
민주화 세대	22.5	23.7	21.0
정보화 세대	24.1	25.0	22.9

주 : 산업화 세대는 1945~62년생, 민주화 세대는 1963~80년생, 정보화 세대는 1981~95년생으로 구분됨.
자료 : 한국노동연구원, 「한국노동패널」, 1~25차(1998~2022년 조사).

12) 본 절에서 사용된 첫 일자리는 청년기를 대상으로 최종학력 취득 후 5년 이내 취업한 경우로 한정하여 분석하였다. 이는 산업화나 민주화 세대에는 졸업 후 비경제활동 상태로 지내다가, 개인의 경제적 사유에 의해 중년기 이후에 갑자기 노동시장에 진입하는 경우가 상대적으로 많이 발생하였기 때문이다. 따라서 순수한 첫 일자리의 개념을 명확히 하기 위해, 최종학력 취득 후 5년 이후에 취업한 경우는 제외하였다.

다. 따라서 세대별로 첫 일자리 취득 연령이 높아진 것은 최근에 오면서 학력 상승에 기인한 것으로 추측할 수 있다(표 3-5 참조).

[그림 3-1]은 최종학력 졸업 이후 첫 일자리 취득 소요 기간을 살펴본 것이다. 최종학력 졸업 이후 첫 일자리를 얻기까지의 취업 준비 기간이 최근에 오면서 더 길어진 것을 알 수 있다. 민주화 세대 대졸자의 평균 첫 일자리 취득 소요 기간은 0.8개월인 데 반해, 정보화 세대 대졸자의 평균 일자리 취득 소요 기간은 평균 1년이 넘는 것으로 나타났다.

첫 일자리의 종사상지위는 세대별로 큰 차이를 보이는데, 과거에 비해 최근에 오면서 임금근로자의 비중이 증가하고 있다. 이는 당시 한국 사회의 전체 노동시장에서의 종사상지위와 그 구성이 유사하다[13]. 산업화 세대의 첫 일자리 종사상지위가 임금근로자 58.8%(상용직 45.7%, 임시직 6.9%, 일용직 6.3%)이고, 민주화 세대의 첫 일자리 종사상지위는 임금근로자 81.4%(상용직 70.4%, 임시직 7.4%, 일용직 3.6%)로 나타났다. 민주화 세대, 정보화 세대로 오면서 자영자/고용주의 비율이 감소하고, 상용직의 비율이 급증하였다. 정보화 세대의 80.1%는 첫 일자리가 상용직 임금근로자였다(표 3-6 참조).

첫 일자리 산업을 살펴보면, 농림 및 임업 비중은 세대별로 감소(8.2% → 2.0% → 0.3%)하였고, 사업서비스업(4.0% → 7.9% → 11.5%)과 보건 및 사회복지사업(2.5% → 5.3% → 12.2%), 교육서비스업(7.7% → 9.6% → 10.2%) 등의 서비스업은 대폭 증가하였다. 제조업은 산업화 시대, 민주화 시대, 정보

〈표 3-5〉 세대별 학력별 첫 일자리 취득 연령

(단위 : 세, N=10,650)

	전체	중졸 이하	고졸	전문대졸	대졸	석사 이상
산업화 세대	20.7	16.9	20.4	23.7	25.5	26.7
민주화 세대	22.5	17.2	21.0	22.9	25.4	28.2
정보화 세대	24.1	17.8	22.5	23.3	25.3	26.8

주 : 산업화 세대는 1945~62년생, 민주화 세대는 1963~80년생, 정보화 세대는 1981~95년생으로 구분됨.
자료 : 한국노동연구원, 「한국노동패널」, 1~25차(1998~2022년 조사).

13) 제2장의 [그림 2-4] 종사상 지위별 취업자 구성 추이를 참조하기 바란다.

[그림 3-1] 출생연도별 졸업 후 첫 일자리 취득 소요 기간

(단위 : 년, N=3,887)

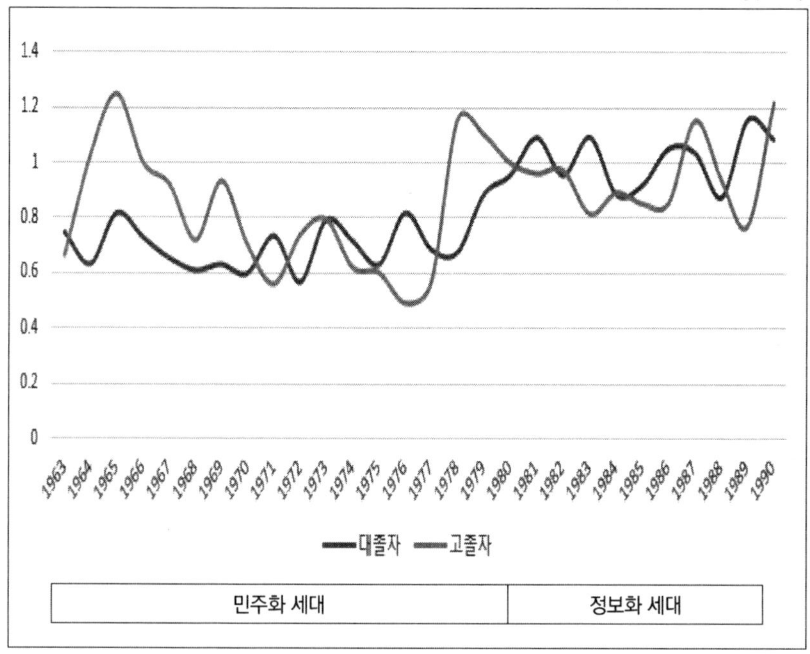

주 : 산업화 세대는 1945~62년생, 민주화 세대는 1963~80년생, 정보화 세대는 1981~95년생으로 구분됨.
자료 : 한국노동연구원, 「한국노동패널」, 1~25차(1998~2022년 조사).

〈표 3-6〉 세대별 첫 일자리 종사상 지위

(단위 : %, N=7,539)

	상용직	임시직	일용직	자영자/고용주	무급가족 종사자	전체
산업화 세대	45.7	6.9	6.3	34.3	6.9	100.0
민주화 세대	70.4	7.4	3.6	15.2	3.4	100.0
정보화 세대	80.1	9.4	1.8	7.9	0.9	100.0

주 : 산업화 세대는 1945~62년생, 민주화 세대는 1963~80년생, 정보화 세대는 1981~95년생으로 구분됨.
자료 : 한국노동연구원, 「한국노동패널」, 1~25차(1998~2022년 조사).

화 시대가 각각 20.0%, 23.1%, 22.2%로 거의 유사하다.

첫 일자리 직업은 세대별로 다양한 변화가 나타났다. 전문가(12.1% →

〈표 3-7〉 세대별 첫 일자리 산업

(단위 : %, N=7,420)

산업	산업화 세대	민주화 세대	정보화 세대
농업 및 임업	8.2	2.0	0.3
어업	0.9	0.3	0.1
광업	0.1	0.1	0.0
제조업	20.0	23.1	22.2
전기 가스 및 수도사업	0.6	0.5	0.7
건설업	9.6	8.0	5.4
도매 및 소매업	14.5	15.1	11.9
숙박 및 음식점업	6.2	5.4	4.9
운수업	6.9	3.8	2.8
통신업	1.3	1.5	0.8
금융 및 보험업	3.7	5.2	5.2
부동산 및 임대업	2.3	1.8	0.9
사업서비스업	4.0	7.9	11.5
공공행정 국망 및 사회보장행정	4.2	5.1	5.4
교육서비스업	7.7	9.6	10.2
보건 및 사회복지사업	2.5	5.3	12.2
오락 문화 및 운동 관련 사업	1.5	1.7	1.9
기타공공, 수리 및 개인서비스업	5.6	3.6	3.6
가사서비스업	0.2	0.0	0.0
국제 및 외국기관	0.1	0.0	0.1
전 체	100.0	100.0	100.0

주 : 산업화 세대는 1945~62년생, 민주화 세대는 1963~80년생, 정보화 세대는 1981~95년생으로 구분됨.

자료 : 한국노동연구원, 「한국노동패널」, 1~25차(1998~2022년 조사).

16.1% → 26.8%)와 기술공 및 준전문가(6.0% → 13.0% → 14.8%)는 두 배 이상 증가하였고, 농업 및 어업 숙련 종사자는 8.2%에서 0.3%로, 의회의원, 고위임직원 및 관리자는 4.1%에서 0.6%로 거의 없어졌다. 기능원 및 관련 기능 종사자, 장치, 기계조작 및 조립 종사자, 판매 종사자, 단순 노무 종사자

는 거의 두 배 감소하였다. 이는 산업구조 고도화에 따른 직업구조의 변동이 반영되었기 때문이다. 산업화 세대는 장치, 기계조작 및 조립 종사자(14.2%), 기능원 및 관련 기능 종사자(13.0%), 사무 종사자(12.6%), 전문가(12.1%) 순으로 가장 높은 비중을 차지한 직업군에 큰 차이가 없었다. 그러나 민주화 세대는 사무 종사자(25.2%)가 압도적으로 높고, 정보화 세대는 전문가(26.8%)와 사무 종사자(25.3%)가 절반을 넘어섰다.

〈표 3-8〉 세대별 첫 일자리 직업

(단위 : %, N=7,441)

직업	산업화 세대	민주화 세대	정보화 세대
의회의원, 고위임직원 및 관리자	4.1	1.9	0.6
전문가	12.1	16.1	26.8
기술공 및 준전문가	6.0	13.0	14.8
사무 종사자	12.6	25.2	25.3
서비스 종사자	9.8	7.4	6.8
판매 종사자	11.6	8.9	5.9
농업 및 어업 숙련 종사자	8.2	2.0	0.3
기능원 및 관련 기능 종사자	13.0	10.4	7.2
장치, 기계조작 및 조립 종사자	14.2	10.3	7.4
단순 노무 종사자	8.4	4.5	3.9
군인	0.1	0.5	1.0
전 체	100.0	100.0	100.0

주 : 산업화 세대는 1945~62년생, 민주화 세대는 1963~80년생, 정보화 세대는 1981~95년생으로 구분됨.

자료 : 한국노동연구원, 「한국노동패널」, 1~25차(1998~2022년 조사).

2. 노동시장 활동기

가. 생애노동 기간

생애노동 기간을 청년기, 중년기, 장년기로 나누어 출생연도별 변화를 살펴보았다. 청년기는 19~34세(관측 기간 16년), 중년기는 35~49세(관측 기간 15년), 장년기는 50~64세(관측 기간 15년)로 구분하였다. 중년기는 평균 11.4년 동안 일해 상대적으로 장년기(평균 10.9년)와 청년기(평균 8.3년)에 비해 많은 기간 노동하였음을 알 수 있다.

청년기 노동기간을 살펴보면, 산업화 세대인 1945년생에 비해 정보화 세대인 1987년생은 2.9년이 감소하였는데, 이는 학력 상승으로 인해 노동시장 진입 연령이 높아졌기 때문으로 보인다. 반면 장년기 노동은 1945년생에 비해 1959년생이 오히려 0.6년이 증가하여, 고령 노동이 증가하고 있는 사회현상을 그대로 반영하고 있다.

[그림 3-2] 청년기, 중년기, 장년기의 출생연도별 생애노동 기간

(단위 : 년)

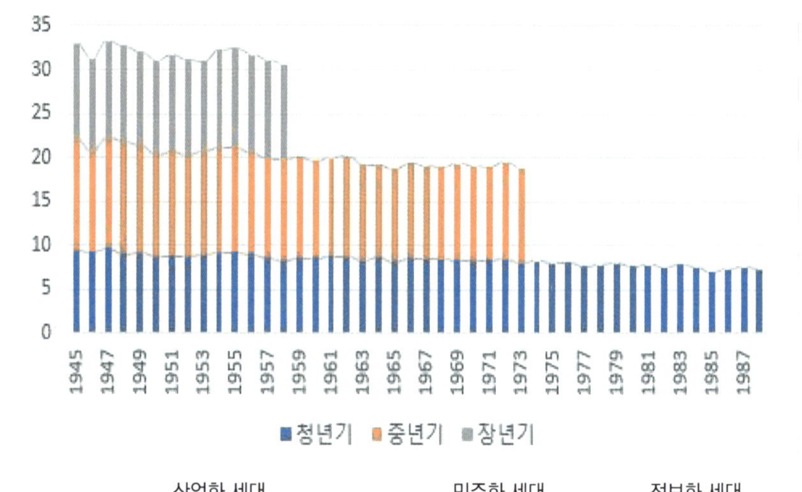

주 : 1) 청년기는 2022년 기준 19~34세까지 16년 기간이 관측되는 1945~1988년 출생자를 대상으로 분석함.
2) 중년기는 2022년 기준 35~49세까지 15년 기간이 관측되는 1945~1973년 출생자를 대상으로 분석함.
3) 장년기는 2022년 기준 50~64세까지 15년 기간이 관측되는 1945~1958년 출생자를 대상으로 분석함.
4) 산업화 세대는 1945~62년생, 민주화 세대는 1963~80년생, 정보화 세대는 1981~95년생으로 구분됨.

자료 : 한국노동연구원, 「한국노동패널」, 1~25차(1998~2022년 조사).

청년기의 생애노동 기간을 비교할 때는 최근에 오면서 학력이 높아져, 노동 가능한 기간이 사실상 줄어들고 있는 상황을 고려해야 한다. 따라서 최종 학력 졸업 이후 34세까지 노동 가능 기간 동안에 실질적으로 취업 상태였던 비중을 살펴보았다.

산업화 세대와 민주화 세대의 생애노동 가능 기간 동안의 실제 노동기간이 평균 약 60%인 반면, 정보화 세대의 평균은 약 75%이다. [그림 3-2]에서는 청년기의 실제 노동기간이 줄어들고 있지만, [그림 3-3] 최종학력 이후 34세까지의 실제 노동 가능 기간 중에서는 더 오랜 기간을 일하고 있는 것으로 파악된다.

[그림 3-3] 청년기(19~34세) 출생연도별 생애노동 기간 비중

(단위 : %)

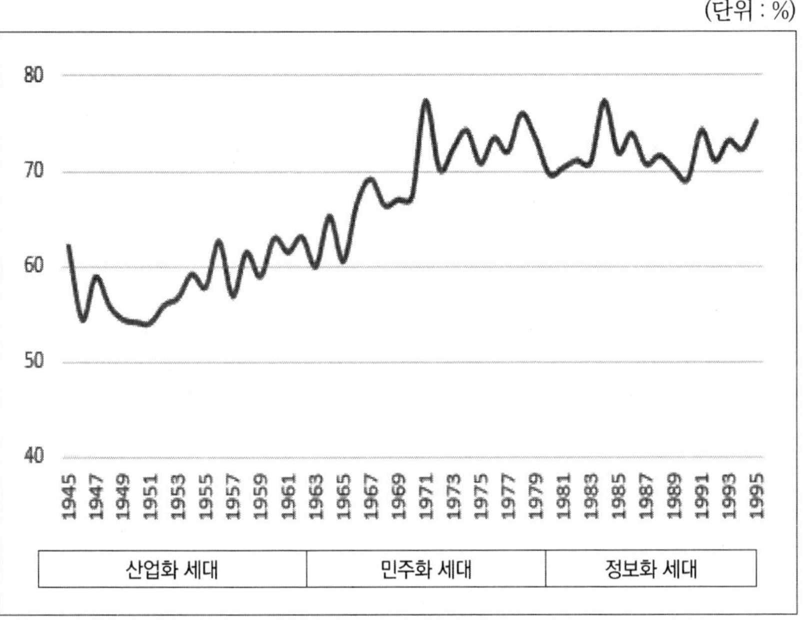

주 : 1) 분석 가능한 2022년 기준 34세가 관측되는 1945~1988년 출생자는 16년 기간 동안, 1989~1995년 출생자는 관측 시점까지 대상으로 분석함. 1995년 출생자는 19~27세가 분석대상임.

2) 산업화 세대는 1945~62년생, 민주화 세대는 1963~80년생, 정보화 세대는 1981~95년생으로 구분됨.

자료 : 한국노동연구원, 「한국노동패널」, 1~25차(1998~2022년 조사).

나. 노동이동

첫 취직 이후 10년 동안 이직을 경험한 사람을 대상으로 노동이동을 관찰하였다. 첫 취직 이후 10년 동안 이직 횟수를 살펴보면, 이직을 한 번도 하지 않은 경우는 최근 소폭 감소하여, 평생직장 개념이 약화되고 이직이 보편화됨을 알 수 있다. 1회 이직 경험자는 세대 구분 없이 거의 유사했다. 반면 2회 이직자 비중은 후기 산업화 세대(1950년대생) 7.5%에서 후기 민주화 세대(1970년대생) 16.1%로 2배 이상 증가하였다. 3회 이상 이직한 경험이 있는 사람의 비중도 후기 산업화 세대(1950년대생) 3.9%에서 후기 민주화 세대(1970년대생) 15.6%로 급격하게 증가한 것으로 나타났다. 이는 1997년 IMF 외환위기와 2008년 금융위기를 겪으면서 발생한 현상이라고 예측할 수 있다(표 3-9 참조).

산업화 세대에 비해 민주화 세대, 정보화 세대에 오면서 첫 번째 일자리보다 두 번째 일자리의 근속기간이 길어지고 있다. 즉 민주화 세대 이후에는 평생고용 개념이 약해지고, 첫 번째 일자리는 두 번째 일자리로 가기 위한 가교역할을 하고 있음을 알 수 있다.

일자리별 근속기간을 자세히 알아보기 위해 출생연도별로 살펴보았다.

〈표 3-9〉 세대별 평균 이직 횟수

(단위 : %, N=20,818)

	0회	1회	2회	3회 이상	전체
후기 산업화 세대 (1950년대생)	63.4	25.3	7.5	3.9	100.0
전기 민주화 세대 (1960년대생)	51.9	25.5	13.2	9.3	100.0
후기 민주화 세대 (1970년대생)	43.0	25.3	16.1	15.6	100.0
전기 정보화 세대 (1980년대생)	45.6	24.9	16.0	13.6	100.0
전체	50.5	25.3	13.4	10.9	100.0

자료 : 한국노동연구원, 「한국노동패널」, 1~25차(1998~2022년 조사).

후기 민주화 세대인 1975년생 이전은 첫 번째 일자리 근속기간이 두 번째 일자리, 세 번째 일자리보다 높았다. 반면 1975년 이후에 출생자는 두 번째 일자리가 첫 번째 일자리보다 근속기간이 긴 것으로 나타났다.

이직 연령대와 실직 기간을 살펴보기 위해, 첫 번째 일자리 실직 평균 나이와 두 번째 일자리 취득 평균 나이를 분석하였다. 첫 번째 일자리를 그만두는 나이는 최근에 오면서 점점 낮아지고 있어, 후기 산업화 세대(1950년

〈표 3-10〉 세대별 일자리별 평균 근속기간

(단위 : 개월, 명)

	첫 번째 일자리	두 번째 일자리	세 번째 일자리	사례 수
산업화 세대	118.0	99.8	75.6	5,409
민주화 세대	54.6	58.9	50.5	7,381
정보화 세대	30.2	35.4	34.2	3,063

주 : 산업화 세대는 1945~62년생, 민주화 세대는 1963~80년생, 정보화 세대는 1981~95년생으로 구분됨.
자료 : 한국노동연구원, 「한국노동패널」, 1~25차(1998~2022년 조사).

[그림 3-4] 출생연도별 일자리별 근속기간

(단위 : 개월)

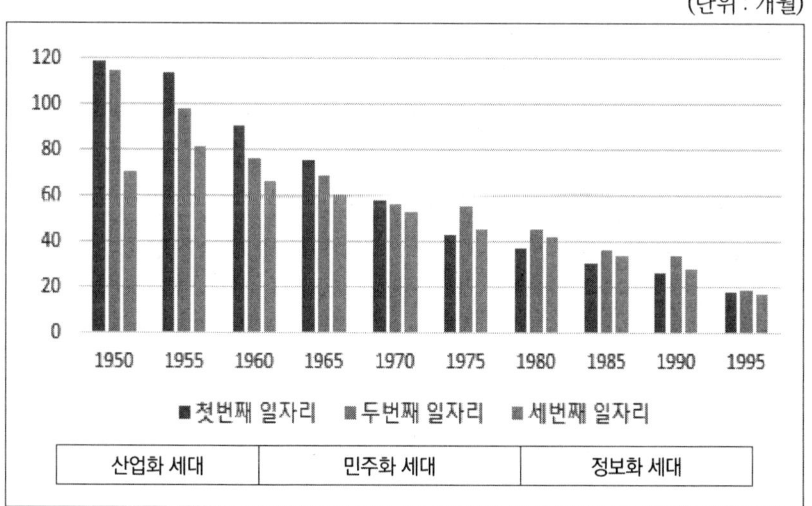

주 : 산업화 세대는 1945~62년생, 민주화 세대는 1963~80년생, 정보화 세대는 1981~95년생으로 구분됨.
자료 : 한국노동연구원, 「한국노동패널」, 1~25차(1998~2022년 조사).

[그림 3-5] 출생연도별 첫 일자리 실직 나이 및 두 번째 일자리 취직 나이

(단위 : 세)

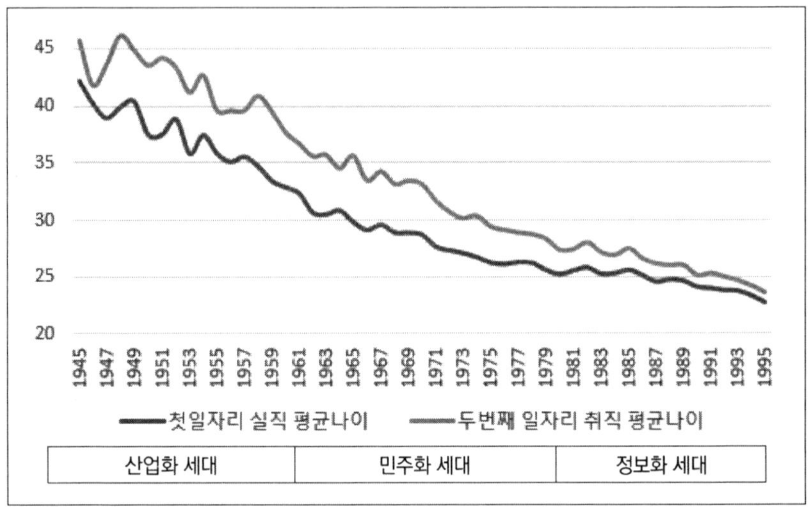

주 : 산업화 세대는 1945~62년생, 민주화 세대는 1963~80년생, 정보화 세대는 1981~95년생으로 구분됨.

자료 : 한국노동연구원, 「한국노동패널」, 1~25차(1998~2022년 조사).

대생)는 평균 36세, 전기 민주화 세대(1960년대생)는 평균 30세, 후기 민주화 세대(1970년대생)는 평균 26세, 전기 정보화 세대(1980년대생)는 평균 25세이다. 두 번째 일자리 취득 평균 나이는 전기 산업화 세대(1950년대생)는 평균 41세이고 전기 정보화 세대(1980년대생) 이후 출생자는 평균 26세이다.

실직과 재취업까지의 기간이 최근에 계속 줄고 있어, 후기 산업화 세대(1950년대생)는 평균 5년이 걸렸다면, 전기 정보화 세대(1980년대생)는 평균 1.5년의 재취업 기간이 소요되었다. 이는 최근 악화되고 있는 노동시장 고용 유연화 현상이 반영된 것으로 추측된다.

제4절 생애노동 궤적의 유형

생애노동 궤적은 한 개인의 노동시장 진입 시점에서부터 현재까지 시간

의 경과를 반영하여 노동시장 내에서의 고용형태 변화를 추적하는 것이다.

집단기반 궤적분석(Group-Based Trajectory Analysis)을 이용하여 산업화 세대, 민주화 세대, 정보화 세대를 나누어 각각 생애노동 궤적을 유형화하고, 세대별 비교를 통해 생애노동 궤적의 변화를 파악하고자 한다. 고용형태는 미취업, 비임금근로자, 임시일용 근로자, 상용근로자로 구분하였다.

1. 산업화 세대

산업화 세대는 1945~1962년 출생자를 대상으로 40년 동안의 노동 궤적을 분석한 결과이다. X축은 개인이 노동시장 진입 후 경과된 기간(년)이다. Y축은 해당 기간의 종사상 지위로 0은 '미취업 상태', 1은 '비임금근로자', 2는 '임시일용 근로자', 3은 '상용근로자'를 나타낸다. 노동시장 진입 후 기간에 대하여 분석하기 때문에, 모든 개인은 비임금근로자나 임시일용 근로자, 상용근로자로 시작한다. 본 분석은 첫 일자리 관찰 이후 40년 동안 유사한 노동 궤적을 보이는 사람들을 집단화하여 유형화한 것이다.

산업화 세대의 생애노동 유형은 세부적으로 보면 8개 유형으로 구분된다. 8개 유형을 성격에 따라 재분류하면 유지형, 퇴장형, 이동형으로 다시 묶을 수 있다.

노동시장 진입 당시의 종사상 지위를 그대로 유지한 유형은 3개로 (상용→상용) 유형, (임시일용→임시일용) 유형, 그리고 (비임금→비임금) 유형이다. 노동시장에서 퇴장한 유형은 3개로 노동시장 진입 후 10년 만에 노동시장에서 퇴장한 이후 재진입한 유형(임시일용→비임금→미취업→비임금), 30년 만에 노동시장에서 퇴장한 유형(상용→임시일용→비임금→퇴장), 거의 은퇴 시기인 노동시장 진입 40년 만에 노동시장에서 퇴장한 유형(상용→임시일용→비임금→퇴장)이다. 마지막으로 종사상 지위가 이동한 유형은 2개로 비임금에서 임금 이동(비임금→임시일용→상용) 유형과 반대로 임금에서 비임금 이동(상용→임시일용→비임금) 유형이다.

생애노동 기간 동안 한 가지 종사상 지위를 유지한 유지 유형(비임금 유지, 상용 유지, 임시일용 유지)을 살펴보면 다음과 같다. '비임금 유지' 유형은 산업화 세대 전체의 24.7%로 가장 높은 비중을 차지하며, 노동시장 진입

[그림 3-6] 산업화 세대의 노동 궤적 유형

(단위 : %, N=8,051명)

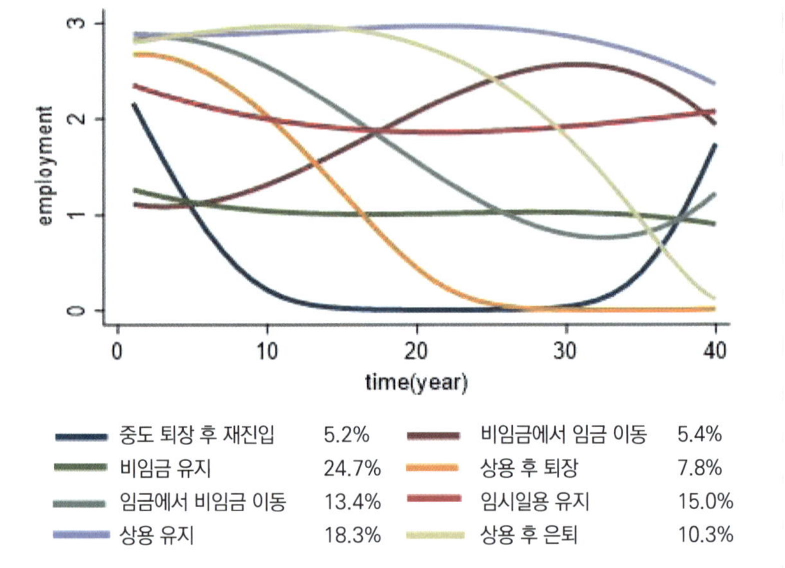

중도 퇴장 후 재진입	5.2%	비임금에서 임금 이동	5.4%
비임금 유지	24.7%	상용 후 퇴장	7.8%
임금에서 비임금 이동	13.4%	임시일용 유지	15.0%
상용 유지	18.3%	상용 후 은퇴	10.3%

주 : 1) X축은 개인의 노동시장 진입 후 40년 동안의 기간을 관측한 것임.
2) Y축은 0 '미취업', 1 '비임금', 2 '임시일용', 3 '상용'을 나타냄.
3) 산업화 세대는 1945~1962년 출생자를 대상으로 분석함.
자료 : 한국노동연구원, 「한국노동패널」, 1~25차(1998~2022년 조사).

〈표 3-11〉 산업화 세대의 노동 궤적 유형

(단위 : %, N=8,051명)

유형		궤적	비중
유지	비임금 유지	비임금→비임금	24.7
	임시일용 유지	임시일용→임시일용	15.0
	상용 유지	상용→상용	18.3
이동	비임금에서 임금 이동	비임금→임시일용→상용	5.4
	임금에서 비임금 이동	상용→임시일용→비임금	13.4
퇴장	중도퇴장 후 재진입	임시일용→비임금→미취업(20년)→비임금	5.2
	상용 후 퇴장	상용→임시일용→비임금→퇴장(30년)	7.8
	상용 후 은퇴	상용→임시일용→비임금→퇴장(40년)	10.3

주 : 산업화 세대는 1945~1962년 출생자를 대상으로 분석함.
자료 : 한국노동연구원, 「한국노동패널」, 1~25차(1998~2022년 조사).

단계부터 40년 동안 비임금근로자를 안정적으로 유지한 집단이다. '상용 유지' 유형은 전체의 18.3%로 첫 관찰 시점의 상용 일자리를 30년 정도 계속 유지하다가, 30년 이후에 꼬리부터 미세하게 임시일용으로 이동하는 모양이다. 이는 은퇴 즈음해서 상용 일자리보다는 임시일용 일자리를 갖게 되는 현상에서 비롯된 것으로 보인다. '임시일용 유지' 유형은 15.0%로 임시일용 일자리로 생애노동을 시작하여, 임금근로자로 있으면서 40년 동안 임시일용을 유지한 유형이다. 첫 노동시장 진입 시점의 종사상 지위를 유지한 유형이 전체의 58.0%를 차지한다.

퇴장 유형인 '중도 퇴장 후 재진입' 유형은 5.2%, '상용 후 퇴장' 유형은 7.8%, '상용 후 은퇴' 유형은 10.3%로 전체의 23.3%이다.

'중도 퇴장 후 재진입' 유형은 노동시장에 진입한 후 10년쯤 노동시장에서 퇴장하였다가, 거의 20년 동안 일하지 않다가 다시 재진입하는 유형이다. '상용 후 퇴장' 유형과 '상용 후 은퇴' 유형은 상용으로 오랜 시간 유지하다가, 임시일용, 비임금을 거쳐, 퇴직하는 유형이다. '상용 후 퇴장'은 노동시장 진입 후 30년 만에 퇴장, '상용 후 은퇴'는 40년 만에 퇴장하는 특징으로 분류된다.

이동 유형 중 '비임금에서 임금 이동' 유형은 비임금으로 시작하여 임시일용을 거쳐 상용까지 종사상 지위가 변화한 유형으로 5.4%이다. '임금에서 비임금 이동' 유형은 노동시장에 진입할 당시는 상용이었는데, 임시일용을 거쳐 노동시장 진입 후 20년부터는 비임금 근로자로 정착한 경우로 전체의 13.4%이다. 이동 방향에 따른 비율의 차이가 큰 것으로 보아, 산업화 세대에 비임금에서 임금으로 이동하는 것은 어려운 것으로 보인다.

산업화 세대의 노동 유형별 성별 구성을 살펴보면 다음과 같다.

퇴장 유형을 살펴보면, '중도 퇴장 후 재진입' 유형은 여성이 89.8%로 대부분을 차지하며, 여성이 노동시장에 진입한 이후 결혼이나 육아로 인해 중도에 일을 그만두는 경우가 많기 때문이다. 또한 노동시장 진입 시에는 동일하게 상용으로 진입하였더라도, '상용 후 퇴장' 유형(78.5%)이 '상용 후 은퇴' 유형(33.5%)보다 상대적으로 여성이 더 많다. 즉 동일하게 상용 근로자로 생애노동을 시작하더라도 남성이 더 오래 노동시장에 남아있었음을 알 수 있다.

〈표 3-12〉 산업화 세대의 노동 궤적 유형별 성별 구성

(단위 : 명, %)

		남성	여성	합계
유지	비임금 유지	963 (47.7)	1,056 (52.3)	2,019 (100.0)
	임시일용 유지	644 (50.8)	624 (49.2)	1,268 (100.0)
	상용 유지	1,161 (69.6)	506 (30.4)	1,667 (100.0)
이동	비임금에서 임금 이동	222 (57.4)	165 (42.6)	387 (100.0)
	임금에서 비임금 이동	584 (57.4)	433 (42.6)	1,017 (100.0)
퇴장	중도 퇴장 후 재진입	42 (10.2)	369 (89.8)	411 (100.0)
	상용 후 퇴장	129 (21.5)	470 (78.5)	599 (100.0)
	상용 후 은퇴	454 (66.5)	229 (33.5)	683 (100.0)
전 체		4,199 (52.2)	3,852 (47.8)	8,051 (100.0)

주 : 산업화 세대는 1945~1962년 출생자를 대상으로 분석함.
자료 : 한국노동연구원, 「한국노동패널」, 1~25차(1998~2022년 조사).

남성이 상대적으로 더 많은 유형은 '상용 유지' 유형으로 69.6%를 차지한다.

이동 유형인 '비임금에서 임금 이동'과 '임금에서 비임금 이동' 유형은 모두 남성이 더 많다.

산업화 세대의 노동 유형별 학력 구성을 살펴보면, 전체적으로 중졸 이하가 47.5%, 고졸이 36.3%로 고졸 이하가 83.8%로 대부분을 차지한다. 중졸 이하가 가장 많은 유형은 '비임금에서 임금 이동' 유형(60.4%), '비임금 유지' 유형(60.2%)과 '임시일용 유지' 유형(55.6%)이다. 반면 '상용 유지' 유형이 다른 유형에 비해 상대적으로 대졸(17.3%)과 석사 이상(5.5%)이 많고, 다음으로는 '상용 후 은퇴' 유형(대졸 16.0%, 석사 이상 3.2%)과 '상용 후 퇴장' 유형(대졸 11.0%, 석사 이상 2.3%)이다. 즉 생애노동에서 상용을 유지하거나 상용 후 퇴장하는 유형이 비임금이나 임시일용보다 상대적으로 학력이 높음을 알 수 있다.

노동기간은 출생에서 현재 조사 시점까지 생애 전반에 걸친 총노동기간이다[14]. 평균 노동기간이 가장 긴 유형은 '비임금에서 임금 이동' 유형으로 총 32.5년이고, 40년 이상 일한 사람이 31.3%이다. 그 다음으로 '비임금

〈표 3-13〉 산업화 세대의 노동 궤적 유형별 학력 구성

(단위 : %)

		중졸 이하	고졸	전문 대졸	대졸	석사 이상	합계
유지	비임금 유지	60.2	30.6	2.2	6.1	0.9	100.0
	임시일용 유지	55.6	35.6	3.5	4.2	1.1	100.0
	상용 유지	29.8	41.7	5.8	17.3	5.5	100.0
이동	비임금에서 임금 이동	60.4	32.6	2.6	3.9	0.5	100.0
	임금에서 비임금 이동	41.0	41.9	4.5	10.0	2.6	100.0
퇴장	중도 퇴장 후 재진입	56.7	29.2	2.9	10.2	1.0	100.0
	상용 후 퇴장	45.2	36.5	5.0	11.0	2.3	100.0
	상용 후 은퇴	36.6	38.9	5.3	16.0	3.2	100.0
전 체		47.5	36.3	4.0	9.9	2.4	100.0

주 : 산업화 세대는 1945~1962년 출생자를 대상으로 분석함.
자료 : 한국노동연구원, 「한국노동패널」, 1~25차(1998~2022년 조사).

〈표 3-14〉 산업화 세대의 노동 궤적 유형별 노동기간

(단위 : 년, %)

		평균 (년)	10년 미만	10년 이상 ~ 20년 미만	20년 이상 ~ 30년 미만	30년 이상 ~ 40년 미만	40년 이상	합계
유지	비임금 유지	30.8	11.5	14.0	19.8	21.9	32.8	100.0
	임시일용 유지	26.6	16.1	16.4	21.9	24.5	21.1	100.0
	상용 유지	30.1	10.3	14.0	16.0	33.3	26.4	100.0
이동	비임금에서 임금 이동	32.5	2.6	15.0	22.0	29.2	31.3	100.0
	임금에서 비임금 이동	30.3	2.7	17.8	28.0	26.5	25.0	100.0
퇴장	중도 퇴장 후 재진입	6.8	78.3	19.0	1.5	1.2	0.0	100.0
	상용 후 퇴장	12.0	43.1	43.6	11.0	1.8	0.5	100.0
	상용 후 은퇴	30.2	2.5	11.3	29.3	41.1	15.8	100.0
전 체		27.3	15.4	17.1	19.7	24.7	23.1	100.0

주 : 산업화 세대는 1945~1962년 출생자를 대상으로 분석함.
자료 : 한국노동연구원, 「한국노동패널」, 1~25차(1998~2022년 조사).

14) 산업화 세대의 집단기반 궤적분석에서는 노동시장 진입부터 40년 동안의 종사상 지위를 추적 관찰하였기 때문에, 40년의 노동 이후에 계속 노동을 유지한 사람들의 노동 기간을 알 수 없다. 따라서 본 분석에서는 생애 전체의 노동기간을 분석하여, 한 개인의 전체 노동기간을 알아보았다.

유지' 유형이 평균 30.8년으로 길다. 40년 이상 일한 비율을 보면, '비임금 유지' 유형은 32.8%로, 비임금근로자로 생애노동을 보낸 경우, 나이가 들어서도 계속 일하는 사람이 더 많음을 유추할 수 있다.

반면 노동기간이 가장 짧은 유형은 '중도 퇴장 후 재진입' 유형으로 6.8년이고, 10년 미만이 78.3%로 대부분을 차지한다.

2. 민주화 세대

민주화 세대는 1963~1980년 출생자로 구성되었다. 민주화 세대의 노동유형을 구분한 방법은 산업화 세대와 마찬가지로 집단기반 궤적분석을 이용하였고, 분석 결과 7개 유형으로 구분되었다. 산업화 세대에서는 유형이 8개로 분류되어, 유형의 개수는 1개 적지만, 유형의 성격은 유사하다.

대략적인 모습이 산업화 세대와 유사한 유형은 5개로 산업화 세대와 동일한 이름으로 표기하였고, '비임금 유지', '임시일용 유지', '상용 유지', '임금에서 비임금 이동', '상용 후 퇴장' 유형이다. 산업화 세대의 '비임금에서 임금 이동' 유형은 없어지고, 민주화 세대에서는 '불안정 이동' 유형이 새로이 등장하였다. 다만 분석 기간이 산업화 세대는 노동시장 진입 후 40년이고, 민주화 세대는 30년이라는 차이에서 발생하는 현상도 보인다. 산업화 세대는 '상용 후 퇴장'과 '상용 후 은퇴' 유형이 구분된 반면, 민주화 세대에서는 '상용 후 퇴장' 유형만 발견되었다. 즉 민주화 세대의 '상용 유지' 유형의 일부가 노동시장 진입 후 40년이 지나 '상용 후 은퇴' 유형으로 전환될 가능성이 있다. 또한 산업화 세대의 '중도 퇴장 후 재진입' 유형은 민주화 세대의 '중도 퇴장' 유형의 확장판으로 추측할 수 있다.

민주화 세대의 생애노동 유형 비율을 살펴보면, 노동시장 진입 시점의 종사상 지위를 유지한 '상용 유지' 유형(39.8%)이 가장 많으며, 다음으로 '임시일용 유지' 유형이 13.5%, '비임금 유지' 유형이 12.2%로, 민주화 세대 전체에서 노동시장 진입 시 종사상 지위를 유지한 유형은 65.5%로 절반 이상이다. 노동이동의 모습이 포착된 유형은 '임금에서 비임금 이동' 유형(13.1%)과 '불안정 이동' 유형(9.0%)으로 총 22.1%이다. 노동시장 진입 후 관측기간 30년 이내에 노동시장을 퇴장한 유형은 10년경 퇴장한 '중도 퇴장' 유형

[그림 3-7] 민주화 세대의 노동 궤적 유형

(단위 : %, N=10,622명)

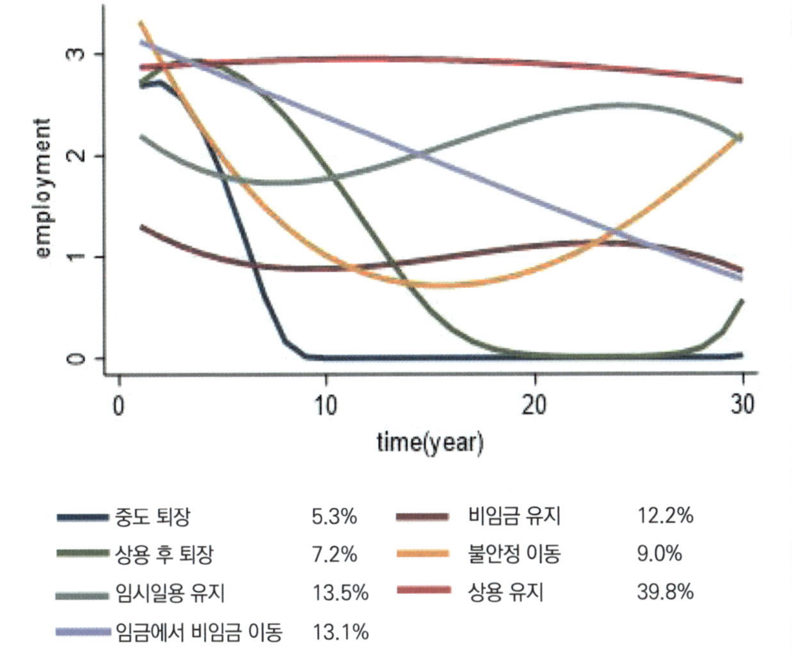

주 : 1) X축은 개인의 노동시장 진입 후 30년 동안의 기간을 관측한 것임.
2) Y축은 0 '미취업', 1 '비임금', 2 '임시일용', 3 '상용'을 나타냄.
3) 민주화 세대는 1963~1980년 출생자를 대상으로 분석함.
자료 : 한국노동연구원, 「한국노동패널」, 1~25차(1998~2022년 조사).

(5.3%)과 20년경 퇴장한 '상용 후 퇴장' 유형(7.2%)으로, 총 12.5%이다.

민주화 세대의 노동 유형별 성별 구성을 살펴보면, 여성이 '중도 퇴장' 유형에서 89.4%, '상용 후 퇴장' 유형에서 80.7%를 차지하여 퇴장 유형은 대부분 여성임을 알 수 있다. 이는 결혼과 출산, 육아로 인해 노동시장을 퇴장한 여성이 많은 사회 현상을 반영한 것이다. '불안정 이동' 유형 또한 여성이 65.6%로 상대적으로 남성보다 많다. 반면 '상용 유지' 유형은 남성이 66.3%를 차지한다.

민주화 세대의 학력 분포는 고졸이 43.6%, 대졸 28.2%, 전문대졸 17.0% 순으로 대졸이 전체 민주화 세대의 88.8%를 차지하여, 산업화 세대보다 학

〈표 3-15〉 민주화 세대의 노동 궤적 유형

(단위 : %, N=10,622명)

대분류	유형	궤적	비중
유지	비임금 유지	비임금→비임금	12.2
	임시일용 유지	임시일용→임시일용	13.5
	상용 유지	상용→상용	39.8
이동	임금에서 비임금 이동	상용→임시일용→비임금	13.1
	불안정 이동	상용→임시일용→비임금→임시일용	9.0
퇴장	중도 퇴장	상용→임시일용→비임금→퇴장(10년)	5.3
	상용 후 퇴장	상용→임시일용→비임금→퇴장(20년)	7.2

주 : 민주화 세대는 1963~1980년 출생자를 대상으로 분석함.
자료 : 한국노동연구원, 「한국노동패널」, 1~25차(1998~2022년 조사).

〈표 3-16〉 민주화 세대의 노동 궤적 유형별 성별 구성

(단위 : 명, %)

		남성	여성	합계
유지	비임금 유지	622 (48.1)	672 (51.9)	1,294 (100.0)
	임시일용 유지	710 (48.8)	744 (51.2)	1,454 (100.0)
	상용 유지	3,058 (66.3)	1,552 (33.7)	4,610 (100.0)
이동	임금에서 비임금 이동	663 (57.1)	499 (42.9)	1,162 (100.0)
	불안정 이동	307 (34.4)	586 (65.6)	893 (100.0)
퇴장	중도 퇴장	57 (10.6)	480 (89.4)	537 (100.0)
	상용 후 퇴장	130 (19.3)	542 (80.7)	672 (100.0)
전 체		5,547 (52.2)	5,075 (47.8)	10,622 (100.0)

주 : 민주화 세대는 1963~1980년 출생자를 대상으로 분석함.
자료 : 한국노동연구원, 「한국노동패널」, 1~25차(1998~2022년 조사).

력이 상승했음을 알 수 있다.

'상용 유지' 유형이 다른 유형에 비해 상대적으로 대졸과 석사 이상이 많다. 반면 '임금에서 비임금 이동' 유형, '불안정 이동' 유형과 '임시일용 유지' 유형이 상대적으로 중졸 이하와 고졸이 많은 것으로 나타났다.

〈표 3-17〉 민주화 세대의 노동 궤적 유형별 학력 구성

(단위 : %)

		중졸 이하	고졸	전문대졸	대졸	석사 이상	합계
유지	비임금 유지	9.4	43.1	15.5	26.8	5.3	100.0
	임시일용 유지	9.6	52.7	14.0	19.8	3.9	100.0
	상용 유지	3.5	35.5	18.2	35.2	7.5	100.0
이동	임금에서 비임금 이동	9.7	53.5	13.9	21.4	1.5	100.0
	불안정 이동	5.7	52.4	18.7	20.4	2.8	100.0
퇴장	중도 퇴장	4.3	49.5	18.4	25.7	2.0	100.0
	상용 후 퇴장	5.8	47.8	20.8	24.0	1.6	100.0
전 체		6.1	43.6	17.0	28.2	5.0	100.0

주 : 민주화 세대는 1963~1980년 출생자를 대상으로 분석함.
자료 : 한국노동연구원, 「한국노동패널」, 1~25차(1998~2022년 조사).

〈표 3-18〉 민주화 세대의 노동 궤적 유형별 노동기간

(단위 : 년, %)

		평균(년)	10년 미만	10년 이상 ~ 20년 미만	20년 이상 ~ 30년 미만	30년 이상 ~ 40년 미만	합계
유지	비임금 유지	15.7	34.1	30.9	23.0	11.1	0.9
	임시일용 유지	18.4	22.9	29.2	35.3	11.7	0.9
	상용 유지	18.7	20.2	30.2	36.5	12.6	0.6
이동	임금에서 비임금 이동	22.8	3.0	31.1	45.6	18.8	1.4
	불안정 이동	18.4	14.1	43.8	32.7	9.2	0.2
퇴장	중도 퇴장	5.1	94.6	5.4	0.0	0.0	0.0
	상용 후 퇴장	11.0	37.7	58.9	3.1	0.3	0.0
전 체		17.5	24.7	32.0	31.4	11.3	0.7

주 : 민주화 세대는 1963~1980년 출생자를 대상으로 분석함.
자료 : 한국노동연구원, 「한국노동패널」, 1~25차(1998~2022년 조사).

노동기간은 앞서 산업화 세대 분석에서 설명한 것과 마찬가지로, 출생부터 현재 조사 시점까지의 총노동기간을 의미한다. '임금에서 비임금 이동'

유형이 22.8년으로 가장 길고, 다음으로 '상용 유지' 유형 18.7년, '임시일용 유지' 유형 18.4년, '불안정 이동' 유형 18.4년 순이다. 산업화 세대에는 '비임금에서 임금 이동' 유형의 노동기간이 가장 긴 것을 감안하면, 노동시장에서 동일한 종사상 지위를 유지하는 유형보다, 방향에 상관없이 비임금에서 임금 이동 혹은 임금에서 비임금 이동하는 경우가 더 오래 노동을 하는 것을 추측할 수 있다.

3. 정보화 세대

정보화 세대는 1981~1995년 출생자를 대상으로 노동시장 진입 이후 20년 동안을 분석한 것이다. 앞선 산업화 세대(40년)나 민주화 세대(30년)보다는 관측 시점이 짧아 노동 궤적을 특정하는 것에 조심해야 한다. 또한 분석에 의해 유형이 구분된 이후에도 생애 나머지 노동기간 약 30년 동안에 다양한 변화를 겪을 것임이 예측된다. 그럼에도 세대별 차이를 관찰하기 위해 분석을 시도했음을 밝힌다.

정보화 세대의 노동 유형은 앞서 산업화 세대와 민주화 세대와 다르게 6개 유형으로 구분되었다. 산업화 세대와 민주화 세대, 정보화 세대에서 모두 관찰된 유형은 '임시일용 유지' 유형, '상용 유지' 유형, '임금에서 비임금 이동' 유형이다. 민주화 세대와 정보화 세대에서 공통으로 발견된 유형은 '불안정 이동' 유형과 '중도 퇴장' 유형이다. 정보화 세대에서 새롭게 등장한 유형은 '경력단절 후 재진입' 유형이다.

'상용 유지' 유형은 50.5%로 가장 많고, 다음으로 '임시일용 유지' 유형이 13.6%로 노동시장 진입 이후 동일한 종사상 지위를 유지하는 유형이 전체의 64.1%이다. 그 외 '임금에서 비임금 이동' 유형 12.1%, '불안정 이동' 유형이 9.1%이다. 정보화 세대에만 관찰된 '경력단절 후 재진입' 유형은 6.5%로 가장 적다.

성별 구성을 보면, 여성이 '중도 퇴장' 유형에서 89.3%, '경력단절 후 재진입' 유형에서 74.2%로 대부분을 차지한다. '임금에서 비임금 이동' 유형도 여성이 68.4%로 상대적으로 더 많다. 반면 '상용 유지' 유형은 남성이 59.0%로 여성보다 많다.

[그림 3-8] 정보화 세대의 노동 궤적 유형

(단위 : %, N=5,405명)

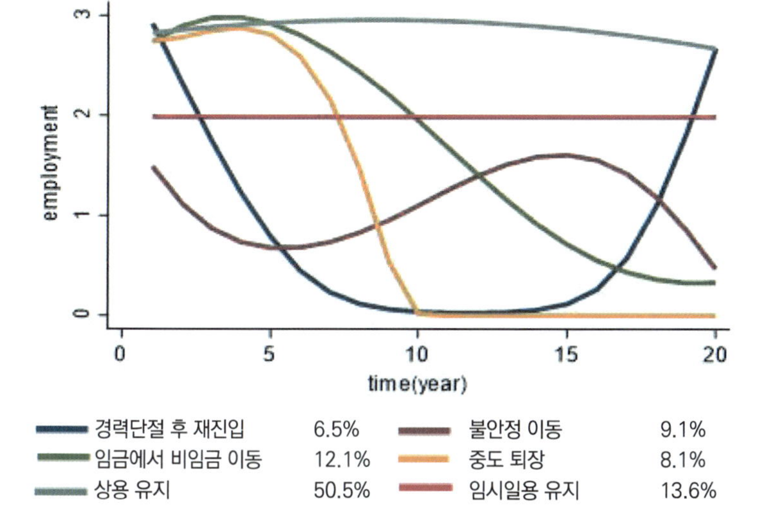

주 : 1) X축은 개인의 노동시장 진입 후 10년 동안의 기간을 관측한 것임.
2) Y축은 0 '미취업', 1 '비임금', 2 '임시일용', 3 '상용'을 나타냄.
3) 정보화 세대는 1981~1995년 출생자를 대상으로 분석함.
자료 : 한국노동연구원, 「한국노동패널」, 1~25차(1998~2022년 조사).

〈표 3-19〉 정보화 세대의 노동 궤적 유형

(단위 : %, N=5,405명)

대분류	유형	궤적	비중
유지	임시일용 유지	임시일용→임시일용	13.6
	상용 유지	상용→상용	50.5
이동	임금에서 비임금 이동	상용→임시일용→비임금	12.1
	불안정 이동	임시일용→비임금→임시일용→비임금	9.1
퇴장	중도 퇴장	상용→임시일용→비임금→퇴장	8.1
	경력단절 후 재진입	상용→미취업(10년)→상용	6.5

주 : 정보화 세대는 1981~1995년 출생자를 대상으로 분석함.
자료 : 한국노동연구원, 「한국노동패널」, 1~25차(1998~2022년 조사).

'상용 유지' 유형의 남성 비중은 산업화 세대(69.6%), 민주화 세대(66.3%)보다 감소하여, 안정적인 일자리의 성별 격차가 감소하였음을 알 수 있다.

'중도 퇴장' 유형의 여성 비중은 민주화 세대 89.4%, 정보화 세대 89.3%로 거의 변화가 없어, 세대가 지나도 여성이 노동시장에서 안정적으로 계속 일을 하지 못하는 경우가 지속되고 있음을 알 수 있다.

학력을 살펴보면, 정보화 세대는 산업화 세대나 민주화 세대와 달리 학력이 높아져, 대졸이 41.7%, 전문대졸이 24.6%를 차지한다. 따라서 유형에 따

〈표 3-20〉 정보화 세대의 노동 궤적 유형별 성별 구성

(단위 : 명, %)

		남성	여성	합계
유지	임시일용 유지	394(51.8)	366(48.2)	760(100.0)
	상용 유지	1,871(59.0)	1,302(41.0)	3,173(100.0)
이동	임금에서 비임금 이동	114(31.6)	247(68.4)	361(100.0)
	불안정 이동	262(52.7)	235(47.3)	497(100.0)
퇴장	중도 퇴장	32(10.7)	268(89.3)	300(100.0)
	경력단절 후 재진입	81(25.8)	233(74.2)	314(100.0)
전 체		2,754(51.0)	2,651(49.0)	5,405(100.0)

주 : 정보화 세대는 1981~1995년 출생자를 대상으로 분석함.
자료 : 한국노동연구원, 「한국노동패널」, 1~25차(1998~2022년 조사)

〈표 3-21〉 정보화 세대의 노동 궤적 유형별 학력 구성

(단위 : %)

		중졸 이하	고졸	전문대졸	대졸	석사 이상	합계
유지	상용 유지	0.9	21.4	24.7	47.3	5.7	100.0
	임시일용 유지	3.7	36.2	23.8	31.6	4.7	100.0
이동	임금에서 비임금 이동	1.1	36.3	32.7	28.5	1.4	100.0
	불안정 이동	3.2	41.2	15.1	33.8	6.6	100.0
퇴장	중도 퇴장	0.7	27.0	31.7	39.3	1.3	100.0
	경력단절 후 재진입	1.6	30.3	24.8	39.5	3.8	100.0
전 체		1.6	27.1	24.6	41.7	5.0	100.0

주: 정보화 세대는 1981~1995년 출생자를 대상으로 분석함.
자료: 한국노동연구원, 「한국노동패널」, 1~25차(1998~2022년 조사)

라 학력이 큰 차이를 보이지는 않지만, '상용 유지' 유형이 대졸 47.3%로 가장 높다. 특이한 점은 '중도 퇴장' 유형과 '경력단절 후 재진입' 유형에 대졸이 각각 39.3%, 39.5%로 상대적으로 다른 유형보다 학력이 높은데, 이는 고학력의 여성들이 출산이나 육아로 인해 일을 그만두는 현상이 반영된 것으로 보인다.

노동기간은 '임금에서 비임금 이동' 유형이 평균 12.5년으로 가장 길고, 다른 유형은 큰 차이를 보이지 않는다.

〈표 3-22〉 정보화 세대의 노동 궤적 유형별 노동기간

(단위 : 년, %)

		평균(년)	10년 미만	10년 이상 ~ 20년 미만	20년 이상 ~ 30년 미만	합계
유지	상용 유지	9.3	55.1	41.5	3.4	100.0
	임시일용 유지	8.9	58.6	39.6	1.8	100.0
이동	임금에서 비임금 이동	12.5	17.5	78.9	3.6	100.0
	불안정 이동	6.5	75.5	23.3	1.2	100.0
퇴장	중도 퇴장	7.3	90.3	9.7	0.0	100.0
	경력단절 후 재진입	4.9	90.8	9.2	0.0	100.0
전 체		8.8	58.9	38.4	2.6	100.0

주 : 정보화 세대는 1981~1995년 출생자를 대상으로 분석함.
자료 : 한국노동연구원, 「한국노동패널」, 1~25차(1998~2022년 조사).

4. 세대 간 비교

세대별로 집단기반 궤적분석을 이용하여 생애노동 유형을 살펴보았다. 산업화 세대는 1945~1962년생을 대상으로 노동시장 진입 시점부터 40년 동안의 종사상 지위를 미취업, 비임금, 임시일용, 상용으로 구분하여 노동 궤적을 살펴보았다. 민주화 세대는 1963~1980년생을 대상으로 30년 동안의 궤적을, 정보화 세대는 1981~1995년 출생자를 대상으로 20년 동안의 궤적을 살펴보았다.

유형은 크게 유지 유형, 이동 유형, 퇴장 유형으로 구분되었다.

유지 유형 중 세 세대에서 모두 발견된 유형은 '상용 유지' 유형과 '임시일용 유지' 유형이다. '비임금 유지' 유형은 산업화 세대와 민주화 세대에는 발견되고, 정보화 세대에는 나타나지 않았다.

이동 유형은 산업화 세대는 '비임금에서 임금 이동', '임금에서 비임금 이동'이 발견되었고, 민주화 세대와 정보화 세대는 '임금에서 비임금 이동', '불안정 이동' 유형만 발견되었다.

퇴장 유형 중 산업화 세대, 민주화 세대, 정보화 세대에서 모두 관측된 유형은 없다. '상용 후 은퇴'는 산업화 세대에서, '상용 후 퇴장'은 산업화 세대와 민주화 세대에서, '중도 퇴장'은 민주화 세대와 정보화 세대에서, '중도 퇴장 후 재진입'은 산업화 세대에서, '경력단절 후 재진입' 유형은 정보화 세대에서 발견되었다. 퇴장 유형은 분석 기간의 차이에 따라 유형의 다양한 분류가 발생하는 것으로 보인다. '상용 후 은퇴'는 민주화 세대와 정보화 세대의 관측 기간이 40년으로 늘어난다면, '상용 유지' 유형 중 일부가 상용으로 일하다가 은퇴하면 발생할 수 있는 유형이다. '중도 퇴장 후 재진입' 또한 민주화 세대와 정보화 세대의 '중도 퇴장' 유형 중 일부가 노동시장에 재진입하게 된다면 생성될 수 있는 유형이다. 따라서 세대별 생애노동 궤적을 비교하는 데 있어, 관측 기간의 차이를 인지하고 해석에 주의해야 한다.

유지 유형에서 '상용 유지' 유형은 정보화 세대가 50.5%로 가장 많았고, 민주화 세대 39.8%, 산업화 세대 18.3%였다. '비임금 유지' 유형은 산업화 세대가 24.7%로 가장 많았고, 정보화 세대에는 유형으로 분류되지 않았다.

이동 유형에서 '비임금에서 임금 이동' 유형은 산업화 세대에서만 유일하게 발견되었는데 5.4%로 그 비중은 작다. '임금에서 비임금 이동' 유형과 '불안정 이동' 유형은 모든 세대에서 비슷하게 발견되었다. 산업화 세대에는 노동시장 진입 시점보다 시간이 지나면서 종사상 지위가 비임금에서 임금 이동(비임금→임시일용→상용)하는 경우가 많지는 않아도 유형화가 될 만큼 보편적인 일이었다면, 민주화 세대와 정보화 세대에는 그 비중이 매우 희박하여 유형으로 발견될 만큼의 보편적인 현상이 아님을 추측할 수 있다. 즉 노동시장에 진입한 이후 첫 번째 일자리보다 좋은 일자리를 구하는 것이 최근에 오면서 점점 더 어려운 일임을 나타낸다.

'경력단절 후 재진입' 유형은 정보화 세대에서만 유일하게 발견된 유형으

[그림 3-9] 세대별 생애노동 궤적 유형

(단위 : %)

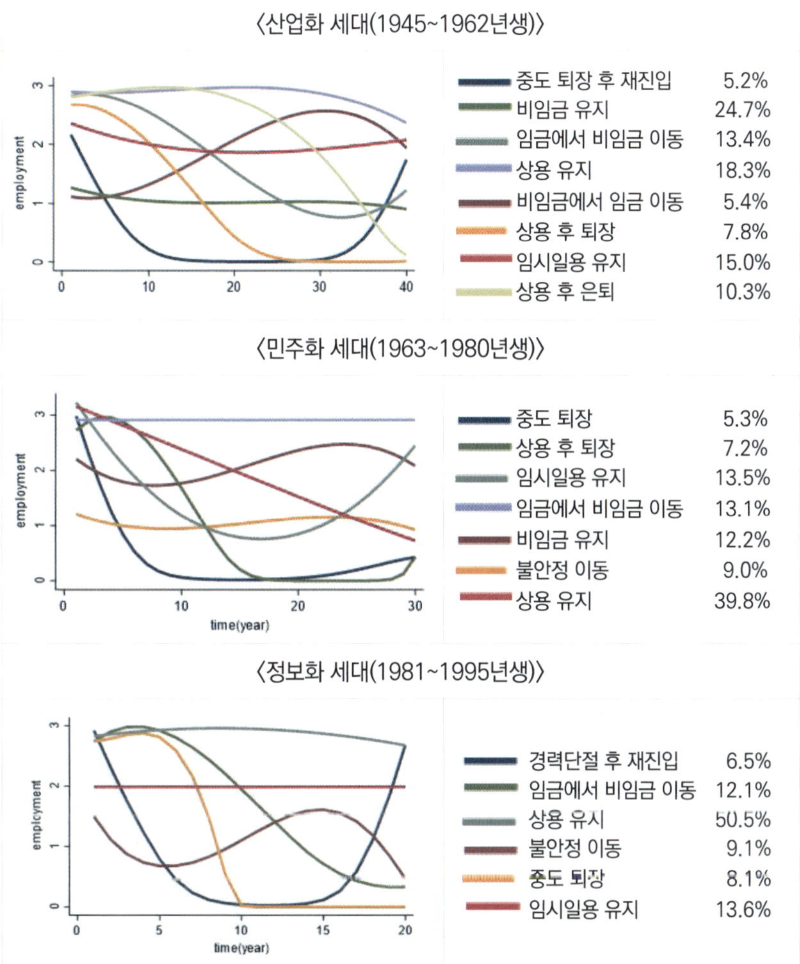

주 : 1) X축은 개인의 노동시장 진입 후 10년 동안의 기간을 관측한 것임.
2) Y축은 0 '미취업', 1 '비임금', 2 '임시일용', 3 '상용'을 나타냄.
자료 : 한국노동연구원, 「한국노동패널」, 1~25차(1998~2022년 조사).

로 그 비중은 정보화 세대 전체에서 6.5%이다. 여성의 경력단절은 과거부터 계속 발생하였지만, 특히 정보화 세대부터는 뚜렷한 현상임을 알 수 있다.

생애노동 궤적 분석을 통해 얻은 시사점은 다음과 같다.

첫째, '불안정 이동' 유형은 산업화 세대에는 발견되지 않았고, 민주화 세

〈표 3-23〉 세대별 생애노동 궤적 유형 구성

(단위 : %)

	유형	산업화 세대	민주화 세대	정보화 세대
유지	비임금 유지	24.7	12.2	
	임시일용 유지	15.0	13.5	13.6
	상용 유지	18.3	39.8	50.5
	합계	58.0	65.5	64.1
이동	비임금에서 임금 이동	5.4		
	임금에서 비임금 이동	13.4	13.1	12.1
	불안정 이동		9.0	9.1
	합계	18.8	22.1	21.2
퇴장	경력단절 후 재진입			6.5
	중도 퇴장 후 재진입	5.2		
	중도 퇴장		5.3	8.1
	상용 후 퇴장	7.8	7.2	
	상용 후 은퇴	10.3		
	합계	23.3	12.5	8.1

주 : 산업화 세대는 1945~62년생, 민주화 세대는 1963~80년생, 정보화 세대는 1981~95년생으로 구분됨.
자료 : 한국노동연구원, 「한국노동패널」, 1~25차(1998~2022년 조사).

대와 정보화 세대에 발견되었다. 민주화 세대에는 임시일용과 상용 사이의 불안정 이동이라면, 정보화 세대에는 미취업과 비임금 사이의 이동이다. 즉 정보화 세대에는 실업과 취업이 반복적으로 일어나고 있음을 추측할 수 있다. 특히 평생직장이라는 개념은 없어지고, 노동시장 안에 존재하면서 이직과 실업을 반복하는 경우이다.

둘째, 민주화 세대와 정보화 세대에서 발견된 '중도 퇴장' 유형의 여성 비중이 85% 이상을 차지한다. 대표적인 사례가 취업 이후 출산과 육아로 일을 그만 두는 여성일 것이다.

셋째, 산업화 세대는 '중도 퇴장 후 재진입' 유형이, 정보화 세대는 '경력단절 후 재진입' 유형이 발견되었다. 두 유형의 궤적 모양은 비슷하지만, 일을 하지 않은 기간이 산업화 세대는 20년 정도 되며, 정보화 세대는 10년 정도 되기 때문에 그 성격이 조금 다를 수 있다. 정보화 세대는 취업 이후 출산과 육아로 일을 그만둔 경력단절 여성이 다시 노동시장으로 진입하는 경우이다. 특이한 사항은 과거에는 경력단절 후 노동시장의 재진입이 거의 없었다면, 최근에 오면서 재진입 현상이 보편화되고 있다는 것이다. 물론 노동시장 재진입이 과거 본인이 가졌던 일자리와 동일한 수준의 일자리로 돌아오는 것을 담보하는 것은 아니다. 또한 정보화 세대에는 여전히 '중도 퇴장' 유형이 8.1% 존재하기 때문에 재진입 유형에 대한 추가적인 분석이 필요하다. 산업화 세대의 '중도 퇴장 후 재진입' 유형은 출산과 육아로 일을 그만둔 이후 10년 이내에 바로 복귀하는 것이 아니라, 거의 노동시장 퇴장기에 복귀하는 것으로 민주화 세대와 정보화 세대의 '중도 퇴장' 유형이 관찰 기간이 늘어난다면 유사한 성격을 가진 유형으로 변동하는 사람들이 있을 것이다.

넷째, '상용 유지' 유형의 남성 비중이 감소하고 있다. 안정적이고 상대적으로 좋은 일자리는 주로 남성들이, 불안정하고 상대적으로 임금이 낮은 일자리는 주로 여성들이 일하던 노동시장의 성별 격차가 줄어들고 있는 것으로 보인다.

다섯째, '비임금 유지' 유형이 정보화 세대에는 없어졌다. 이는 우리나라 노동시장 전반의 성격을 반영한 것으로, 최근에 오면서 비임금노동자의 비중이 줄어들었기 때문이라고 추측된다.

제5절 세대별 청년기 노동 궤적

1. 청년기 노동 궤적의 분포

앞서 세대별로 생애노동 궤적을 살펴보았다. 세대별 분석은 자료 관측 기간의 한계로 인해 분석 기간이 일정하지 않은 문제가 있다. 산업화 세대(1945~1962년생)는 노동시장 진입 이후 40년, 민주화 세대(1963~1980년생)는 노동시장 진입 이후 30년, 정보화 세대(1981~1995년생)는 노동시장 진입 이후 20년 동안의 기간을 살펴본 것이다. 이러한 세대별 관측 기간의 차이에서 오는 문제를 보완하기 위해 모든 세대에서 공통으로 관측되는 시기를 살펴보고, 세대별 궤적 차이를 파악하고자 한다. 모든 세대에서 공통적으로 관측되는 청년기가 적당할 것이다.

변금선(2018)은 청년기 노동 궤적 분석에 있어 관측 기준을 경과 기간(duration)으로 할 것인가, 연령(age)으로 할 것인가에 대하여 기준을 제시하였다. 경과 과정은 최종학력 졸업 이후 첫 일자리 취득 시점부터 일정 기간을 분석하는 것으로, 노동시장 진입 시점의 사회경제적 환경과 노동시장 조건을 정확하게 반영하는 장점이 있다. 그러나 청년들의 특성상 대학교 진학자 중 군대나 취업을 위한 휴학 등이 발생하면서 실제 졸업까지 걸린 기간, 재학 중 아르바이트 경험 등에 있어서 사실상 분석 기간 이전에 이미 노동 궤적에 분화가 발생한다(Vuolo, Motimer, & Staff, 2014). 따라서 연령을 기준으로 하는 분석은 같은 시대에 출생하여 사회, 경제, 역사, 문화를 공유하는 동질적 집단으로 출생 코호트별 차이를 더욱 명확히 보여줄 것이다.

본 절에서는 19~34세로 한정하여 연령별 고용형태를 살펴보았다. 청년기는 세대별로 학력의 차이가 존재하며, 특히 최근 19~25세 당시에 대학생일 확률이 높아 학생을 노동시장 상태에 포함하였다. Y축은 0은 학생, 1은 미취업, 2는 비임금, 3은 임시일용, 4는 상용이다. X축은 19~34세로 구성된 연령이다.

산업화 세대(1945~1962년생)[15]는 5개 유형으로, 민주화 세대(1963~ 1980년생)는 6개 유형, 정보화 세대(1981~1995년생)는 4개 유형으로 구분되었다. 산업화 세대는 미취업 유지, 20세 진입 후 상용, 장기 미취업 후 진입, 25

15) 산업화 세대는 1945~1962년생으로 분류되는데, 한국노동패널조사가 1998년에 처음으로 실시된 것을 감안하면, 1998년 조사 당시 36~53세의 응답자들이 19~34세 때의 노동 상태를 기억하여 응답한 것이다. 따라서 1~2년의 단기 일자리보다는 본인이 생각할 때 본인의 노동생애에서 중요한 일자리를 중심으로 응답했을 확률이 높다. 따라서 노동기간이나 노동 시작 시점이 부정확할 수 있다. 회고 조사의 한계이다. 그럼에도 불구하고 본 분석은 세대별 청년기 노동궤적을 살펴보는 것으로, 정확한 수치보다는 대략적인 노동 궤적 유형을 분류함으로써 분석이 충분히 가능하다고 본다. 다만 결과를 해석하는 데 있어 자료의 한계를 주의해야 한다.

세 이후 진입 후 상용, 불안정 이동 유형이다. 민주화 세대는 학생 유지, 25세 이전 진입 후 상용, 장기 미취업 후 진입, 25세 이후 진입 후 상용, 20세 진입 후 상용, 불안정 이동 유형이다. 정보화 세대는 25세 이후 진입 후 상용, 20세 진입 후 임시일용, 25세 이전 진입 후 상용, 장기 학생 후 진입 유형이다[16].

앞서 살펴본 세대별 생애노동 궤적 유형과 세대별 청년기 노동 궤적 유형은 그 모양이 완전히 다르다. 생애노동 궤적은 노동시장 진입 이후 일정 기간 동안의 노동 양태가 표현되었다면, 청년기 노동 궤적은 노동시장 진입 시점과 진입 시점의 종사상 지위에 따라, 34세까지의 노동시장에서의 상태에 초점이 맞춰진다. 따라서 생애노동 궤적은 유지, 이동, 퇴장으로 구분된다면, 청년기 노동 궤적은 노동시장 진입을 기점으로, 진입 후 안정, 진입 후 이동, 미진입으로 구분된다.

청년기는 세대별로 노동시장 진입 시점이 확연하게 다르게 나타났는데 이는 학력에 따른 졸업 연령이 달라 노동시장 진입 시점에서 차이가 나기 때문이다. 1981~1995년 출생자인 정보화 세대를 먼저 살펴보면, 노동시장 진입 시점이 20세, 25세 이전, 25세 이후로 구분되었다. 진입 이전까지 Y축이 '0'인 학생을 유지했기 때문에, 20세 진입 유형은 고졸자, 25세 이전 진입 유형은 전문대졸과 여성 대졸자, 25세 이후 진입자는 군대를 다녀온 남성 대졸자와 석사 이상의 학력을 가진 사람들임을 추측할 수 있다.

정보화 세대 25세 이후 노동시장에 진입한 유형은 첫 일자리 획득 이후 상용에 안착한 것으로 보인다. 반면 25세 이전 진입한 유형은 임시일용과 상용 사이를 불안정하게 이동하고 있다. 20세 진입 유형은 임시일용으로 노동시장에 진입한 이후 임시일용을 유지한 것으로 보인다. 진입 연령이 늦을수록, 즉 학력이 높을수록 상용에 가깝게 유지되는 것을 알 수 있다. 반면 민주화 세대는 20세, 25세 이전, 25세 이후 진입 유형 모두 노동시장 진입 이

16) 민주화 세대에서 발견된 학생 유지 유형이 오히려 고등교육의 수준이 높아진 정보화 세대에서 발견되지 못한 것은 분석 연령의 한계 때문일 것이다. 정보화 세대의 분석대상 중 일부인 1990년대생은 2022년 현재 분석 연령이 30대 미만이다. 아직 박사과정을 마치지 못해 노동시장에 진입하지 않아 체계적으로 분석대상에서 제외되었기 때문에 학생 유지 유형이 발견되지 않은 것으로 보인다.

[그림 3-10] 세대별 청년기 노동 궤적 유형

(단위 : %)

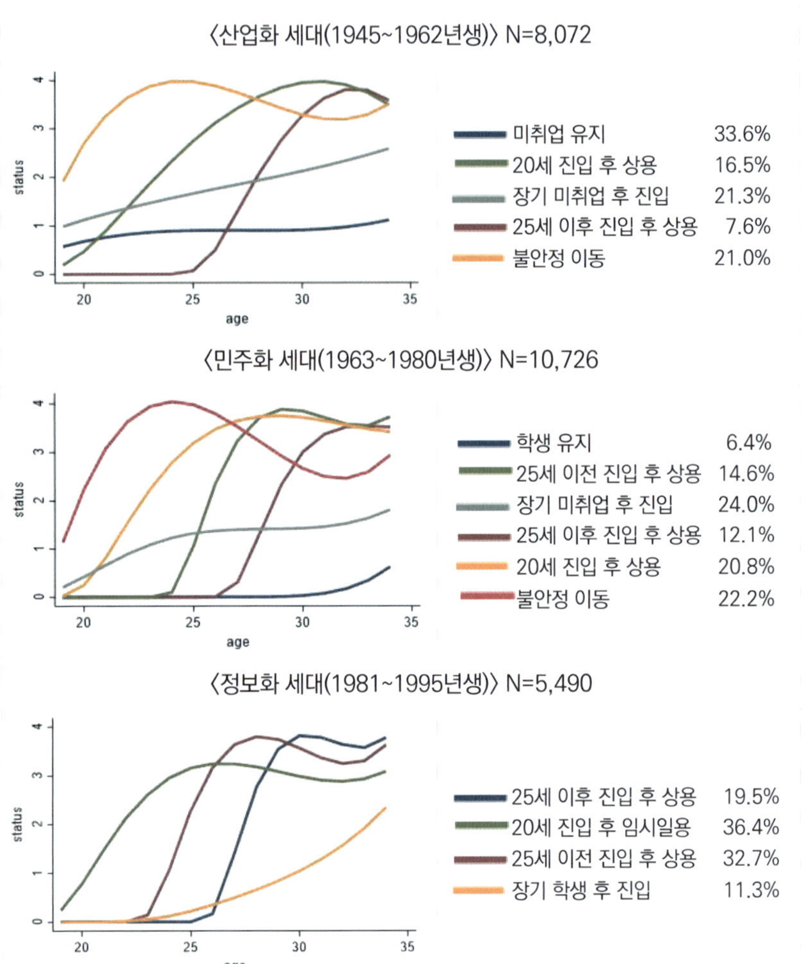

주 : 1) X축은 19~34세까지의 기간을 관측한 것임.
2) Y축은 0 '학생', 1 '미취업', 2 '비임금', 3 '임시일용', 4 '상용'을 나타냄.
자료 : 한국노동연구원, 「한국노동패널」, 1~25차(1998~2022년 조사).

후 상용을 유지하는 모습을 보인다. 산업화 세대도 20세 진입과 25세 진입 유형 모두 노동시장 진입 시 획득한 상용을 유지하였다. 즉 정보화 세대에는 학력에 따라 노동시장 진입 이후 고용형태가 상용과 임시일용으로 단절되었다면, 민주화 세대는 학력에 구분 없이 상용으로 노동시장에 진입하여 청년기 동안 상용을 유지하는 것을 알 수 있다.

산업화 세대와 민주화 세대에서는 불안정 이동 유형이 관찰되었다. 즉 비임금, 임시일용, 상용, 그리고 다시 임시일용을 반복적으로 이동하는 유형이다.

산업화 세대에서는 '미취업 유지' 유형이 발견되었는데, 이는 청년기 16년 동안 1~2년 정도 간헐적으로 취업 상태를 유지한 집단이다.

'장기 미취업 후 진입' 유형은 산업화 세대, 민주화 세대에서 발견되었고, 이와 유사한 궤적을 보인 '장기 학생 후 진입' 유형은 정보화 세대에서만 발견되었다.

청년기를 대상으로 하는 세대별 생애노동 궤적 유형의 구성을 보면, 20세 진입 후 임시일용을 유지하는 유형은 정보화 세대에서만 발견되었으며, 그 비중은 36.4%이다. 산업화 세대와 민주화 세대는 진입 후 상용을 유지하였다. 노동시장 진입 이후 진입 시점의 고용형태를 안정적으로 유지하는 유형이 산업화 세대는 24.1%, 민주화 세대는 47.5%, 정보화 세대는 88.6%이다.

〈표 3-24〉 세대별 청년기 노동 궤적 유형 구성

(단위 : %)

	유형	산업화 세대	민주화 세대	정보화 세대
진입 후 안정	20세 진입 후 임시일용			36.4
	20세 진입 후 상용	16.5	20.8	
	25세 이전 진입 후 상용		14.6	32.7
	25세 이후 진입 후 상용	7.6	12.1	19.5
	합계	24.1	47.5	88.6
이동	불안정 이동	21.0	22.2	
	장기 미취업 후 진입	21.3	24.0	
	장기 학생 후 진입			11.3
	합계	42.3	46.2	11.3
학생 및 미취업	미취업 유지	33.6		
	학생 유지		6.4	
	합계	33.6	6.4	

주 : 산업화 세대는 1945~62년생, 민주화 세대는 1963~80년생, 정보화 세대는 1981~95년생으로 구분됨.
자료 : 한국노동연구원, 「한국노동패널」, 1~25차(1998~2022년 조사).

장기 미취업 후 진입하는 유형은 산업화 세대 21.3%, 민주화 세대 24.0%이고, 장기 학생 후 진입하는 유형은 정보화 세대 11.3%로 그 비중이 가장 적다.

미취업을 유지하는 유형은 산업화 세대에서 유일하게 발견되었으며, 33.6%이다.

2. 청년기 노동 궤적의 특성

성별 구성을 살펴보면, 모든 세대에서 '25세 이후 진입 후 상용'은 남성이 80% 이상으로 압도적으로 많으며, '25세 이전 진입 후 상용'은 민주화 세대는 남성이 68.3%로 많지만, 정보화 세대는 여성이 57.1%로 많아 최근 여성 대졸자가 많아진 현상이 반영된 것으로 보인다. '20세 진입 후 상용'은 산업화 세대 남성이 78.3%, 민주화 세대 56.5%로 성별 격차가 줄어들었다. '20세 진입 후 임시일용'은 정보화 세대에서만 발견되었으며 여성이 60.6%로 상대적으로 더 많았다.

〈표 3-25〉 세대별 청년기 노동 궤적 유형별 성별 구성

(단위 : 명, %)

			남성	여성	합계
산업화 세대	안정	20세 진입 후 상용	1,034(78.3)	286(21.7)	1,320(100.0)
		25세 이후 진입 후 상용	539(88.4)	71(11.6)	610(100.0)
	이동	불안정 이동	791(46.5)	910(53.5)	1,701(100.0)
		장기 미취업 후 진입	1,005(58.4)	716(41.6)	1,721(100.0)
	미취업	미취업 유지	833(30.6)	1,887(69.4)	2,720(100.0)
	전체		4,202(52.1)	3,870(47.9)	8,072(100.0)
민주화 세대	안정	20세 진입 후 상용	1,276(56.5)	981(43.5)	2,257(100.0)
		25세 이전 진입 후 상용	1,059(68.3)	491(31.7)	1,550(100.0)
		25세 이후 진입 후 상용	1,105(84.5)	203(15.5)	1,308(100.0)
	이동	불안정 이동	789(33.4)	1,575(66.6)	2,364(100.0)
		장기 미취업 후 진입	986(38.4)	1,583(61.6)	2,569(100.0)
	학생	학생 유지	379(55.9)	299(44.1)	678(100.0)
	전체		5,594(52.2)	5,132(47.8)	10,726(100.0)
정보화 세대	안정	20세 진입 후 임시일용	795(39.4)	1,223(60.6)	2,018(100.0)
		25세 이전 진입 후 상용	775(42.9)	1,032(57.1)	1,807(100.0)
		25세 이후 진입 후 상용	893(83.3)	179(16.7)	1,072(100.0)
	이동	장기 학생 후 진입	344(58.0)	249(42.0)	593(100.0)
	전체		2,807(51.1)	2,683(48.9)	5,490(100.0)

주 : 산업화 세대는 1945~62년생, 민주화 세대는 1963~80년생, 정보화 세대는 1981~95년생으로 구분됨.
자료 : 한국노동연구원, 「한국노동패널」, 1~25차(1998~2022년 조사).

학력 구성을 살펴보면, 진입 시점에 따른 유형은 학력을 그대로 반영한다. 20세 진입은 고졸이 대부분이며, 25세 이전 진입은 전문대졸과 대졸, 25세 이후 진입은 대졸과 석사 이상이 대부분을 차지한다.

〈표 3-26〉 세대별 청년기 노동 궤적 유형별 학력 구성

(단위 : %)

			중졸 이하	고졸	전문대졸	대졸	석사 이상	합계
산업화 세대	안정	20세 진입 후 상용	23.8	56.0	11.0	9.2	0.1	100.0
		25세 이후 진입 후 상용	0.2	2.1	12.1	73.1	12.5	100.0
	이동	불안정 이동	53.1	46.7	0.1	0.1	0.0	100.0
		장기 미취업 후 진입	67.1	31.0	1.1	0.8	0.0	100.0
	미취업	미취업 유지	53.3	31.1	3.1	8.2	4.3	100.0
	전체		47.4	36.2	4.0	10.0	2.4	100.0
민주화 세대	안정	20세 진입 후 상용	2.4	53.0	29.9	14.6	0.1	100.0
		25세 이전 진입 후 상용	0.1	2.3	27.7	67.6	2.3	100.0
		25세 이후 진입 후 상용	0.1	2.4	9.6	73.1	14.9	100.0
	이동	불안정 이동	14.2	82.8	2.7	0.3	0.0	100.0
		장기 미취업 후 진입	10.0	54.4	16.8	18.2	0.5	100.0
	학생	학생 유지	0.0	4.6	14.9	35.0	45.6	100.0
	전체		6.1	43.4	17.0	28.4	5.2	100.0
정보화 세대	안정	20세 진입 후 임시일용	4.2	61.1	30.1	4.5	0.1	100.0
		25세 이전 진입 후 상용	0.0	8.5	27.8	62.1	1.5	100.0
		25세 이후 진입 후 상용	0.0	5.0	13.2	70.9	10.9	100.0
	이동	장기 학생 후 진입	0.0	8.8	16.9	53.0	21.4	100.0
	전체		1.5	27.2	24.6	41.7	5.0	100.0

주 : 산업화 세대는 1945~62년생, 민주화 세대는 1963~80년생, 정보화 세대는 1981~95년생으로 구분됨.
자료 : 한국노동연구원, 「한국노동패널」, 1~25차(1998~2022년 조사).

노동기간은 첫 일자리부터 현재까지의 총노동기간으로, 청년기의 노동궤적에 따른 총노동기간을 파악할 수 있다. 상대적으로 젊은 나이에 노동시장에 진입할수록 노동기간이 긴 것으로 나타났다. 산업화 세대는 '20세 진입 후 상용'이 '25세 이후 진입 후 상용'보다 노동기간이 길었다. 민주화 세대는 '20세 진입 후 상용', '25세 이전 진입 후 상용', '25세 이후 진입 후 상용' 순으로 길었다. 정보화 세대는 '20세 진입 후 임시일용', '25세 이전 진입 후 상용', '25세 이후 진입 후 상용' 순으로 길었다.

〈표 3-27〉 세대별 청년기 노동 궤적 유형별 노동기간 구성

(단위 : %)

			평균(년)	10년 미만	10년 이상 ~ 20년 미만	20년 이상 ~ 30년 미만	30년 이상 ~ 40년 미만	40년 이상	합계
산업화 세대	안정	20세 진입 후 상용	32.4	6.4	9.1	17.4	37.3	29.7	100.0
		25세 이후 진입 후 상용	29.3	5.1	17.1	18.3	44.4	15.1	100.0
	이동	불안정 이동	29.9	12.8	14.5	18.4	22.2	32.1	100.0
		장기 미취업 후 진입	36.6	2.2	8.3	15.4	30.8	43.4	100.0
	미취업	미취업 유지	16.8	32.5	28.3	24.6	11.7	2.9	100.0
	전체		27.3	15.6	17.1	19.7	24.6	23.0	100.0
민주화 세대	안정	20세 진입 후 상용	19.8	17.6	27.2	39.7	15.2	0.3	100.0
		25세 이전 진입 후 상용	18.2	19.8	31.2	40.1	8.9	0.0	100.0
		25세 이후 진입 후 상용	16.8	22.1	37.6	34.6	5.7	0.0	100.0
	이동	불안정 이동	19.6	20.6	30.3	29.0	18.0	2.0	100.0
		장기 미취업 후 진입	13.0	42.6	33.8	18.0	5.1	0.5	100.0
	학생	학생 유지	17.9	21.5	33.8	32.2	12.2	0.3	100.0
	전체		17.4	25.4	31.7	31.1	11.1	0.6	100.0
정보화 세대	안정	20세 진입 후 임시일용	9.1	57.1	38.5	4.4	-	-	100.0
		25세 이전 진입 후 상용	9.0	58.1	40.4	1.5	-	-	100.0
		25세 이후 진입 후 상용	8.7	57.2	41.5	1.3	-	-	100.0
	이동	장기 학생 후 진입	6.5	76.9	21.5	1.7	-	-	100.0
	전체		8.7	59.6	37.9	2.6	-	-	100.0

주 : 산업화 세대는 1945~62년생, 민주화 세대는 1963~80년생, 정보화 세대는 1981~95년생으로 구분됨.
자료 : 한국노동연구원, 「한국노동패널」, 1~25차(1998~2022년 조사).

첫 일자리 취득 연령은 연령별 진입시점과 동일하게 나타났다. 20세 진입 유형은 산업화 세대는 평균 24.9세, 민주화 세대는 23.8세, 정보화 세대는 23.0세였다. 25세 이전 진입 유형은 민주화 세대 25.3세, 정보화 세대 24.4세이다. 25세 이후 진입 유형은 산업화 세대 26.9세, 민주화 세대 27.5세, 정보화 세대 26.3세이다.

〈표 3-28〉 세대별 청년기 노동 궤적 유형별 첫 일자리 취득 연령

(단위 : %)

			평균(세)	20세 미만	20세 이상 ~ 25세 미만	25세 이상 ~ 30세 미만	30세 이상	합계
산업화 세대	안정	20세 진입 후 상용	24.9	3.2	33.7	62.6	0.5	100.0
		25세 이후 진입 후 상용	26.9	3.3	18.7	58.7	19.3	100.0
	이동	불안정 이동	19.5	39.4	60.6	0.0	0.0	100.0
		장기 미취업 후 진입	25.0	15.5	28.4	32.5	23.6	100.0
	미취업	미취업 유지	44.5	1.5	3.3	2.9	92.3	100.0
	전체		30.5	12.9	26.9	22.6	37.7	100.0
민주화 세대	안정	20세 진입 후 상용	23.8	5.5	58.5	34.6	1.3	100.0
		25세 이전 진입 후 상용	25.3	4.7	25.1	66.6	3.6	100.0
		25세 이후 진입 후 상용	27.5	3.1	20.0	46.5	30.4	100.0
	이동	불안정 이동	20.0	30.5	69.4	0.1	0.0	100.0
		장기 미취업 후 진입	33.3	5.6	17.4	15.1	61.9	100.0
	학생	학생 유지	27.2	7.4	34.5	30.7	27.4	100.0
	전체		26.1	10.8	40.0	28.2	21.1	100.0
정보화 세대	안정	20세 진입 후 임시일용	23.0	13.2	62.6	17.4	6.7	100.0
		25세 이전 진입 후 상용	24.4	6.1	39.5	51.6	2.8	100.0
		25세 이후 진입 후 상용	26.3	4.4	22.0	60.4	13.2	100.0
	이동	장기 미취업 후 진입	29.3	5.2	19.7	21.6	53.5	100.0
	전체		24.8	8.3	42.4	37.5	11.8	100.0

주 : 산업화 세대는 1945~62년생, 민주화 세대는 1963~80년생, 정보화 세대는 1981~95년생으로 구분됨.
자료 : 한국노동연구원, 「한국노동패널」, 1~25차(1998~2022년 조사).

3. 청년기 노동 궤적의 결정요인

가. 산업화 세대

산업화 세대 청년기는 총 5개 유형으로 구분된다. 25세 이후 진입 후 상

용, 20세 진입 후 상용, 불안정 이동, 장기 미취업 후 진입, 미취업 유지 유형이다. 5가지 유형에 속할 확률을 추정하기 위해 미취업 유지 유형을 기준으로 다항로짓분석을 실시하였다. 성별은 불안정 이동 유형을 제외하고 모든 유형에서 유의하게 나타났다. 학력은 모든 유형에서 유의하게 나타났는데, 불안정 이동유형은 중졸 이하 대비 고졸에서만 유의하게 나타났다. 장기 미취업 후 진입유형은 중졸 이하 대비 석사 이상에서만 유의하게 나타나지 않았다. 노동시장 최초 진입 연령은 모든 유형에서 유의하게 나타났다. 아버지 학력은 모든 유형에서 유의하게 나타났다. 14세 당시 경제적 상황은 20세 진입 후 상용과 장기 미취업 후 진입 유형에서만 유의하게 나타났다.

〈표 3-29〉 산업화 세대 청년기 노동 궤적 유형 다항로짓모형 추정결과

(단위 : %)

	25세 이후 진입 후 상용		20세 진입 후 상용		불안정 이동		장기 미취업 후 진입	
	추정계수	Z값	추정계수	Z값	추정계수	Z값	추정계수	Z값
성별 (기준 : 여성)	2.69***	11.63	1.59***	10.90	0.18	1.15	0.51***	3.75
학력 (기준 : 중졸 이하)								
고졸	1.89*	1.77	0.61***	3.56	0.43**	2.37	-0.93***	-5.82
전문대졸	4.70***	4.54	-0.53**	-1.89	-6.00	-5.70	-4.05***	-10.58
대졸	5.49***	5.39	-1.54***	-6.27	-8.33	-6.06	-5.37***	-13.30
석사 이상	3.09***	2.98	-7.57***	-6.66	-26.74	-0.05	-21.59	-0.04
최초 취업 연령	-0.25***	-12.98	-0.44***	-27.86	-0.83***	-39.58	-0.43***	-28.75
아버지 학력	0.27***	2.70	0.34***	3.29	0.48***	3.34	0.26**	2.07
14세 당시 경제적 형편	0.12	1.26	0.12*	1.66	0.12	1.46	0.13*	1.78
Log likelihood = -4361.7317 / LR chi2(32) = 10605.78 / Prob > chi2 = 0 Pseudo R2 = 0.5487 / N = 6,460								

주 : 1) 산업화 세대는 1945~62년생을 대상으로 함.
2) 기준 유형은 '미취업 유지' 유형임.
3) * p<0.1, ** p<0.05, *** p<0.01.

자료 : 한국노동연구원, 「한국노동패널」, 1~25차(1998~2022년 조사).

산업화 세대 청년기의 다항로짓모형 추정결과에 따른 각각의 독립변수별 한계효과를 분석하였다. 성별은 남성일수록 20세 진입 후 상용 유형에 속할 확률이 0.0975로 가장 높았고, 25세 이후 진입 후 상용 유형에 속할 확률이 다음으로 높았다. 반면 여성일수록 미취업 유지 유형과 장기 미취업 후 진입 유형에 속할 확률이 높았다.

학력은 중졸 이하 대비 고졸과 전문대졸일수록 20세 진입 후 상용일 확률이 각각 0.1144와 0.2778로 가장 높았다. 대졸일수록 25세 이후 진입 후 상용 유지일 확률이 가장 높았다. 장기 미취업 후 진입 유형은 종졸 이하 학력일수록 높았다.

아버지 학력이 높을수록 불안정 이동 유형에 속할 확률이 높았고, 14세 당시 경제적 수준이 낮을수록 미취업 유지 유형에 속할 확률이 높았다.

〈표 3-30〉 산업화 세대 청년기 다항로짓모형 추정결과에 따른 한계효과

(단위 : %)

	미취업 유지	25세 이후 진입 후 상용	20세 진입 후 상용	불안정 이동	장기 미취업 후 진입
성별 (기준 : 여성)	-0.0657***	0.0513***	0.0975***	-0.0579***	-0.0252***
학력 (기준 : 중졸 이하)					
고졸	0.0140***	0.0031**	0.1144***	0.0770***	-0.2085***
전문대졸	0.0693***	0.1553***	0.2778***	-0.1760***	-0.3264***
대졸	0.0708***	0.3617***	0.1073***	-0.1850***	-0.3549***
석사 이상	0.3913***	0.2762***	-0.1005***	-0.1881***	-0.3789***
최초 취업 연령	0.0192***	-0.0003	0.0026***	-0.0328***	0.0114***
아버지 학력	-0.0140***	0.0023	0.0056	0.0160*	-0.0100
14세 당시 경제적 형편	-0.0061*	0.0015	0.0014	-0.0002	0.0035

주 : 1) 산업화 세대는 1945~62년생을 대상으로 함.
2) 기준 유형은 '미취업 유지' 유형임.
3) * p<0.1, ** p<0.05, *** p<0.01.

자료 : 한국노동연구원, 「한국노동패널」, 1~25차(1998~2022년 조사).

나. 민주화 세대

민주화 세대 청년기 노동 궤적은 '20세 진입 후 상용', '25세 이전 진입 후

〈표 3-31〉 민주화 세대 청년기 노동 궤적 유형 다항로짓모형 추정결과

(단위 : %)

	25세 이후 진입 후 상용		25세 이전 진입 후 상용		20세 진입 후 상용	
	추정계수	Z값	추정계수	Z값	추정계수	Z값
성별(기준 : 여성)	1.96***	13.92	1.34***	10.21	-0.23*	-1.75
학력(기준 : 고졸 이하)						
전문대졸	0.50	1.60	1.49***	5.01	-2.10***	-9.28
대졸	1.84***	6.22	1.93***	6.67	-3.28***	-14.58
석사 이상	-0.29***	-0.95	-2.02***	-5.80	-9.36***	-9.13
최초 취업 연령	-0.03***	-2.60	-0.13***	-9.57	-0.14***	-10.16
아버지 학력	0.15***	2.60	0.24***	3.89	0.18***	2.68
14세 당시 경제적 형편	0.18**	2.26	0.10	1.30	0.23***	2.87
	장기 미취업 후 진입		불안정 이동			
	추정계수	Z값	추정계수	Z값		
성별(기준 : 남성)	-1.39***	-10.37	-1.40***	-8.97		
학력(기준 : 고졸 이하)						
전문대졸	-2.74***	-11.86	-5.46***	-20.16		
대졸	-3.70***	-16.29	-7.75***	-17.21		
석사 이상	-7.91	-20.09	-24.20	-0.02		
최초 취업 연령	0.14***	12.64	-0.61***	-25.70		
아버지 학력	0.18***	2.61	0.13	1.38		
14세 당시 경제적 형편	0.21**	2.59	0.17*	1.83		
Log likelihood=-8239.4073 / LR chi2(32)=13099.32 / Prob > chi2=0 Pseudo R2=0.4429 / N=8,638						

주 : 1) 민주화 세대는 1963~80년생으로 구분됨.
2) 기준 유형은 '학생 유지' 유형임.
3) * p<0.1, ** p<0.05, *** p<0.01.

자료 : 한국노동연구원, 「한국노동패널」, 1~25차(1998~2022년 조사).

상용', '25세 이후 진입 후 상용', '불안정 이동', '장기 미취업 후 진입', '학생 유지' 6개 유형으로 분류되었다. 이 중 '학생 유지' 유형을 기준으로 다항로짓분석을 실시하였다.

성별과 최초 취업 연령, 14세 당시 경제적 형편은 모든 유형에서 유의하게 나타났다. 학력은 '25세 이후 진입 후 상용' 유형에서 고졸 이하 대비 전문대졸을 제외하고 모든 유형에서 유의하게 나타났다. 아버지 학력은 '불안정 이동' 유형을 제외하고 모든 유형에서 유의하게 나타났다.

다항로짓분석 결과를 바탕으로 한계효과를 구해보았다. 남성일수록 25세 이후 진입 후 상용 유형에 속할 확률이 높았고, 고졸 이하에 비해 전문대졸과 대졸은 25세 이전 진입 후 상용 유형에 속할 확률이 높았다. 최초 취업 연령이 높을수록 장기 미취업 후 진입 유형에 속할 확률이 높았다.

아버지 학력이 높을수록 25세 이전 진입 후 상용에 속할 확률이 높았다.

〈표 3-32〉 민주화 세대 청년기 다항로짓모형 추정결과에 따른 한계효과

(단위 : %)

	학생 유지	25세 이후 진입 후 상용	25세 이전 진입 후 상용	20세 진입 후 상용	장기 미취업 후 진입	불안정 이동
성별 (기준 : 여성)	-0.0304***	0.1197***	0.0831***	0.0264***	-0.1418***	-0.0569***
학력 (기준 : 고졸 이하)						
전문대졸	0.0545***	0.0662***	0.2179***	0.0522***	-0.1223***	-0.2686***
대졸	0.0674***	0.2425***	0.3418***	-0.1365***	-0.2130***	-0.3022***
석사 이상	0.6304***	0.2533***	0.0552***	-0.2693***	-0.3584***	-0.3112***
최초 취업 연령	0.0025***	0.0029***	-0.0080***	0.0046***	0.0306***	-0.0326***
아버지 학력	-0.0082***	-0.0012	0.0086**	0.0022	0.0013	-0.0027
14세 당시 경제적 형편	-0.0078**	0.0044	-0.0070	0.0091*	0.0038	-0.0026

주 : 1) 민주화 세대는 1963~80년생을 대상으로 함.
2) 기준 유형은 '학생 유지' 유형임.
3) * $p<0.1$, ** $p<0.05$, *** $p<0.01$.
자료 : 한국노동연구원, 「한국노동패널」, 1~25차(1998~2022년 조사).

다. 정보화 세대

정보화 세대 청년기는 20세 진입 후 임시일용, 25세 이전 진입 후 상용, 25세 이후 진입 후 상용, 장기 미취업 후 진입 4가지 유형으로 구분되었다. 이 중 25세 이후 진입 후 상용 유형을 기준으로 다항로짓분석을 실시하였다. 성별과 고졸 이하 대비 대졸, 최초 취업 연령은 모든 유형에서 유의한 것으로 나타났다. 아버지 학력은 20세 진입 후 임시일용과 장기 미취업 후 진입 유형에만 유의미했으며, 14세 당시 경제적 형편은 25세 이전 진입 후 상용에서만 유의하였다.

〈표 3-33〉 정보화 세대 청년기 노동 궤적 유형 다항로짓모형 추정결과

(단위 : %)

	25세 이전 진입 후 상용		20세 진입 후 임시일용		장기 미취업 후 진입	
	추정계수	Z값	추정계수	Z값	추정계수	Z값
성별 (기준 : 여성)	-2.13***	-19.53	-3.76***	-25.42	-1.70***	-12.49
학력 (기준 : 고졸 이하)						
전문대졸	0.08	0.41	-2.44***	-12.29	-0.15	-0.55
대졸	-1.14***	-5.98	-6.67***	-29.84	-1.23***	-4.98
석사 이상	-3.27***	-11.01	-8.55***	-13.62	-0.44	-1.54
최초 취업 연령	-0.10***	-7.33	-0.12***	-6.93	0.22***	14.06
아버지 학력	-0.06	-1.27	-0.14**	-2.18	-0.12**	-2.06
14세 당시 경제적 형편	0.15**	2.17	0.05	0.62	0.04	0.38
Log likelihood=-3966.0108 / LR chi2(32)=4806.57 / Prob > chi2=0 Pseudo R2=0.3773 / N=4938						

주 : 1) 정보화 세대는 1981~95년생을 대상으로 함.
2) 기준 유형은 '25세 이후 진입 후 상용' 유형임.
3) * p<0.1, ** p<0.05, *** p<0.01.

자료 : 한국노동연구원, 「한국노동패널」, 1~25차(1998~2022년 조사).

다항로짓분석 결과에 따른 독립변수별 한계효과는 다음과 같다. 남성일수록 25세 이후 진입 후 상용 유형에 속할 확률이 가장 높았다. 고졸 이하 대비 전문대졸과 대졸 모두 25세 이전 진입 후 상용에 속할 확률이 가장 높았다. 아버지 학력은 높을수록 25세 이후 진입 후 상용 유형에 속할 확률이 가장 높았다. 14세 당시 경제적 형편이 좋을수록 25세 이전 진입 후 상용 유형에 속할 확률은 높아지고, 25세 이후 진입 후 상용에 속할 확률은 감소하였다.

〈표 3-34〉 정보화 세대 청년기 다항로짓모형 추정결과에 따른 한계효과

(단위 : %)

	25세 이후 진입 후 상용	25세 이전 진입 후 상용	20세 진입 후 임시일용	장기 미취업 후 진입
성별 (기준 : 여성)	0.2494***	-0.0428***	-0.1940***	-0.0127*
학력 (기준 : 고졸 이하)				
전문대졸	0.0725***	0.2846***	-0.4145***	0.0574***
대졸	0.2776***	0.4433***	-0.7922***	0.0713***
석사 이상	0.4481***	0.0733***	-0.8157***	0.2943***
최초 취업 연령	0.0018	-0.0153***	-0.0070***	0.0205***
아버지 학력	0.0097**	0.0036	-0.0078	-0.0055
14세 당시 경제적 형편	-0.0121*	0.0206**	-0.0057	-0.0027

주: 1) 정보화 세대는 1981~95년생을 대상으로 함.
2) 기준 유형은 '25세 이후 진입 후 상용' 유형임.
3) * p<0.1, ** p<0.05, *** p<0.01.

자료: 한국노동연구원, 「한국노동패널」, 1~25차(1998~2022년 조사).

제6절 소 결

본 장에서는 노동시장 진입기와 활동기 동안의 세대별 특성 차이를 일차적으로 살펴보았다. 이후 세대별 생애노동 궤적의 유형을 나누고, 각각의 유

형 특성과 세대별 차이를 파악하였다. 그러나 2022년 현재 1945~62년생인 산업화 세대는 61~78세이고, 1963~80년생인 민주화 세대는 43~60세, 1981~2000년생인 정보화 세대는 23~42세이다. [그림 2-11]에서 언급한 바와 같이 산업화 세대는 일부 노년을 포함하여, 청년, 중년, 장년이 모두 포함된 생애노동 궤적을 그릴 수 있다. 반면 민주화 세대는 일부 장년을 포함하여 청년, 중년의 생애노동 궤적이 가능하다. 마지막으로 정보화 세대는 청년과 일부 중년을 대상으로 할 수밖에 없다. 따라서 궤적은 각 세대 내에서의 이질성을 파악하는 데 중점을 맞추었다.

세대 간 생애노동 궤적의 이질성 비교를 위하여 동일한 연령대의 세대 간 비교를 실시하였다. 산업화 세대 청년, 민주화 세대 청년, 정보화 세대 청년의 청년기 노동 궤적을 직접적으로 비교하였다.

생애노동 장기 추이 분석의 시사점은 다음과 같다.

첫째, 첫 일자리 취득 연령은 최근에 오면서 점점 높아지고, 최종학력 졸업 이후 첫 일자리 취득 소요 기간도 길어지고 있다. 이는 과거에 비해서 대학 진학률이 높아지면서 자연스럽게 노동시장 진입이 늦어졌기 때문이다. 또한 첫 일자리 취득 소요 기간이 길어지는 것은 최근 노동시장의 양극화로 처음부터 안정적인 일자리로 진입하려고 하기 때문이다. 직종은 세대별로 직업군별 큰 차이가 없었다면, 사무직 종사자가 민주화 세대 이후 압도적으로 많아졌다.

둘째, 최근에 오면서 청년기(19~34세) 노동기간은 줄어들고, 장년기(50~64세) 노동기간 소폭 증가하였다. 이는 학력 상승으로 인한 취업 연령 증가로 청년기 노동기간은 줄고, 은퇴 이후 계속 일하는 중고령자가 많아지고 있는 사회현상을 그대로 반영하고 있다. 그러나 최종학력 졸업 이후 34세까지의 기간으로 산정하여, 노동 가능 기간 대비 실제 노동기간 비중을 살펴보면, 청년기의 노동 밀도가 최근에 오면서 오히려 높아진 것으로 나타났다. 즉 청년기의 실제 노동기간은 최종학력 증가로 인해 감소하였지만, 졸업 후 34세까지 기간 동안의 노동 비중은 더 높은 것을 알 수 있다.

셋째, 이직 횟수는 과거에 비해 증가하고 있으며, 첫 번째 일자리보다 두 번째 일자리의 근속기간이 길어지고 있다. 이는 평생직장의 개념은 옅어지고, 첫 번째 일자리가 두 번째 일자리로 가기 위한 가교 역할을 하고 있기 때문인 것으로 보인다.

생애노동 궤적분석을 위하여 집단기반 궤적분석(Group-Based Trajectory Analysis)을 이용하여 입체적인 궤적을 도출하였다. 산업화 세대(1945~1962년생), 민주화 세대(1963~1980년생), 정보화 세대(1981~1995년생)를 나누어 각각 생애노동 궤적을 유형화하고, 세대별 비교를 통해 생애노동 궤적의 변화를 파악하고자 한다. 고용형태는 미취업, 비임금근로자, 임시일용 근로자, 상용근로자로 구분하였다.

생애노동 궤적은 세대별로 동질성과 이질성이 동시에 존재한다. 궤적은 노동시장에서 고용형태가 안정하게 유지되었는지, 시간의 흐름에 따라 이동하였는지, 노동시장을 퇴장하는지, 혹은 재진입하였는지로 구분된다. 고용형태가 유지된 유형은 '상용 유지', '임시일용 유지', '비임금 유지' 유형이다. '비임금 유지' 유형의 경우 정보화 세대에는 관측되지 않았나. 고용형태 이동 유형은 '비임금에서 임금', '임금에서 비임금', 혹은 비임금과 임금을 반복하는 '불안정 이동' 유형이다. '불안정 이동' 유형은 산업화 세대에는 발견되지 않았다. 퇴장 유형[17]은 '상용 후 은퇴', '상용 후 퇴장', '중도 퇴장', '중도 퇴장 후 재진입', '경력단절 후 재진입'이다.

세대별 생애노동 궤적 분석을 통해 얻은 시사점은 다음과 같다.

첫째, '불안정 이동' 유형은 산업화 세대에서는 발견되지 않았고, 민주화 세대와 정보화 세대에서 발견되었다. 민주화는 임시일용과 상용 사이의 불안정 이동이라면, 정보화는 미취업과 취업 사이의 이동이다. 즉 정보화 세대에는 실업과 취업이 반복적으로 일어나고 있음을 추측할 수 있다. 이는 최근 평생직장의 개념은 없어지고, 청년 실업률이 급증하는 현실을 반영하고 있다.

둘째, '상용 유지' 유형의 여성 비중이 증가하고 있다. 산업화 세대 30.4%, 민주화 세대 33.7%, 정보화 세대 41.0%로 나타났다. 안정적이고 상대적으로

17) 퇴장 유형은 첫 취업 후 총노동기간과 미취업기간에 따라 구분된다. 상용 후 은퇴는 노동시장 진입 40년 후 미취업 상태가 보고된 반면, 상용 후 퇴장은 25년 만에 미취업 상태가 발견된 경우 중도 퇴장은 10년 후 미취업 상태가 보고되고 이후 계속 유지된 경우이다. 중도퇴장 후 재진입은 20년 정도의 미취업 기간 후 재취업한 경우이고, 경력단절 후 재진입은 10년 미만의 미취업 기간 후 다시 노동시장에 진입한 경우이다.

좋은 일자리에서는 주로 남성들이, 불안정하고 상대적으로 임금이 낮은 일자리에서는 주로 여성들이 일하고 있었던 노동시장의 성별 격차가 완전히 해소되지는 않았지만, 줄어들고 있는 것으로 보인다.

셋째, '비임금 유지' 유형이 정보화 세대에서는 없어졌다. 이는 우리나라 노동시장 전반의 성격을 반영한 것으로, 최근에 오면서 비임금 노동자의 비중이 줄어들었기 때문이라고 추측된다.

앞서 도출된 생애노동 궤적은 자료의 한계상 세대별 분석 기간이 달라 산업화 세대는 노동시장 진입 이후 40년, 민주화 세대는 30년, 정보화 세대는 20년을 대상으로 분석한 것이다. 분석기간이 다르기 때문에 발생할 수 있는 문제점을 극복하기 위해 모든 세대에서 19~34세에 이르는 기간을 대상으로 청년기 노동 궤적을 분석하였다. 청년기는 최종학력 상태에 따라 노동시장 진입 시점이 다를 것이기 때문에 고용형태에 학생을 포함하여, 학생, 미취업, 비임금, 임시일용, 상용으로 구분하였다.

청년기 노동 궤적은 노동시장 진입 후 동일한 고용형태가 유지되는 '안정' 유형, 고용형태가 이동하는 '이동' 유형, 학생이나 미취업이 유지되는 노동시장 '미진입' 유형으로 구분되었다. 안정 유형은 노동시장 진입 시점에 따라 구분되는데, '20세 진입', '25세 이전 진입', '25세 이후 진입'으로 구분된다.

세대별 청년기 노동 궤적 분석은 다음과 같은 시사점이 있다.

첫째, 최종학력이 대졸인 것으로 추측할 수 있는 '25세 이후 진입' 유형은 산업화 세대, 민주화 세대, 정보화 세대 구분 없이 모든 세대에서 첫 일자리에 획득한 상용을 유지하였다. 그러나 최종학력이 고졸이 다수인 노동시장 '20세 진입' 유형들은 세대별로 진입 후 양태가 다르다. 산업화 세대와 민주화 세대는 20세 노동시장 진입 후 상용을 계속 유지한 반면, 정보화 세대는 20세에 임시일용으로 첫 일자리를 획득한 이후 계속 임시일용을 유지하였다. 즉 정보화 세대에는 학력에 따라 고용형태가 상용과 임시일용으로 단절되었다면, 산업화 세대와 민주화 세대는 학력에 구분 없이 상용으로 노동시장에 진입하여 청년기 동안 상용을 유지하는 것을 알 수 있다.

둘째, 청년기 노동 궤적의 성별 특성을 보면, '25세 이후 진입' 후 상용은 모든 세대에서 남성이 80% 이상으로 압도적으로 많다. '25세 이전 진입' 후 상용의 남성 비율이 민주화 세대 68.3%, 정보화 세대 42.9%로 오히려 역전되었다. 이는 여성의 대학 진학률이 높아진 것에 기인한 것으로 보인다.

세대별로 청년기 노동 궤적 유형에 속할 결정요인을 알아보기 위해 다항로짓 분석을 실시하고 한계효과를 계산하였다. 남성일수록, 학력이 높을수록 노동시장 진입 후 상용을 유지하는 유형에 속할 확률이 모든 세대에서 높았다. 그러나 아버지 학력과 14세 당시 경제적 형편은 세대별로 유형별로 유의한 정도가 일관성을 보이지는 않았다.

제 4 장
세대별 생애노동 유형과 소득불평등

제1절 서 론

생애노동을 분석하는 데는 두 가지 방법이 있다. 어떠한 궤적을 이루었는지와 얼마나 오랜 기간 동안 노동을 하였는가이다. 제3장은 개인의 삶의 사건에 따라 달라질 수 있는 노동시장 입직과 퇴장, 이직과 실직에 따라 달라지는 생애노동 궤적을 분석하였다면, 제4장은 노동 가능 기간 동안의 실제 노동기간을 분석하였다. 2000년대 이전에는 여성들이 결혼과 출산을 이유로 직장을 그만두는 경우가 많았다. 배우자의 소득이 높으면 계속 주부로 육아를 전담하기도 하지만, 그렇지 못한 경우에는 경력단절 이전에 일했던 직장보다 고용조건이 낮은 직장에 재취업을 하기도 한다. 이들은 학교 졸업 이후 결혼까지 유사한 노동기간을 보유하고 있지만, 결혼 이후의 노동기간에는 차이가 발생한다. 즉 생애노동 가능 기간이라고 할 수 있는 청년부터 중년, 장년까지의 기간 동안 개인마다 노동기간이 다를 수 있고, 이것이 노동 소득에 직접적인 영향을 줄 것이다.

제3장 세대별 생애노동 궤적 분석의 한계는 세대별 분석 기간이 다른 것에서 발생하는 유형의 차이이다. 세대별 분석기간은 산업화 세대는 40년, 민주화 세대는 30년, 정보화 세대는 20년이다. 즉 산업화 세대는 청년, 중년, 장년을 모두 포괄하지만, 민주화 세대는 청년과 중년이, 정보화 세대는

청년이 주된 분석대상이었다. 이러한 한계를 극복해 보고자 제4장에서는 관측 가능한 노동 가능 기간 동안 얼마나 오래, 어떤 형태로 노동했는지를 기준으로 생애노동 유형을 구분하였다. 생애노동 유형에 따라 세대 내 노동소득 불평등과 세대 간 노동소득 불평등 정도를 파악하고자 하였다. 세대 내 노동소득 불평등은 같은 산업화 세대에 속한 사람에 대해 노동 유형에 따라 발생하는 불평등을 분석한 것이고, 세대 간 불평등은 동일한 연령대인 청년기의 소득을 기준으로 세대별로 불평등 정도를 비교한 것이다.

제2절 자료의 특성

본 장의 목적은 세대별 생애노동 유형과 소득불평등을 살펴보는 것으로, 앞서 제3장과 동일하게 「한국노동패널조사」 1~25차(1998~2022년 조사) 공개용 자료를 사용하였다. 다만 제3장은 직업력 자료에 개인의 특성을 결합하여 자료를 구축한 반면, 제4장은 개인자료를 기반으로 직업력 자료를 결합하였는데, 자료 구축 방법의 차이는 회고조사 사용 여부이다. 제3장은 생애노동 궤적을 분석하기 위하여 회고적 자료를 포함하여 가급적 오랜 기간 동안의 노동 이력 자료인 직업력을 사용하였다. 직업력 자료에서 취업 시점, 퇴직 시점, 종사상 지위, 성별, 학력 등의 변수를 사용하였다. 본 장은 소득불평등 현실을 파악하기 위한 것으로, 제3장에서 사용되었던 기본적인 변수 외에 소득 변수가 추가적으로 필요하였다. 소득 변수는 당해연도 조사에 응답한 개인만 파악되기 때문에 개인자료에 직업력 정보를 결합하여 자료를 구축하였다. 따라서 응답하지 않은 기간 동안의 회고 자료를 포함하여 분석한 제3장과 분석 표본[18]이 다름을 밝힌다.

〈표 4-1〉은 분석 표본의 세대별 성별 특성을 살펴본 것이다. 남성이 여성보다 평균적으로 약 15%p 정도 많고, 특히 민주화 세대는 남성이 약 25%p 많았다.

18) 제3장 생애노동 궤적 분석의 표본은 취업 경험이 있는 24,078명인 반면, 제4장 생애노동 유형과 소득불평등의 표본은 11,455명이다.

〈표 4-1〉 분석 표본의 세대별 성별 특성

(단위 : 명, %)

	남성	여성	합계
산업화 세대	2,015 (56.1)	1,578 (43.9)	3,593
민주화 세대	2,822 (62.3)	1,707 (37.7)	4,529
정보화 세대	1,831 (54.9)	1,502 (45.1)	3,333
합계	6,668 (58.2)	4,787 (41.8)	11,455

주 : 산업화 세대는 1945~62년생, 민주화 세대는 1963~80년생, 정보화 세대는 1981~95년생으로 구분됨.
자료 : 한국노동연구원, 「한국노동패널」, 1~25차(1998~2022년 조사).

〈표 4-2〉 분석 표본의 세대별 학력 구성

(단위 : 명, %)

	중졸 이하	고졸	전문대졸	대졸	석사 이상	합계
산업화 세대	1,882(52.4)	1,157(32.2)	150(4.2)	316(8.8)	88(2.4)	3,593
민주화 세대	224(4.9)	1,688(37.3)	853(18.8)	1,460(32.2)	303(6.7)	4,528
정보화 세대	32(1.0)	715(21.5)	859(25.8)	1,531(45.9)	196(5.9)	3,333
합계	2,138(18.7)	3,560(31.1)	1,862(16.3)	3,307(28.9)	587(5.1)	11,454

주 : 산업화 세대는 1945~62년생, 민주화 세대는 1963~80년생, 정보화 세대는 1981~95년생으로 구분됨.
자료 : 한국노동연구원, 「한국노동패널」, 1~25차(1998~2022년 조사).

학력을 보면 산업화 세대는 중졸 이하(52.4%), 고졸(32.2%) 순으로 높고, 민주화 세대는 고졸(37.3%), 대졸(32.2%) 순으로 높다. 정보화 세대는 대졸(45.9%), 전문대졸(25.8%) 순으로 높아, 최근에 오면서 학력이 상승한 것을 보여준다.

제3절 세대별 생애노동의 유형

1. 유형화 기준

생애노동 가능 기간 동안 얼마나 일했으며, 그 고용형태가 어떠했는지에 따라 생애노동의 유형을 분류해 보았다.

생애노동 가능 기간은 최종학력 졸업 이후 관찰 가능한 마지막 시점(2022년 또는 마지막 조사 응답 연도)이다. 마지막 응답 연도에 만 64세가 넘는 사람들은 만 64세까지를 대상 기간으로 하였다. 생애노동 가능 기간 동안 실제 노동기간의 비중, 임금노동의 비중, 상용직 노동의 비중에 따라 총 5개 유형으로 분류하였다. 실제 노동기간(년)으로 분류하지 않고, 비중으로 구분한 이유는 개별 사람의 관측 시점이 모두 다르기 때문이다. 1950년 출생자는 관측 마지막 시점인 2022년에 72세이고, 1990년 출생자는 32세이다. 이들은 각각 생애노동 가능 기간도 다르고, 실제 노동기간에도 큰 차이를 보인다. 따라서 비중으로 생애노동 유형을 분류하는 것은 실제 몇 년 동안 일을 했는지를 직접적으로 분석하는 것의 문제점을 보완할 수 있을 것이다.

첫째 단계는 생애노동 가능 기간 중 2/3 이상 근로 여부이다.

둘째 단계는 실제 일했던 생애노동 기간 중 임금노동이 차지하는 비중의 50% 이상 여부이다.

셋째 단계는 실제 일했던 임금노동 기간 중 상용직 노동기간의 75% 이상 여부이다.

유형 도출 방식을 도식화하면 [그림 4-1]과 같다.

유형 1은 안정적 임금노동자로 생애노동 가능 기간 중 2/3 이상을 노동하였으며, 이 중 임금노동을 50% 이상 하고, 이 중 상용직 노동을 75% 이상 한 사람들이다. 이들은 생애노동 가능 기간을 대부분 안정적인 직장에서 월급 받으면서 일하다가 퇴직하는 전형적인 정규직 근로자로 대표될 수 있을 것이다.

유형 2는 불안정 임금노동자로 생애노동 가능 기간 중 2/3 이상을 노동하였으며, 이 중 임금노동을 50% 이상 하고, 이 중 상용직 노동이 75% 미만인 사람들이다. 이 유형에 속한 노동자는 최근 노동시장 이중구조에서 자주 언급되는 비정규직 근로자일 것이다. 계속해서 일은 하고 있지만, 비정규직 이후 정규직으로 이동하지 못하는 경우이다. 비정규직으로 계속 이직하여 일하고 있거나, 일용근로자로 일이 생길 때마다 쉬지 않고 일하는 경우이다.

유형 3은 지속적 비임금 노동자로 생애노동 가능 기간 중 2/3 이상을 일하고, 이 중 비임금노동을 50% 이상 한 사람들이다. 과거 1960~70년대 자영

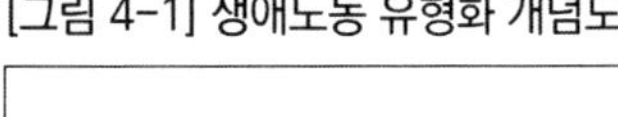
[그림 4-1] 생애노동 유형화 개념도

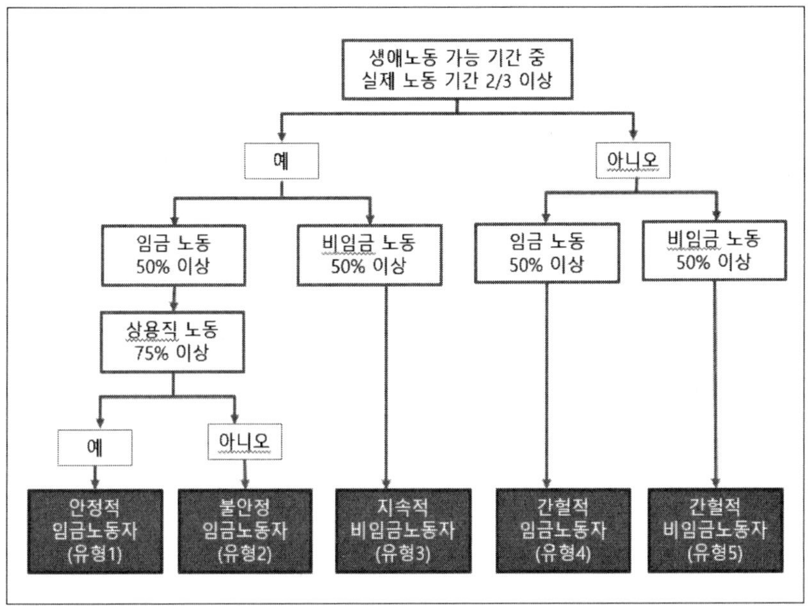

업자와 무급가족종사자가 전체 노동시장에서 절반 이상을 차지하던 시절 장사를 시작하여 30년 이상 계속한 경우가 대표적으로 유형3에 속한다.

유형 4는 간헐적 임금노동자로 생애노동 가능 기간 중 2/3 미만으로 일을 하고, 이 중 임금노동을 50% 이상 한 사람들이다. 즉 노동 가능 기간 30년 중 10년 이하로 일한 경우이다. 졸업 후 취직하여 일하다가 출산과 육아로 인해 일하던 직장을 그만둔 경력단절 여성이 대표적인 경우이다.

유형 5는 간헐적 비임금노동자로 생애노동 가능 기간 중 2/3 미만으로 일을 하고, 이 중 비임금노동을 50% 이상 한 사람들이다. 대표적인 경우가 남편 장사를 도와 무급가족종사자로 잠깐 일하는 것이다. 개업 초기에 잠시 도왔다가 장사가 잘되어 규모가 커지면서 정식 직원을 채용하여 그만두었거나, 처음에는 함께 일하지 않다가 장사가 어려웠을 때 잠시 돕는 경우일 것이다.

어떤 노동 경로를 가진 사람들이 어떤 유형에 속했는지 쉽게 이해하기 위해 예시를 들어보았다. 최종학력이 고등학교 졸업인 1974년 출생자의 생애노동 경로에 따라 유형을 구분하면 다음과 같다. 1993년에 고등학교를 졸업하고 2022년까지 관측된 생애노동 가능 기간은 30년이다. 이들은 실제 노동기간과 임금노동 기간, 상용직 노동기간에 따라 5가지 유형으로 구분된다.

순번 1은 생애노동 가능 기간 30년 동안 상용직 임금노동자로 30년 동안 일해왔기 때문에 유형 1 '안정적 임금노동자' 유형에 속한다. 순번 2 또한 생애노동 가능 기간 30년 동안 계속 일을 해왔다. 임금노동으로 21년(상용 18년+임시일용 3년), 비임금노동으로 9년을 일했다. 실제 노동기간 30년 중 임금노동 비율(B/A)이 70%이고, 상용직 비율(D/C)이 85.7%로 판별 기준인 75% 이상이므로 유형 1 '안정적 임금노동자' 유형에 속한다. 순번 4는 노동비율이 100%이고, 임금노동 비율은 70%이지만, 이 중 상용직 비율(D/C)이 47.6%로 유형 2 '불안정 임금노동자' 유형에 속한다. 순번 6은 노동 비율은 100%로 30년 동안 계속 일했고, 이 중 임금노동 비율(C/B)이 33.3%, 즉 비임금노동 비율이 66.7%이기 때문에 유형 3 '지속적 비임금노동자' 유형에 속한

〈표 4-3〉 생애노동 유형 예시

(단위 : 년, %)

순번	생애노동 가능기간 (A)	실제 노동기간 (B)	노동비율 (B/A)	임금노동 (C)	임금노동 비율 (C/B)	상용 (D)	상용비율 (D/C)	임시일용 (E)	비임금노동 (F)	유형
1	30	30	100.0	30	100.0	30	100.0	0	0	1
2	30	30	100.0	21	70.0	18	85.7	3	9	1
3	30	30	100.0	30	100.0	0	0.0	30	0	2
4	30	30	100.0	21	70.0	10	47.6	11	9	2
5	30	30	100.0	0	0.0	0	0.0	0	30	3
6	30	30	100.0	10	33.3	5	50.0	5	20	3
7	30	10	33.3	8	80.0	8	100.0	0	2	4
8	30	10	33.3	8	80.0	1	12.5	7	2	4
9	30	10	33.3	0	0.0	0	0.0	0	10	5
10	30	10	33.3	2	20.0	1	50.0	1	8	5

자료 : 저자 작성.

다. 순번 8은 생애노동 가능 기간인 30년 중 실제 노동은 10년으로 노동 비율(B/A)은 33.3%이다. 이 중 임금노동 비율(C/B)이 80%이기 때문에 유형 4 '간헐적 임금노동자'에 속한다. 순번 10은 노동 비율(B/A) 33.3%, 이 중 임금노동 비율(C/B)이 20%이기 때문에 유형 5 '간헐적 비임금노동자'에 속한다.

2. 유형별 분포

한국노동패널 자료를 이용하여, 최종학교 졸업 이후 한 번이라도 일한 적이 있는 사람들을 대상으로 유형을 분류해 보았다. 총분석인원은 11,455명이다. 모든 세대를 총괄하여 보면, 안정적 임금노동자는 40.3%, 불안정 임금노동자는 10.5%, 지속적 비임금노동자는 14.6%, 간헐적 임금노동자는 25.1%, 간헐적 비임금노동자는 9.5%이다. 즉 생애노동 가능 기간 동안 실제 2/3 이상 일한 사람이 전체의 65.4%이다.

세대별로 구분하여 노동 유형을 살펴보면, 생애노동 가능 기간 동안 대부분을 임금노동자로 일한 '안정적 임금노동자'는 산업화 세대는 20.5%, 민주화 세대는 46.2%, 정보화 세대는 53.7%로 최근에 오면서 늘어나고 있다. 산업화 세대에서 안정적 임금노동자의 비중이 정보화 세대보다 적은 이유는 지속적 비임금노동자의 비중이 높은 것으로 설명할 수 있다. 산업화 세대에

〈표 4-4〉 생애노동 유형 분포

(단위 : 명, %)

유형		사례 수	비중
2/3 이상 노동	안정적 임금노동자	4,617	40.3
	불안정 임금노동자	1,200	10.5
	지속적 비임금노동자	1,674	14.6
2/3 미만 노동	간헐적 임금노동자	2,873	25.1
	간헐적 비임금노동자	1,091	9.5
합계		11,455	100.0

주 : 산업화 세대는 1945~62년생, 민주화 세대는 1963~80년생, 정보화 세대는 1981~95년생으로 구분됨.

자료 : 한국노동연구원, 「한국노동패널」, 1~25차(1998~2022년 조사).

는 노동시장 전체적으로 비임금노동자의 비중이 높았다. 노동기간 대부분을 비임금노동자로 일한 '지속적 비임금노동자'는 산업화 세대 25.3%, 민주화 세대 13.8%, 정보화 세대 4.2%로 최근에 오면서 점점 줄어들고 있다.

그에 비해 불안정 임금노동자는 모든 세대에서 약 10%대로 나타났다. '간헐적 임금노동자'는 모든 세대에서 약 25% 정도이다. '간헐적 비임금노동자'는 산업화 세대 19.9%, 민주화 세대 6.1%, 정보화 세대 3.0%로 감소하였는데 '지속적 비임금노동자'와 마찬가지로 전체 노동시장에서 비임금 비중이 감소하고 있기 때문이라고 추측할 수 있다.

성별 분포를 살펴보면, '안정적 임금노동자'의 남성 비중이 산업화 세대는 91.2%, 민주화 세대 78.0%, 정보화 세대 60.7%로 줄어들어, 성별 격차가 감소하고 있다. '간헐적 임금노동자'와 '간헐적 비임금노동자'의 여성 비중은 산업화 세대 각각 73.6%, 68.4%에서 정보화 세대 56.0%, 52.5%로 감소하여, 여전히 안정적 일자리와 간헐적 일자리에서 성별 격차가 존재하지만, 그 정도는 감소함을 알 수 있다.

〈표 4-5〉 세대별 생애노동 유형 분포

(단위 : 명, %)

	2/3 이상 노동			2/3 미만 노동		합계
	안정적 임금 노동자	불안정 임금 노동자	지속적 비임금 노동자	간헐적 임금 노동자	간헐적 비임금 노동자	
산업화 세대	735 (20.5)	363 (10.1)	908 (25.3)	872 (24.3)	715 (19.9)	3,593 (100.0)
민주화 세대	2,091 (46.2)	462 (10.2)	625 (13.8)	1,076 (23.8)	275 (6.1)	4,529 (100.0)
정보화 세대	1,791 (53.7)	375 (11.3)	141 (4.2)	925 (27.8)	101 (3.0)	3,333 (100.0)
합계	4,617 (40.3)	1,200 (10.5)	1,674 (14.6)	2,873 (25.1)	1,091 (9.5)	11,455 (100.0)

주 : 산업화 세대는 1945~62년생, 민주화 세대는 1963~80년생, 정보화 세대는 1981~95년생으로 구분됨.
자료 : 한국노동연구원, 「한국노동패널」, 1~25차(1998~2022년 조사).

〈표 4-6〉 세대별 성별 생애노동 유형 분포

(단위 : %)

	성별	2/3 이상 노동			2/3 미만 노동		합계
		안정적 임금 노동자	불안정 임금 노동자	지속적 비임금 노동자	간헐적 임금 노동자	간헐적 비임금 노동자	
산업화 세대	여성	8.8	14.6	36.2	73.6	68.4	43.9
	남성	91.2	85.4	63.8	26.4	31.6	56.1
	합계	100.0	100.0	100.0	100.0	100.0	100.0
민주화 세대	여성	22.0	34.9	29.3	68.3	61.1	37.7
	남성	78.0	65.2	70.7	31.7	38.9	62.3
	합계	100.0	100.0	100.0	100.0	100.0	100.0
정보화 세대	여성	39.3	47.7	34.0	56.0	52.5	45.1
	남성	60.7	52.3	66.0	44.0	47.5	54.9
	합계	100.0	100.0	100.0	100.0	100.0	100.0

주 : 산업화 세대는 1945~62년생, 민주화 세대는 1963~80년생, 정보화 세대는 1981~95년생으로 구분됨.
자료 : 한국노동연구원, 「한국노동패널」, 1~25차(1998~2022년 조사).

학력별로 노동유형을 살펴보면, 산업화 세대의 고졸, 전문대졸, 대졸, 그리고 석사 이상은 '안정적 임금노동자'의 비중이 각각 25.6%, 46.0%, 51.0%, 73.9%로 가장 높다. 학력이 높을수록 안정적 임금노동자에 속하는 것을 알 수 있다.

민주화 세대는 전문대졸, 대졸, 석사 이상이 각각 50.9%, 61.3%, 64.0%로 '안정적 임금노동자' 유형에 속해 있다. 고졸은 간헐적 임금노동자 33.0%, 안정적 임금노동자 31.7%로 비슷하다.

정보화 세대의 대졸 이상자는 민주화 세대의 대졸 이상자와 비슷한 양상으로 분포되어 있지만 고졸은 '안정적 임금노동자' 34.7%, '간헐적 임금노동자' 40.4%로 양분되어 있다.

〈표 4-7〉 세대별 학력별 생애노동 유형 분포

(단위 : %)

세대	학력	2/3 이상 노동			2/3 미만 노동		합계
		안정적 임금 노동자	불안정 임금 노동자	지속적 비임금 노동자	간헐적 임금 노동자	간헐적 비임금 노동자	
산업화 세대	중졸 이하	7.7	10.5	29.1	28.4	24.4	100.0
	고졸	25.6	10.1	22.3	23.8	18.2	100.0
	전문대졸	46.0	14.0	20.0	12.0	8.0	100.0
	대졸	51.0	6.0	20.6	13.0	9.5	100.0
	석사 이상	73.9	10.2	9.1	3.4	3.4	100.0
	합계	20.5	10.1	25.3	24.3	19.9	100.0
민주화 세대	중졸 이하	14.7	21.0	16.5	34.4	13.4	100.0
	고졸	31.7	12.2	15.5	33.0	7.6	100.0
	전문대졸	50.9	8.9	11.8	23.9	4.5	100.0
	대졸	61.3	6.9	12.8	14.4	4.7	100.0
	석사 이상	64.0	10.9	12.9	8.9	3.3	100.0
	합계	46.2	10.2	13.8	23.7	6.1	100.0
정보화 세대	중졸 이하	18.8	12.5	6.3	53.1	9.4	100.0
	고졸	34.7	14.0	5.0	40.4	5.9	100.0
	전문대졸	57.3	12.5	3.8	24.5	2.0	100.0
	대졸	60.7	9.0	3.8	24.6	2.0	100.0
	석사 이상	59.2	13.8	6.1	16.8	4.1	100.0
	합계	53.7	11.3	4.2	27.8	3.0	100.0

주 : 산업화 세대는 1945~62년생, 민주화 세대는 1963~80년생, 정보화 세대는 1981~95년생으로 구분됨.
자료 : 한국노동연구원, 「한국노동패널」, 1~25차(1998~2022년 조사).

3. 청년기 생애노동 유형

앞서 살펴본 생애노동 유형은 출생연도에 따라 생애노동 가능 기간이 모두 다르기 때문에 실제 노동기간이 다른 어려움을 극복하기 위해 실제 노동 비중을 사용하였다. 반면 청년기는 모든 출생자에 한해 동일한 기간의 관측이 가능하기 때문에 세대 간 차이를 더욱 명확히 알 수 있다.

최종학교 졸업 이후 34세까지의 청년기 생애노동 가능 기간 동안의 실제 노동기간, 임금노동의 비율, 상용직 노동의 비율로 청년기 생애노동 유형을 분류해 보았다[19].

전체 생애노동 기간에서 안정적 임금노동자의 비중이 40.3%임을 감안하면, 청년기의 노동 유형이 상대적으로 안정적이지 못한 일자리에서 많음을 추측할 수 있다.

안정적 임금노동자가 34.0%로 가장 많고, 간헐적 비임금노동자 29.9%, 간헐적 임금노동자 23.2% 순이다.

세대별로 청년기의 생애노동 유형을 살펴보면, 생애노동 가능 기간 중 실제 노동기간이 2/3 이상인 경우가 산업화 세대 27.1%, 민주화 세대 54.0%, 정보화 세대 66.1%로 최근에 오면서 높은 밀도로 일하고 있음을 알 수 있다. 앞서 [그림 3-5]에서 1970년 이후 출생자의 노동기간 비중이 더 높아진 것

〈표 4-8〉 청년기 생애노동 유형 분포

(단위 : 명, %)

유형		전체 생애노동		청년기 생애노동	
		사례 수	비중	사례 수	비중
2/3 이상 노동	안정적 임금노동자	4,617	40.3	5,507	34.0
	불안정 임금노동자	1,200	10.5	1,105	6.8
	지속적 비임금노동자	1,674	14.6	1,006	6.2
2/3 미만 노동	간헐적 임금노동자	2,873	25.1	3,761	23.2
	간헐적 비임금노동자	1,091	9.5	4,842	29.9
합계		11,455	100.0	16,221	100.0

주 : 산업화 세대는 1945~62년생, 민주화 세대는 1963~80년생, 정보화 세대는 1981~95년생으로 구분됨.
자료 : 한국노동연구원, 「한국노동패널」, 1~25차(1998~2022년 조사).

19) 청년기 생애노동 유형 분류에 사용된 사례 수는 16,221명으로, 전체 생애노동 유형 분류에 사용된 11,455명보다 많다. 유형을 분류하는 과정에서 생애노동 가능 기간 동안 1개년이라도 고용형태가 결측인 경우 해당 사람을 삭제하였는데, 청년기는 졸업 이후 34세까지, 전체 생애는 졸업 이후 64세까지의 기간이 분석대상이므로 청년기가 상대적으로 관측 기간이 짧아 고용형태 결측으로 인해 삭제되는 사례가 적었기 때문이다.

과 일치하는 결과이다.

산업화 세대는 간헐적 비임금노동자가 50.2%로 가장 많고, 다음으로 간헐적 임금노동자가 22.2%로 많았다[20]. 산업화 세대의 여성들은 결혼과 동시에 회사에 다닐 수 없는 사회적 분위기로 인해 중도 퇴사하거나, 결혼 후 무급가족종사자로 남편 가게에서 일하다가 출산으로 그만 둔 사례들이 포함되는 영향으로 보인다.

민주화 세대와 정보화 세대는 안정적 임금근로자가 각각 41.0%, 51.5%로 가장 많았다. 다음으로 많은 비율을 차지한 유형이 민주화 세대는 간헐적

〈표 4-9〉 세대별 청년기 생애노동 유형 분포

(단위 : 명, %)

	2/3 이상 노동			2/3 미만 노동		합계
	안정적 임금 노동자	불안정 임금 노동자	지속적 비임금 노동자	간헐적 임금 노동자	간헐적 비임금 노동자	
산업화 세대	936 (15.6)	252 (4.2)	472 (7.9)	1,330 (22.2)	3,011 (50.2)	6,001 (100.0)
민주화 세대	2,701 (41.0)	451 (6.8)	406 (6.2)	1,447 (22.0)	1,587 (24.1)	6,592 (100.0)
정보화 세대	1,870 (51.5)	402 (11.1)	128 (3.5)	984 (27.1)	244 (6.7)	3,628 (100.0)
합계	5,507 (34.0)	1,105 (6.8)	1,006 (6.2)	3,761 (23.2)	4,842 (29.9)	16,221 (100.0)

주 : 산업화 세대는 1945~62년생, 민주화 세대는 1963~80년생, 정보화 세대는 1981~95년생으로 구분됨.

자료 : 한국노동연구원, 「한국노동패널」, 1~25차(1998~2022년 조사).

20) 한국노동패널조사는 조사 이전 일자리에 대하여 회고 조사를 진행한다. 회고 조사는 과거 일자리 정보를 기억에 의존하여 기록하는 것으로 조사 당시 상황을 응답하는 것보다 상대적으로 정확하지 않을 수 있다. 특히 산업화 세대인 1945~1962년생의 청년기 시절(19~34세)의 일자리 회고 조사는 1차 조사인 1998년에 응답된 것이다. 즉 1945년생은 52세에, 1962년생은 35세에 본인의 과거 19~34세 시절에 일했던 경험을 말하는 것이다. 따라서 30~40년 전에 1년 혹은 2년 잠깐 일한 경험에 대하여는 응답하지 않았을 확률이 높아 미취업이 과대보고되었을 수 있음에 주의해야 한다.

비임금노동자(24.1%)이고, 정보화 세대는 간헐적 임금노동자(27.1%)이다. 정보화 세대는 다른 세대에 비해 간헐적 임금노동자 비중이 높아, 최근 취업과 실업을 반복하는 청년 세대의 노동 현상이 반영된 것으로 이해할 수 있다.

청년기의 노동 유형 분포를 성별로 살펴보면, 안정적 임금노동자의 남성 비중이 산업화 세대는 85.9%, 민주화 세대 70.8%, 정보화 세대 58.7%로 성별 격차가 줄어들고 있다.

학력별로는 모든 세대에서 전문대졸과 대졸 및 석사 이상은 안정적 임금노동자 유형에 대부분 속해 있다. 대졸은 산업화 세대 52.3%, 민주화 세대 56.5%, 정보화 세대 57.6% 이다. 반면 중졸 이하는 주로 간헐적 노동자에 속해 있다. 중졸 이하의 경우 산업화 세대는 간헐적 비임금노동자 62.5%, 민주화 세대 41.4%이고, 정보화 세대는 간헐적 임금노동자에 54.3%가 속해 있다.

〈표 4-10〉 세대별 청년기 성별 생애노동 유형 분포

(단위 : %)

		2/3 이상 노동			2/3 미만 노동		합계
		안정적 임금 노동자	불안정 임금 노동자	지속적 비임금 노동자	간헐적 임금 노동자	간헐적 비임금 노동자	
산업화 세대	여성	14.1	10.7	32.0	18.4	67.5	43.1
	남성	85.9	89.3	68.0	81.6	32.6	56.9
	합계	100.0	100.0	100.0	100.0	100.0	100.0
민주화 세대	여성	29.2	31.5	33.7	33.9	57.8	37.6
	남성	70.8	68.5	66.3	66.1	42.2	62.5
	합계	100.0	100.0	100.0	100.0	100.0	100.0
정보화 세대	여성	41.3	48.8	32.0	49.9	50.0	44.7
	남성	58.7	51.2	68.0	50.1	50.0	55.3
	합계	100.0	100.0	100.0	100.0	100.0	100.0

주 : 산업화 세대는 1945~62년생, 민주화 세대는 1963~80년생, 정보화 세대는 1981~95년생으로 구분됨.

자료 : 한국노동연구원, 「한국노동패널」, 1~25차(1998~2022년 조사).

〈표 4-11〉 청년기 세대별 학력별 생애노동 유형 분포

(단위 : %)

세대	학력	2/3 이상 노동			2/3 미만 노동		합계
		안정적 임금 노동자	불안정 임금 노동자	지속적 비임금 노동자	간헐적 임금 노동자	간헐적 비임금 노동자	
산업화 세대	중졸 이하	4.9	3.4	9.7	19.5	62.5	100.0
	고졸	14.0	5.2	6.2	29.2	45.5	100.0
	전문대졸	45.5	3.5	6.5	22.1	22.5	100.0
	대졸	52.3	4.7	5.7	13.7	23.6	100.0
	석사 이상	64.7	6.1	4.0	13.1	12.1	100.0
	합계	15.6	4.2	7.9	22.2	50.2	100.0
민주화 세대	중졸 이하	15.5	11.2	9.4	22.5	41.4	100.0
	고졸	26.2	7.4	5.6	28.3	32.5	100.0
	전문대졸	48.5	7.2	5.6	20.6	18.1	100.0
	대졸	56.5	5.0	6.8	16.1	15.6	100.0
	석사 이상	59.9	8.6	4.3	13.6	13.6	100.0
	합계	41.0	6.8	6.2	22.0	24.1	100.0
정보화 세대	중졸 이하	14.3	11.4	2.9	54.3	17.1	100.0
	고졸	32.8	13.3	3.9	40.4	9.6	100.0
	전문대졸	56.5	12.6	3.0	23.0	4.9	100.0
	대졸	57.6	8.8	3.6	24.2	5.8	100.0
	석사 이상	58.2	14.3	4.1	13.3	10.2	100.0
	합계	51.5	11.1	3.5	27.1	6.7	100.0

주 : 산업화 세대는 1945~62년생, 민주화 세대는 1963~80년생, 정보화 세대는 1981~95년생으로 구분됨.
자료 : 한국노동연구원, 「한국노동패널」, 1~25차(1998~2022년 조사).

제4절 노동소득 불평등 추이

세대별 생애노동 유형에 따른 소득불평등을 알아보기에 앞서, 한국의 노

동소득 불평등 추이를 알아보았다. 노동소득은 임금과 사업소득을 합한 값으로 10분위 배율과 지니계수를 계산해 보았다.

노동소득 10분위배율은 소득 상위 10% 계층의 평균소득을 하위 10% 계층의 평균소득으로 나눈 값으로, 숫자가 클수록 상위계층과 하위계층의 격차가 크다. 2009년부터 계속 하락하는 추세이다. 노동소득을 이용하여 측정한 지니계수 또한 가구소득을 기준으로 측정한 지니계수와 마찬가지로 계속 하락하는 추세이다.

중위 계층을 중심으로 상위 계층과 하위 계층을 비교하기 위해 P90/P50 배율과 P50/P10 배율을 산출하였다. P90/P50은 소득 10분위 중 9분위 소득의 경계값[21)]을 5분위 소득의 경계값으로 나눈 것이다. P50/P10은 5분위 소득의 경계값을 1분위 소득의 경계값으로 나눈 것이다. 즉 P90/P50이 클수

[그림 4-2] 노동소득(임금+사업소득)을 이용한 10분위배율과 지니계수

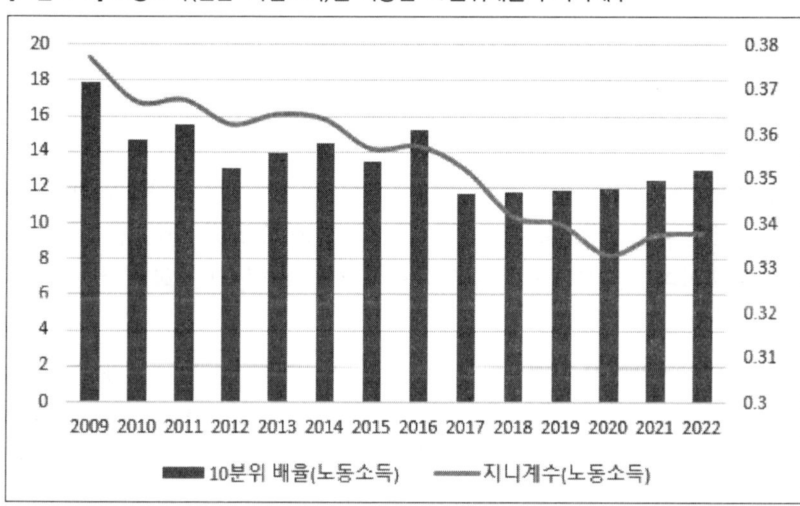

주 : 1) 좌축은 노동소득(임금+사업소득) 10분위배율, 우축은 지니계수임.
2) 09통합표본 횡단면 가중치 사용.[22)]
3) 소비자물가지수를 반영하여 실질화 함(2020=100).

자료 : 한국노동연구원, 「한국노동패널」, 1~25차(1998~2022년 조사).

21) 경계값은 분위별로 구간을 나눌 때 각 구간의 상한값이다.
22) 한국노동패널은 1998년에 도시가구를 대상으로 조사를 시작하였고, 2009년 표본 추가를 통해 전국 단위 패널이 되었기에, 본 절에서는 전국 단위의 지니계수를 구하기 위해 2009년부터 분석하였다.

[그림 4-3] 노동소득(임금+사업소득)을 이용한 P90/P50과 P50/P10 배율

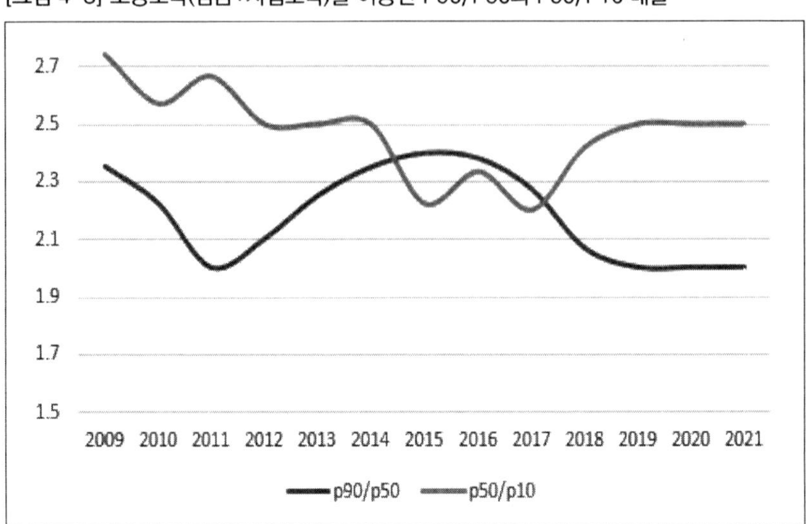

주 : 09통합표본 횡단면 가중치 사용.
자료 : 한국노동연구원, 「한국노동패널」, 1~25차(1998~2022년 조사).

록 중위 계층과 상위 계층의 격차가 크고, P50/P10이 클수록 중위 계층과 하위 계층의 격차가 커, 불평등이 심하다는 것을 의미한다.

중위 계층을 기준으로 상위 계층과의 격차인 P90/P50은 소폭으로 감소와 증가를 반복하는 반면, 하위 계층과의 격차인 P50/P10은 꾸준히 감소하는 추세를 보이다가 2017년부터 오히려 증가하여 불평등이 심화된 것으로 보인다.

노동소득은 임금과 사업소득을 합한 값으로, 고용형태에 따른 불평등 현상을 자세히 파악하기 위해 임금과 사업소득을 구분하여 살펴보았다. 10분위배율과 지니계수 모두 사업소득이 월등히 높아 상위 계층과 하위 계층의 격차가 큼을 알 수 있다. 사업소득은 10분위가 1분위보다 평균 44배가 높고, 임금은 평균 10배가 높았다. 사업소득은 2016년 급격히 감소하였다가 최근 5년간 증가하고 있는 추세이고, 임금 10분위배율은 큰 변화가 없었다. 임금 지니계수는 2016년부터 감소하다가 2021년부터 정체되는 경향을 보이는데, 이는 최저임금의 인상률 효과로 추측된다[23].

---

23) 연도별 최저임금 인상률은 다음과 같다.

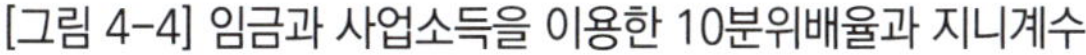
[그림 4-4] 임금과 사업소득을 이용한 10분위배율과 지니계수

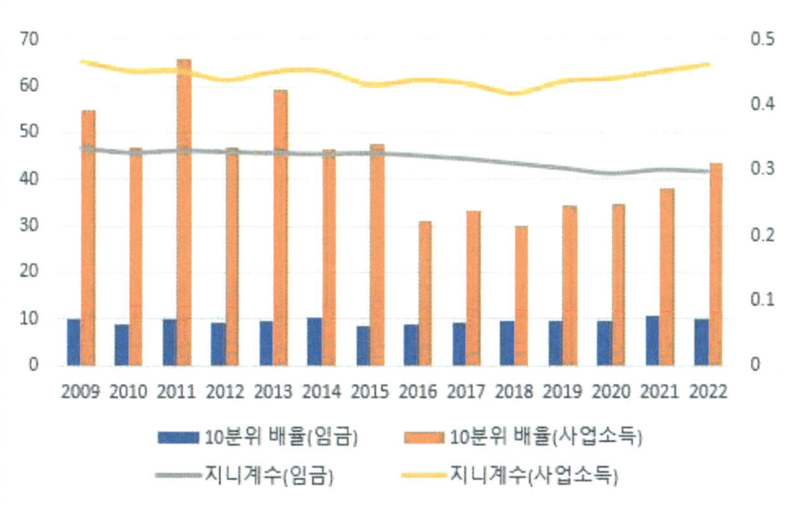

주 : 1) 좌축은 노동소득 10분위배율, 우축은 지니계수임.
2) 09통합표본 횡단면 가중치 사용.
3) 소비자물가지수를 반영하여 실질화함(2020=100).
자료 : 한국노동연구원, 「한국노동패널」, 1~25차(1998~2022년 조사).

임금과 사업소득의 P90/P50과 P50/P10을 각각 구해보았다. 중위 계층과 하위 계층의 차이는 사업소득이 월등히 높아, 평균 5배 이상 격차가 벌어지는 것으로 나타났다. 임금의 경우 2016년까지는 P90/P50과 P50/P10이 거의 유사한 정도를 보이다가, 2017년 이후 P90/P50은 소폭 감소하는 추세로, P50/P10은 오히려 소폭 증가하는 추세로 나타나 최근에 오면서 중위 계층과 하위 계층의 격차가 커지고 있는 것으로 나타났다.

연도	2009	2010	2011	2012	2013	2014	2015	2016	2017	2018	2019	2020	2021	2022
인상률(%)	6.1	2.75	5.1	6.0	6.1	7.2	7.1	8.1	7.3	16.4	10.9	2.87	1.5	5.05

자료 : 최저임금위원회 홈페이지(2024. 3. 8. 접속).

[그림 4-5] 임금과 사업소득을 이용한 P90/P50과 P50/P10 배율

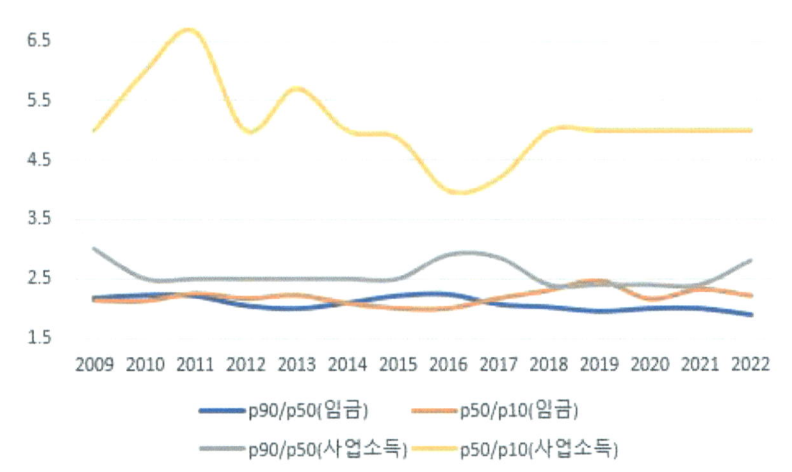

주 : 09통합표본 횡단면 가중치 사용.
자료 : 한국노동연구원, 「한국노동패널」, 1~25차(1998~2022년 조사).

제5절 세대 내 소득불평등

본 절에서는 앞서 제3장에서 분류한 생애노동 유형에 따라 소득불평등 정도를 살펴보고자 한다. 생애노동 유형은 생애노동 가능 기간[24] 동안의 실제 노동기간과 고용형태에 따라 5가지 유형으로 구분하였는데, 안정적 임금노동자, 불안정 임금노동자, 지속적 비임금노동자, 간헐적 임금노동자, 간헐적 비임금노동자로 구분[25]된다(그림 3-7 참조).

24) 생애노동 가능 기간은 최종학력 이후부터 64세까지의 기간이다.
25) '안정적 임금노동자'는 생애노동 가능 기간 중 실제 노동기간이 2/3 이상이며, 이 중 임금노동이 50% 이상, 임금노동 기간 중 상용직 기간이 75% 이상인 경우이다. '불안정 임금노동자'는 안정적 임금노동자와 유사하지만, 임금노동 기간 중 상용직 기간이 75% 미만인 경우이다. '지속적 비임금노동자'는 생애노동 가능 기간 중 실제 노동기간이 2/3 이상이며, 이 중 비임금노동이 50% 이상인 경우이다. '간헐적 임금노동자'와 '간헐적 비임금노동자'는 실제 노동기간이 2/3 미만으로, '간헐적 임금노동자'는 노동기간 중 임금노동이 50% 이상인 경우이고, '간헐적 비임금노동자'는 비임금노동이 50% 이상인 경우이다.

[그림 4-6] 생애노동 유형별 노동소득(임금+사업소득) 지니계수

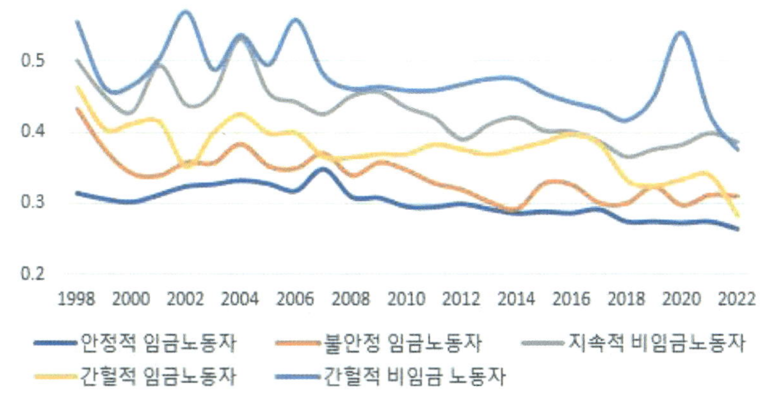

주 : 소비자물가지수를 반영하여 실질화함(2020=100).
자료 : 한국노동연구원, 「한국노동패널」, 1~25차(1998~2022년 조사).

생애노동 유형별 당해연도 노동소득 불평등 추이를 살펴보았다.[26] 생애노동 기간 동안 상용직 노동자로 오래 일해온 안정적 임금노동자의 지니계수가 모든 유형 중에서 불평등 정도가 가장 낮았으며, 꾸준히 감소하는 추세를 보인다. 지니계수가 가장 높아 불평등 정도가 상대적으로 가장 높은 유형은 간헐적 비임금노동자로, 생애 전체의 노동기간 중에 일을 할 때와 일을 하지 않을 때도 반복적으로 발생하지만, 그에 따른 노동소득도 심한 불평등 격차를 보였다.[27] 임금에 비해 사업소득이 지니계수가 높은 영향으로, 지속적 비임금노동자의 불평등 정도가 그다음으로 높았다. 불평등 정도는 최근에 오면서 모든 유형에서 소폭 감소하는 추세를 보인다.

다음으로 세대별 생애노동 유형별 노동소득 불평등 정도를 살펴보고자 한다. 산업화 세대(1945~1962년 출생자[28]))의 생애노동 유형별 노동소득 불

26) 생애노동 유형에 따른 생애노동 소득 전체를 비교하는 것이 타당하겠지만, 노동패널자료의 특성상 조사 시작 시점인 1998년 이전 노동소득 자료가 존재하지 않는 한계가 발생한다. 따라서 본 절에서는 생애노동 유형에 따라 당해연도 발생하는 노동소득의 불평등 정도를 분석하였다.
27) 간헐적 임금노동자는 전체 분석대상에서 9.5%(1,091명)로 사례수가 많지 않다. 따라서 이후 세대별 유형별로 구분하여 연도별 지니계수를 산정할 때, 개별 셀의 개수가 50개 미만인 경우가 많아 일반화하기 어렵다는 판단에서 분석에서 제외하였다.

평등 추이는 다음과 같다. 불평등 정도는 앞서 살펴본 바와 같이 비임금근로자의 사업소득이 월등히 높고, 임금근로자의 임금이 낮았다. 그 격차는 최근에 오면서 줄어드는 모양새이다.

생애노동 유형별 불평등 정도는 1990년대 후반부터 2000년도 초반에는 안정적 임금노동자가 가장 낮고, 다음으로 불안정 임금노동자, 간헐적 임금노동자가 낮았다. 2005년 이후에는 안정적 임금노동자의 불평등 정도가 높아지면서, 임금노동자는 유형(안정적, 불안정, 간헐적)에 따른 불평등 정도에 차이가 보이지 않는다. 이는 산업화 세대의 2005년 이후는 40대 후반 이후의 연령대로 이미 은퇴를 하였거나, 은퇴에 가까워지는 시기 때문에 발생된 현상이라 추측된다. 일생 동안 안정적 임금근로자로 일을 하였든, 비정규직 근로자로 불안정 임금근로자로 일을 하였든, 일자리가 있을 때만 간헐적으로 일을 하였든 관계 없이 50대 이후에는 비슷한 정도의 불평등이 발생한다는 것이다.

[그림 4-7] 산업화 세대의 생애노동 유형별 노동소득(임금+사업소득) 지니계수

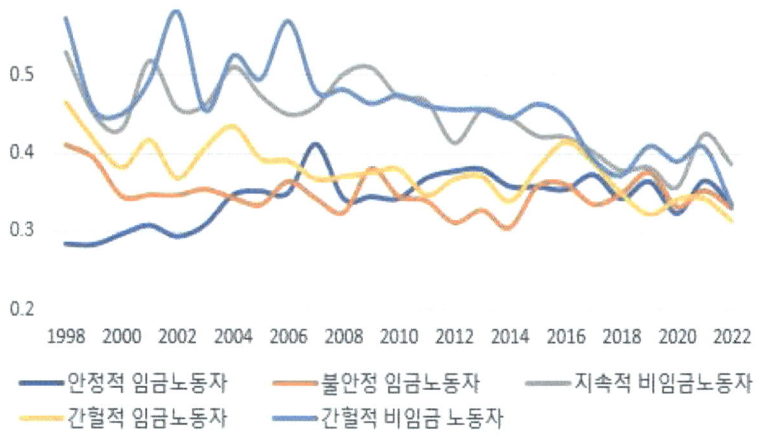

주 : 1) 산업화 세대는 1945~62년생으로 구분됨.
2) 소비자물가지수를 반영하여 실질화함(2020=100).
자료 : 한국노동연구원, 「한국노동패널」, 1~25차(1998~2022년 조사).

28) 분석시점인 1998~2022년은 산업화 세대인 1945~1962년 출생자의 36~64세까지의 연령을 포괄한다.

[그림 4-8] 민주화 세대의 생애노동 유형별 노동소득(임금+사업소득) 지니계수

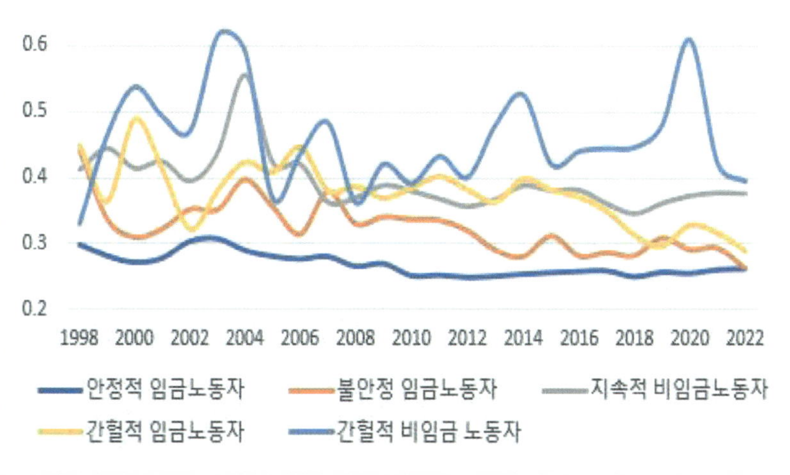

주 : 1) 민주화 세대는 1963~80년생임.
2) 소비자물가지수를 반영하여 실질화함(2020=100).
자료 : 한국노동연구원, 「한국노동패널」, 1~25차(1998~2022년 조사).

민주화 세대(1962~1980년 출생자)의 생애노동 유형별 노동소득 불평등 추이를 살펴보았다[29]. 안정적 임금노동자의 불평등 정도가 전 기간에 걸쳐 가장 낮았고, 그다음이 불안정 임금노동자였다. 지속적 비임금노동자 유형과 간헐적 임금노동자 유형의 불평등 정도는 큰 차이를 보이지 않다가, 2015년 이후 간헐적 임금노동자 유형의 불평등도가 낮아졌다.

정보화 세대(1981~1995년 출생자)의 생애노동 유형별 불평등 추이를 보았다[30]. 정보화 세대는 분석 가능 연령의 한계로 최근 10년간을 살펴보았다. 정보화 세대는 산업화 세대나 민주화 세대에 비해 전반적으로 지니계수가 낮은데[31], 이는 정보화 세대가 노동시장에 진입한 기간이 상대적으로 짧기 때문으로 보인다. 안정적 임금노동자의 불평등 정도가 가장 낮고, 불안정

29) 분석시점인 1998~2022년은 민주화 세대인 1963~1980년 출생자의 18~59세까지의 연령을 포괄한다.
30) 분석시점인 1998~2022년은 정보화 세대인 1963~1980년 출생자의 18~59세까지의 연령을 포괄한다.
31) 평균 지니계수는 산업화 세대 0.3788, 민주화 세대 0.3407, 정보화 세대 0.3230이다.

[그림 4-9] 정보화 세대의 생애노동 유형별 노동소득(임금+사업소득) 지니계수

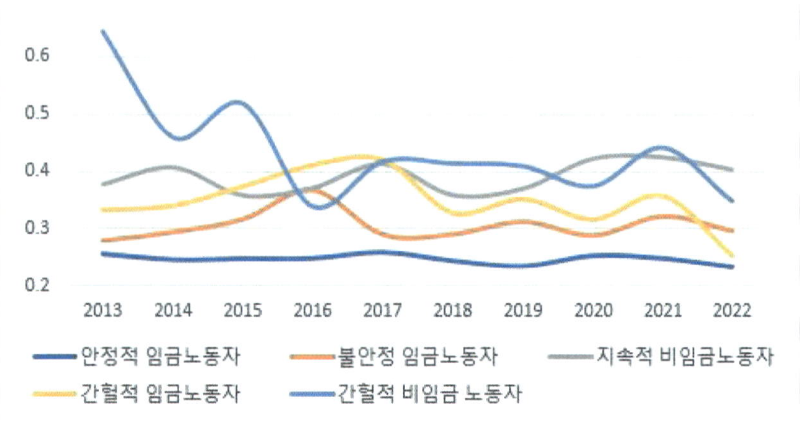

주 : 1) 정보화 세대는 1981~95년생임.
2) 소비자물가지수를 반영하여 실질화함(2020=100).
자료 : 한국노동연구원, 「한국노동패널」, 1~25차(1998~2022년 조사).

임금노동자가 그다음이다. 간헐적 임금노동자와 지속적 저임금노동자는 초기에는 유사한 불평등 정도를 보이다가, 2017년 이후 지속적 비임금노동자의 불평등 정도가 상승한다. 이는 사업 초반의 불안정한 상태를 넘어선 자영업자들이 안정화 추세에 접어들면서 사업소득이 상승했기 때문에 그 격차가 벌어졌을 것으로 추측할 수 있다.

제6절 세대 간 청년기 소득불평등

세대 간 소득불평등이란 소득을 올릴 가능성이 세대별로 차이가 발생하는 것을 의미한다. 즉 동일한 조건에서 출생연도에 따라 소득의 격차가 크게 발생한다면 이는 세대 간 소득불평등이 큰 것이다.

본 절에서는 동일한 시점을 첫 일자리로 선정하고, 출생연도별로 첫 일자리 이후 소득에 변화가 차이가 있는지 살펴보고자 한다. 그러나 20살에 첫 일자리를 취득하는 것과 50살에 노동시장에 처음으로 진입하는 것은 개인

이 처한 인구학적 경제적 여건이 매우 다를 것이다. 따라서 35세 이전에 취득한 첫 일자리로 한정하여 분석하였다.

1998년부터 소득이 파악되는 노동패널자료의 한계로 인해 산업화 세대(1945~1962년생), 민주화 세대(1963~1980년생), 정보화 세대(1981~2000년생)를 총괄하는 소득불평등은 살펴보기가 어렵다. 그 대안으로 1971~1990년 출생자의 청년기를 대상으로 5년 단위로 나누어 그 불평등 정도의 추이를 살펴보고자 한다.[32] 제3장과 제4장 초반의 분석이 모두 세대를 구분하였다면, 본 절에서는 민주화 중기 이후의 분석이라고 할 수 있다. 세대 구분과 유사하게 맞춰 본다면 민주화 중기(1971~1975년생), 민주화 후기(1976~1980년생), 정보화 초기(1981~1985년생), 정보화 중기(198~1990년생)로 구분된다고 할 수 있다.

1. 청년기 노동시장 진입 이후 출생연도별 소득불평등

1971~1990년 출생자에 대하여 5년 단위로 구분하여 첫 일자리 진입 이후 연차별로 당해연도 평균 소득 대비 소득 비중을 살펴보았다[33]. 전체적으로 노동시장 진입 이후 5년 차까지는 평균임금 대비 비중이 급속도로 올라가다가, 6년차 이후 소폭 증가하는 것으로 나타났다. 또한 1970년대 초반 출생자는 그 이후 출생자들보다 당해연도 평균소득 비중이 상대적으로 높았다. 첫 일자리 취업 시점에는 평균소득 대비 비중이 75.3%였고, 해를 기듭할수록 높아져 노동시장 진입 이후 8년 차에 평균소득 대비 100%를 넘었다. 반면 1976년 이후 출생자는 노동시장 진입 후 10년 동안 계속 평균소득 대비

32) 1971~1975년생의 첫 일자리 취업 기준은 고졸 1990년, 대졸 1994년으로 개략적으로 추측할 수 있다. 같은 방법으로 1976~1980년생은 고졸 1995년, 대졸 1999년, 1981~1985년생은 고졸 2000년, 대졸 2004년, 1986~1990년생은 고졸 2005년, 대졸 2009년을 추측할 수 있다. 여기에 군대를 다녀온 남성은 약 3년 정도 뒤임을 알 수 있다. 따라서 1971~1990년생의 첫일자리 취업은 약 1990년대부터 2010년 초반까지로, 취업 이후 10년 동안의 소득 분석이 가능하다.

33) 실질소득으로 소득의 추이를 분석하지 않고, 평균소득 대비 소득 비중을 살펴본 이유는 첫 일자리가 20여년 기간 중에 분산되어 발생하기 때문이다. 예를 들어 2000에 취업한 사람의 실질임금과 2010년에 취업한 사람의 실질임금의 평균을 구한 액수보다는, 각각의 평균임금과의 차이를 구한 비중이 소득의 변화를 더욱 직관적으로 설명하기 때문이다.

100%를 넘지 못했다.

1981~1985년 출생자의 평균소득 대비 비중은 다른 세대와 비교했을 때 첫 일자리 진입 시점에는 매우 낮고, 그 이후 4년 차까지도 따라가지 못하고 있는 것으로 나타났다. 이는 2009년 이명박 정부의 일자리 나누기 일환으로 대졸자 초임[34]을 삭감한 영향으로 보인다.

즉 1970년대 초반 출생자들에 비해 이후 출생자들이 청년기 동안 상대적으로 우리나라 노동시장에서 소득이 낮은 계층에 속해 있음을 알 수 있다.

동일한 방법으로 중위소득 대비 비중을 살펴보았다. 노동시장 진입 이후 5차년도까지는 비중이 빠르게 증가한 반면, 6차년도 이후에는 소폭 증가하였다. 중위소득 기준으로 살펴볼 때는 1971~1975년 출생자는 2년 차에 약

[그림 4-10] 첫 일자리 진입 이후 출생연도별 소득(평균소득 대비 비중) 추이

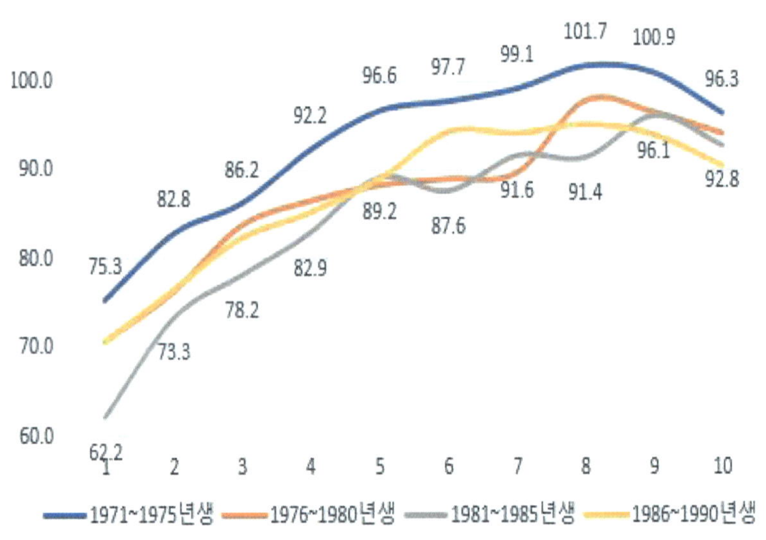

주 : 1) X축은 출생연도별 첫 일자리 진입 이후 기간으로, 1은 노동시장 진입 시점, 2는 노동시장 진입 2년 차, 10은 노동시장 진입 이후 10년 차임.
2) Y축은 당해연도 평균소득 대비 해당 대상자 소득 비중 값의 평균.
자료 : 한국노동연구원, 「한국노동패널」, 1~25차(1998~2022년 조사).

34) 연합뉴스(2009. 2. 19), 「공기업 대졸 초임 최대 30% 삭감」, (https://n.news.naver.com/mnews/article/001/0002510483?sid=101, 2024. 3. 1. 접속).

[그림 4-11] 첫 일자리 진입 이후 출생연도별 소득(중위소득 대비 비중) 추이

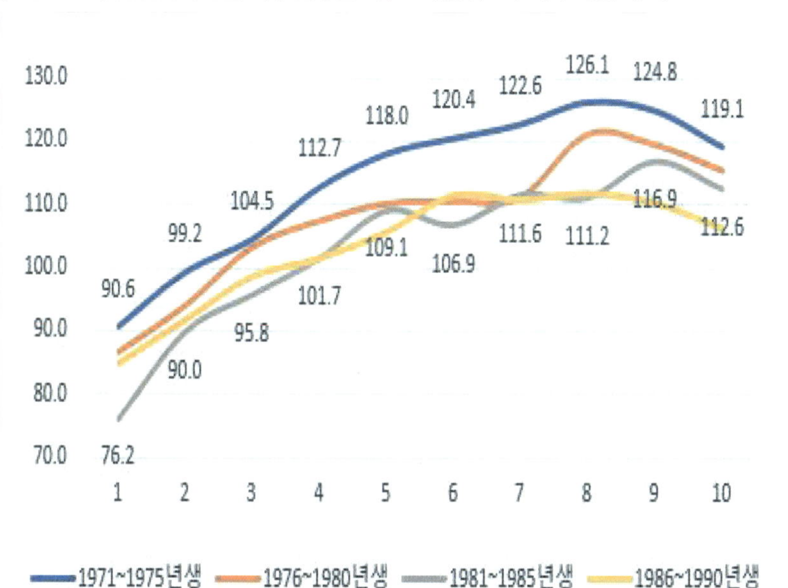

주 : 1) X축은 출생연도별 첫 일자리 진입 이후 기간으로, 1은 노동시장 진입 시점, 2는 노동시장 진입 2년 차, 10은 노동시장 진입 이후 10년 차임.
2) Y축은 당해연도 중위소득 대비 해당 대상자 소득 비중 값의 평균.
자료 : 한국노동연구원, 「한국노동패널」, 1~25차(1998~2022년 조사).

100% 수준인 반면, 1976~1980년 출생자는 3차년도, 1981년 이후 출생자는 4차년도 이후 100%가 넘었다. 중위소득 대비 소득 비중도 평균소득 대비 소득 비중과 전체적으로 비슷한 추세를 보인다.

성별로 구분하여 볼 때, 평균 소득 대비 남성의 소득 비중은 96%, 여성은 73%로 매우 큰 차이를 보였고, 연차에 따른 소득 증가도 여성이 상대적으로 남성의 소득 증가폭에 비해 현저히 낮았다. 연차별로는 여성은 모든 출생코호트에서 10년 차에도 80%에 미치지 반면, 남성은 6년 차에 모든 출생코호트에서 거의 100%에 도달한 것으로 나타났다.

1986~1990년생은 상대적으로 이전 출생자에 비해 평균소득 대비 소득 비중이 평균 5% 이상 높은 것으로 조사되었다. 즉 청년기 여성의 첫 일자리 노동시장 진입 이후 소득 수준이 과거의 여성들에 비해 높아지고는 있지만, 여전히 동시대의 남성보다는 낮음을 알 수 있다.

[그림 4-12] 첫 일자리 진입 이후 성별 출생연도별 소득 비중(평균소득 대비 비중) 추이

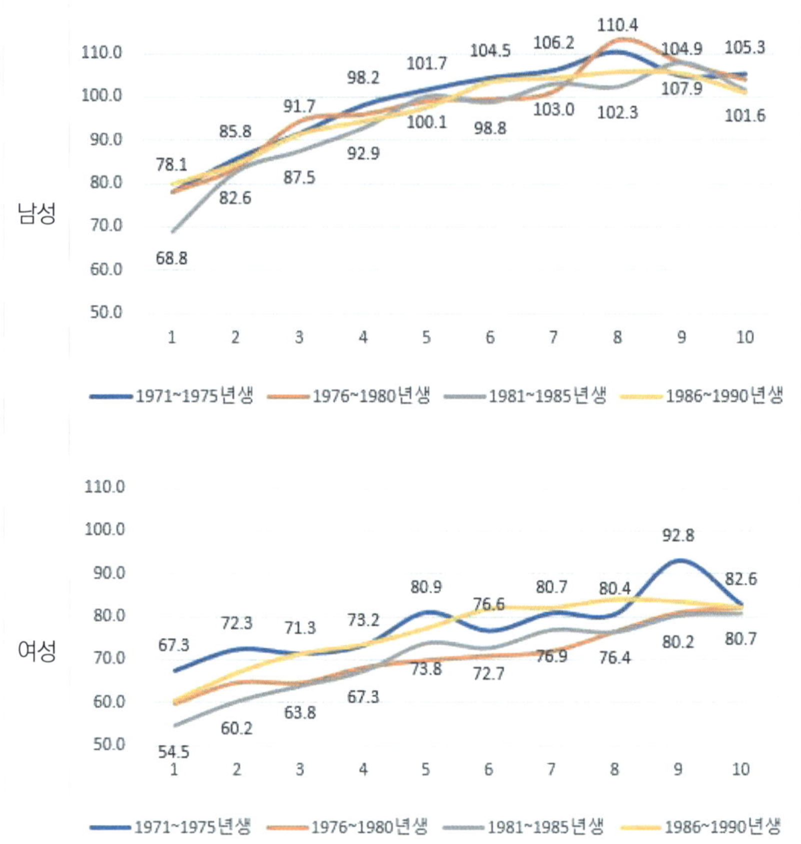

주 : 1) X축은 출생연도별 첫 일자리 진입 이후 기간으로, 1은 노동시장 진입 시점, 2는 노동시장 진입 2년 차, 10은 노동시장 진입 이후 10년 차임.
2) Y축은 당해연도 평균소득 대비 해당 대상자 소득 비중 값의 평균.
자료 : 한국노동연구원, 「한국노동패널」, 1~25차(1998~2022년 조사).

2. 생애노동 유형별 노동시장 진입 이후 소득불평등

청년기의 생애노동 유형별로 노동시장 진입 이후 소득 변화에 대해 비교하였다. 생애노동 유형은 생애노동 가능 기간 동안의 노동기간과 고용형태를 기준으로 5가지 유형(안정적 임금노동자, 불안정 임금노동자, 지속적 비임금노동자, 간헐적 임금노동자, 간헐적 비임금노동자)으로 구분된다. 그러

나 앞서 제시된 결과에 의하면, 정보화 세대였던 1980년 이후 출생자는 비임금노동자 유형의 비중이 현저히 낮았다. 따라서 분석 사례수의 한계로 인하여, 본 절에서는 사례수가 적은 비임금노동자 유형을 제외하고 안정적 임금노동자 유형, 불안정 임금노동자 유형, 간헐적 임금노동자 유형만을 비교하고자 한다.

[그림 4-13] 생애노동 유형별 출생연도별 1년 차 소득과 10년 차 소득(평균소득 대비) 추이

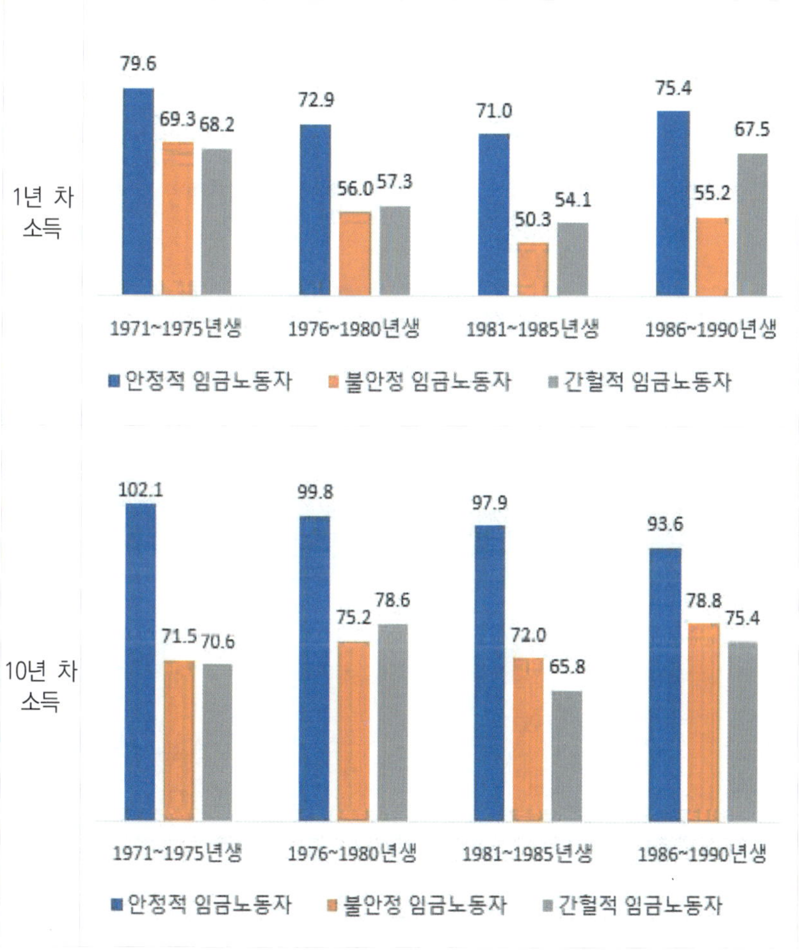

주 : 1) X축은 출생연도별 생애노동 유형.
2) Y축은 당해연도 평균소득 대비 해당 대상자 소득 비중 값의 평균.
자료 : 한국노동연구원, 「한국노동패널」, 1~25차(1998~2022년 조사).

첫 일자리 1년 차도 소득은 출생연도와 상관없이 안정적 임금노동자 유형이 가장 높았다. 10년 차 소득도 출생연도와 상관없이 안정적 임금노동자 유

[그림 4-14] 생애노동 유형별 첫 일자리 진입 이후 출생연도별 평균 소득 비중 추이

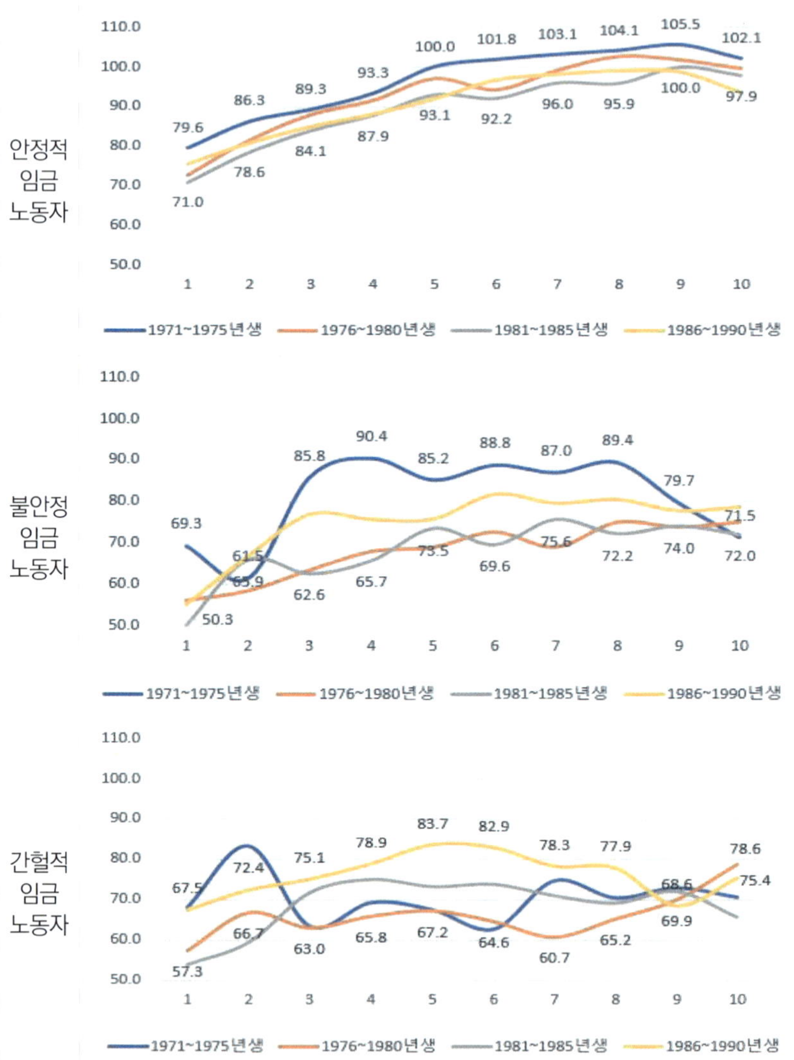

주 : 1) X축은 출생연도별 첫 일자리 진입 이후 기간으로, 1은 노동시장 진입 시점, 2는 노동시장 진입 2년 차, 10은 노동시장 진입 이후 10년 차임.
2) Y축은 당해연도 평균소득 대비 해당 대상자 소득 비중 값의 평균.

자료 : 한국노동연구원, 「한국노동패널」, 1~25차(1998~2022년 조사).

형이 가장 높았으나, 최근에 오면서 평균임금 대비 10년 차 소득 비중이 낮아지고 있다. 또한 안정적 임금노동자 유형과 불안정 임금노동자 혹은 간헐적 임금노동자 유형과의 임금 격차가 최근에 오면서 감소하고 있다. 이는 여전히 안정적 임금노동자 유형의 10년 차 임금이 가장 높지만, 하향 평준화되고 있는 것으로 추측된다.

유형별로 살펴보면, 안정적 임금노동자 유형의 소득 비중이 모든 연차에서 불안정 임금노동자 유형이나 간헐적 임금노동자 유형보다 높았다. 노동기간에 따른 소득 비중 상승 폭을 살펴보면, 안정적 임금노동자는 모든 연령대에서 비슷하게 연차에 따라 상승하는 추세를 보이지만, 불안정 임금노동자 유형과 간헐적 임금노동자 유형은 출생연도에 따른 일관적인 모습이 보이지 않았다.

안정적 임금노동자 유형과 불안정 임금노동자 유형은 1971~1975년생이 이후 출생자에 비해 상대적으로 평균소득 대비 소득 비중이 높았다.

3. 청년기 소득불평등의 요인

청년기 첫 번째 일자리 소득에 영향을 미치는 요인을 알아보기 위해 1971~1990년생이면서 35세 이전에 첫 번째 일자리에 취업한 자를 대상으로 분석하였다. 모든 출생 코호트에서 여성보다 남성이 첫 번째 일자리의 1차년도 소득이 더 높았으며, 대졸 이상의 소득이 가장 높았다. 상용 근로자의 소득이 가장 높고, 임시일용 근로자의 소득이 가장 낮았다. 아버지 학력별로는 전문대졸 이상이 가장 높고, 고졸, 중졸 순으로 높았다. 14세 당시 경제적 상태로 분류하면 '평균보다 높았다' 집단의 첫 번째 일자리 1차년도 소득이 가장 높았고, 1976~1980년생을 제외하고 모든 코호트에서 '평균 수준이었다' 집단의 소득이 '평균보다 낮았다' 집단의 소득보다 높았다.

청년기 첫 일자리 1년 차 소득에 미치는 요인을 파악하기 위해 단순회귀분석(OLS)을 시도하였다. 회귀분석 결과 1971~1980년생은 여성보다 남성이, 학력이 높을수록, 임시일용보다는 상용이, 아버지 학력이 높을수록 첫 일자리의 1년 차 소득이 더 높은 것으로 나타났다. 14세 당시 경제적 상태는 유의하지 않았다. 계수값이 가장 높은 요인은 고용형태로 임시일용에 비해

〈표 4-12〉 청년기 첫 일자리 1년 차 소득

(N=555, 단위 : 만 원)

		1971~1975년생	1976~1980년생	1981~1985년생	1986~1990년생
성별	여성	140.5	127.6	131.8	149.9
	남성	156.4	167.1	168.7	198.7
학력	고졸	139.1	113.8	114.5	136.6
	전문대졸	134.9	140.0	142.8	155.1
	대졸 이상	160.1	180.3	187.3	199.2
고용형태	임시일용	111.5	109.7	107.3	136.9
	상용	161.8	164.0	167.8	191.4
	비임금	140.8	146.8	149.5	147.8
아버지 학력	중졸	139.4	128.4	124.6	149.7
	고졸	161.1	159.6	163.9	183.1
	전문대졸 이상	175.8	199.6	200.8	192.6
14세 당시 경제적 상태	평균보다 낮았다	142.6	143.9	122.3	158.4
	평균 수준이었다	158.0	141.2	147.7	180.0
	평균보다 높았다	146.5	168.4	176.2	195.7

주 : 소득은 소비자물가지수를 반영하여 실질화 함(2020=100).
자료 : 한국노동연구원, 「한국노동패널」, 1~25차(1998~2022년 조사).

상용일 때 임금이 34% 높은 것으로 나타났다. 그다음으로는 아버지 학력이 중졸일 때에 비해 전문대졸 이상일 때 첫 일자리 1차년도 소득이 30% 높은 것으로 나타나 성별이나 본인의 학력보다 영향력이 더 큰 것으로 나타났다.

1981~1990년생의 회귀분석 결과, 여성보다 남성이, 고졸보다 대졸이상이, 임시일용보다 상용이 첫 일자리 1차년도 소득이 더 높은 것으로 나타났다. 아버지 학력과 14세 당시 경제적 상태는 유의하지 않았다. 계수가 가장 높은 요인은 고용형태로 임시일용보다 상용이 소득이 36% 더 높았다. 다음으로 고졸보다 대졸이 29.7% 소득이 더 높았다.

1970년대생과 1980년대생의 유의한 요인의 차이는 학력과 고용형태, 아버지 학력이다. 1970년대생은 고졸보다 전문대졸의 소득이 높았지만, 1980년대는 고졸과 전문대졸이 유의한 차이가 없었다. 이는 과거에 비해 대학교에 진학하는 경우가 많아진 영향으로 보이며, 단순히 최종학력 여부보다는 일반적으로 여겨지는 대학교 서열에 따른 추가 분석이 필요하다.

고용형태를 살펴보면, 모든 출생연도에서 임시일용보다 비임금노동자의 소득이 양(+)의 부호로 나타났으나, 1970년대생은 유의하였고, 1980년대생은 유의하지 않았다. 이는 과거에 비해 최근 전체 노동시장에서 자영업의 비율이 낮아 일반화하기 어려운 측면과 소규모 영세 자영업과 스타트업을 통한 고소득 자영업이 혼재되어 있기 때문이라 추측된다.

아버지 학력은 1970년대생은 유의한 영향을 미쳤으나, 1980년대생은 유의하지 않은 것으로 나타났다.

〈표 4-13〉 청년기 첫 일자리 1년 차 로그소득에 미치는 영향(OLS)

		1971~1980년생			1981~1990년생		
		계수	표준오차	t-값	계수	표준오차	t-값
성별	(기준 : 여성)						
	남성	0.263	0.060	4.4***	0.216	0.043	5.07***
학력	(기준 : 고졸)						
	전문대졸	0.175	0.086	2.03**	0.081	0.063	1.28
	대졸 이상	0.247	0.078	3.15***	0.297	0.060	4.97***
고용형태	(기준 : 임시일용)						
	상용	0.343	0.072	4.74***	0.360	0.050	7.14*
	비임금	0.291	0.172	1.69*	0.004	0.138	0.03
아버지 학력	(기준 : 중졸)						
	고졸	0.181	0.060	2.99***	0.080	0.053	1.51
	전문대졸 이상	0.308	0.100	3.07***	0.103	0.066	1.56
14세 당시 경제적 상태	(기준 : 평균보다 낮았다)						
	평균 수준이었다	0.019	0.065	0.29	0.033	0.053	0.62
	평균보다 높았다	0.057	0.091	0.62	0.057	0.082	0.7
		N=163/R^2=0.3675			N=309/R^2=0.3651		

주 : 1) 소득은 소비자물가지수를 반영하여 실질화(2020=100)하고 로그 변환.
2) * $p<0.1$, ** $p<0.05$, *** $p<0.01$.

자료 : 한국노동연구원, 「한국노동패널」, 1~25차(1998~2022년 조사).

첫 취업 이후 10차년도 소득에 대하여 살펴보았다. 여성보다 남성이, 학력이 높을수록 취업 10년 차 소득이 높게 나타났다. 최근에 올수록 고졸과 전문대졸의 소득격차는 줄어, 1985~1990년생은 고졸의 소득이 전문대졸보다 높게 나타났다. 학력에 따른 임금격차를 1971~75년생은 대졸 소득이 고졸의 2배가 넘었으나, 1985~1990년생은 1.1배에 그쳤다.

〈표 4-14〉 청년기 첫 취업 후 10년 차 소득

(N=366, 단위 : 만 원)

		1971~1975년생	1976~1980년생	1981~1985년생	1986~1990년생
성별	여성	232.0	223.8	215.0	225.7
	남성	333.4	292.4	310.2	279.2
학력	고졸	168.9	190.0	225.3	241.1
	전문대졸	239.1	250.2	274.7	238.6
	대졸 이상	351.2	331.5	319.2	268.6
고용형태	임시일용	188.2	178.5	189.3	224.6
	상용	330.8	278.8	279.3	253.1
	비임금	264.2	320.8	348.3	266.1
1차년도 소득	100만 원 이하	231.6	191.3	208.3	198.3
	100만 원 초과~200만 원 이하	307.2	253.2	271.9	252.1
	200만 원 초과	374.1	382.5	336.6	279.2
1차년도 고용형태	임시일용	231.4	209.0	239.5	226.3
	상용	324.3	289.6	288.9	256.0
	비임금	296.1	220.1	248.5	294.9
아버지 학력	중졸	290.7	253.8	255.1	243.4
	고졸	322.0	263.4	294.6	251.9
	전문대졸 이상	348.8	343.7	297.2	262.2
14세 당시 경제적 상태	평균보다 낮았다	313.6	251.0	238.2	232.9
	평균 수준이었다	319.5	270.4	281.4	248.7
	평균보다 높았다	331.5	278.5	266.0	232.0

주 : 소득은 소비자물가지수를 반영하여 실질화함(2020=100).
자료 : 한국노동연구원, 「한국노동패널」, 1~25차(1998~2022년 조사).

고용형태를 살펴보면 임시일용보다 상용이, 임시일용보다 비임금노동자의 10년 차 소득이 높았다. 임시일용과 상용, 임시일용과 비임금의 소득 격차는 최근에 오면서 감소하였다. 1971~1975년생은 취업 10년 차 상용의 소득이 비임금보다 높았지만, 1976년생 이후로는 비임금의 소득이 더 높았다.

취업 1차년도 소득이 높을수록 취업 10차년도 소득이 높았고, 출생연도에 따른 격차의 차이는 보이지 않았다. 1차년도 고용형태가 임시일용, 비임금, 상용일수록 취업 10년 차 소득이 높았다.

아버지 학력이 높을수록, 14세 당시 가정형편이 평균보다 높을수록 취업 10년 차 소득이 높았다.

청년기 취업 후 10년 차 소득에 미치는 영향 요인을 분석하기 위해 단순회귀분석(OLS)를 실시하였다. 1971~1980년생은 여성보다 남성이, 고졸에 비해 전문대졸이, 고졸에 비해 대졸 이상의 소득이 통계적으로 유의하게 높게 나타났다. 임시일용보다 상용이 취업 10년 차 소득은 더 높게 나타났다. 첫 일자리 1차년도 소득이 높을수록 취업 후 10년 차 소득이 더 높게 나타났는데 1년 차 소득이 1% 증가할수록 10년 차 소득이 37% 증가하였다. 1차년도 고용형태, 아버지 학력, 14세 당시 경제적 형편은 유의하지 않았다.

1981~1990년생은 여성보다 남성이, 고졸보다 전문대졸이, 고졸보다 대졸 이상일수록 10년 차 소득이 통계적으로 유의하게 높게 나타났다. 임시일용보다 상용이, 임시일용보다 비임금의 10년 차 소득이 높게 나타났다. 1차년도 소득이 높을수록 10년 차 소득이 통계적으로 유의하게 나타나 1차년도 소득이 1% 증가하면 10년 차 소득이 28% 증가하였다. 1차년도 고용형태, 아버지 학력, 14세 당시 경제적 형편은 1970년대생과 마찬가지로 유의하지 않았다.

〈표 4-15〉 청년기 첫 취업 후 10년 차 로그소득에 미치는 영향(OLS)

항목		1971~1980년생			1981~1990년생		
		계수	표준오차	t-값	계수	표준오차	t-값
성별	(기준 : 여성)						
	남성	0.217	0.068	3.21***	0.290	0.050	5.8***
학력	(기준 : 고졸)						
	전문대졸	0.245	0.091	2.71***	0.114	0.067	1.69*
	대졸 이상	0.429	0.083	5.15***	0.163	0.072	2.25**
고용 형태	(기준 : 임시일용)						
	상용	0.182	0.098	1.87*	0.228	0.080	2.86***
	비임금	0.161	0.122	1.32	0.429	0.104	4.14***
1차년도	소득	0.377	0.082	4.6***	0.276	0.076	3.65***
1차년도 고용 형태	(기준 : 임시일용)						
	상용	-0.051	0.084	-0.62	-0.063	0.069	-0.91
	비임금	-0.016	0.188	-0.08	-0.212	0.168	-1.27
아버지 학력	(기준 : 중졸)						
	고졸	-0.037	0.064	-0.57	-0.035	0.057	-0.61
	전문대졸 이상	0.045	0.114	0.39	-0.006	0.079	-0.08
14세 당시 경제적 상태	(기준 : 평균보다 낮았다)						
	평균 수준이었다	0.065	0.066	0.98	0.028	0.059	0.48
	평균보다 높았다	-0.112	0.100	-1.12	0.047	0.092	0.51
		N=136 / R^2=0.5255			N=165 / R^2=0.4039		

주 : 1) 소득은 소비자물가지수를 반영하여 실질화(2020=100)하고 로그 변환.
2) * p<0.1, ** p<0.05, *** p<0.01.
자료 : 한국노동연구원, 「한국노동패널」, 1~25차(1998~2022년 조사).

제7절 소 결

본 장은 세대별 생애노동 유형과 소득불평등에 대하여 분석하였다. 개인의 생애노동 유형이 세대별로 변화가 있는지 산업화 세대(1945~1962년생), 민주화 세대(1963~1980년생), 정보화 세대(1981~1995년생)를 구분하여 노동기간 총량을 살펴보았다. 또한 생애노동 가능 기간 대비 실제 노동기간으로 생애노동 유형을 구분하고 세대별로 차이가 있는지 살펴보았다. 시사점은 다음과 같다.

첫째, 생애노동 유형[35] 중 '안정적 임금노동자'는 산업화 세대 20.5%, 민주화 세대 46.2%, 정보화 세대 53.7%로 급격하게 증가하였고, 반면 '지속적 비임금노동자'는 산업화 세대 25.3%, 민주화 세대 13.8%, 정보화 세대 4.2%로 감소하였다. 이는 전체 노동시장에서 임금노동자의 비중이 증가하고, 비임금노동자의 비중이 감소하였기 때문이라 추측된다. 또한 '안정적 임금노동자'의 여성 비중은 4배 이상 증가(8.8%→22.0%→39.4%)하였는데, 이는 전체 노동시장에서 여성의 노동시장 진출 증가에 기인한 것이다.

둘째, 최종학력 졸업 이후 34세까지를 대상으로 청년기 생애노동 유형을 살펴본 결과, 생애노동 가능 기간 동안 실제 노동기간이 2/3 이상인 유형 비율이 산업화 세대(27.7%)에 비해 민주화 세대(54.0%)와 정보화 세대(66.1%)에서 높아, 최근에 오면서 노동 밀도가 높아졌음을 알 수 있다.

생애노동과 소득불평등 분석의 시사점은 다음과 같다.

첫째, 사업소득의 불평등 정도는 임금의 불평등 정도보다 월등히 높아 상

35) [유형1] 안정적 임금노동자 : 생애노동 가능 기간 중 2/3 이상 노동 & 노동기간 중 임금노동 50% 이상 & 임금노동 기간 중 상용직 75% 이상
[유형2] 불안정 임금노동자 : 생애노동 가능 기간 중 2/3 이상 노동 & 노동기간 중 임금노동 50% 이상 & 상용직 75% 미만
[유형3] 지속적 비임금노동자 : 생애노동 가능 기간 중 2/3 이상 노동 & 노동기간 중 임금노동 50% 미만
[유형4] 간헐적 임금노동자 : 실제 노동기간 2/3 미만 & 임금노동 50% 이상
[유형5] 간헐적 비임금노동자 : 실제 노동기간 2/3 미만 & 임금노동 50% 미만

위계층과 하위계층의 격차가 큰 것으로 나타났다. 2009~2022년 14년 동안 사업소득은 10분위 소득이 1분위 소득보다 평균 44배 높았고, 임금은 평균 10배가 높았다. 시간의 경과를 살펴보면, 사업소득 지니계수는 2009년 이후 2016년까지 감소하다가 최근 5년간 소폭 증가하는 추세인 반면, 임금 지니계수는 2018년 이후 감소 추세가 증가하였다. 즉 사업소득은 최근 불평등 정도가 심화되고 있으며, 임금은 최저임금 인상 효과로 불평등 정도가 낮아지고 있는 것으로 추측할 수 있다.

둘째, 생애노동 가능 기간 대비 실제 노동기간 비율과 고용형태에 따라 분류한 생애노동 유형별 노동소득(임금+사업소득) 불평등 추이를 살펴보았다. '안정적 임금노동자' 유형의 불평등 정도가 가장 낮았으며, 꾸준히 감소하는 추세이다. 반면 '간헐적 비임금노동자' 유형의 불평등 정도가 가장 높았고, '지속적 비임금노동자' 유형이 다음으로 높았다. 이는 사업소득의 불평등 정도가 높은 것과 같은 맥락에서 이해가 되며, 특히 간헐적으로 일하는 경우, 격차가 더 커질 수밖에 없을 것이다. 모든 유형에서 불평등 정도는 최근에 오면서 감소하는 추세를 보인다. 생애노동 유형별 불평등 정도는 산업화 세대, 민주화 세대, 정보화 세대에서 큰 차이 없이 비슷하였다.

셋째, 청년기 소득불평등 정도를 파악하기 위해 첫 취업 후 10년 동안의 노동소득에 대하여 세대별 평균소득 대비 당해연도 소득 비중을 살펴보았다. 민주화 세대 중 1970년 초반 출생자는 이후 출생자에 비해 평균소득 대비 소득 비중이 가장 높았으며, 첫 일자리 취득 8년 차에 비중이 100%가 넘어선 반면, 1975년 이후 출생자는 10년 동안 100%를 넘지 못했다. 즉 과거에 비해 최근 청년들은 노동시장 전체에서 차지하는 임금 비중이 첫 일자리부터 10년 동안 계속 낮으며, 시간이 지나도 기성세대의 임금인상 수준을 따라가지 못함을 알 수 있다. 이러한 현상은 남녀 차이에서 더욱 두드러져서, 남성은 모든 출생 코호트에서 5년 차에 평균임금대비 100%를 넘어서지만, 여성은 모든 코호트에서 첫 취업 후 10년 동안 한 번도 100%를 넘지 못했다.

넷째, 생애노동 유형에 따른 1년 차 임금과 10년 차 임금을 비교하였다. '안정적 임금노동자'의 1년 차 소득 비중이 모든 출생 코호트에서 동일하게 높았으며, 10년 차 소득 비중도 안정적 임금노동자가 가장 높았다. 또한 10

년 차 평균소득 대비 소득 비중은 최근에 오면서 낮아졌다. 즉 청년의 노동시장 전체에서의 임금 수준이 과거에 비해 낮다는 것을 추측할 수 있다.

다섯째, 첫 취업 후 10년 차 소득에 영향을 미치는 요인이 후기 민주화 세대(1970년대생)과 전기 정보화 세대(1980년대생)에서 차이가 있었다. 후기 민주화 세대는 고졸 대비 대졸 이상이 5.15로 가장 큰 영향 요인이었고, 1차년도 소득은 4.6으로 다음이었다. 반면 전기 정보화 세대는 여성에 비해 남성이 5.8로 가장 높고, 임시일용 대비 비임금일 경우 4.14, 1차년도 소득은 3.65 순으로 영향을 미쳤다.

제 5 장
주관적 생애노동

제1절 개 요

본 보고서는 양적 분석과 질적 분석을 함께 시도하고자 한다. 앞서 제3장 세대별 생애노동 궤적 및 제4장 세대별 생애노동 유형과 소득불평등은 모두 양적 데이터를 기반으로 개인의 생애주기와 생애노동을 결합하여 분석한 것이다. 이러한 양적 분석을 기반으로 현재 노동자의 삶을 살고 있는 사람들의 의견을 청취하여 보다 현실적인 생애노동의 모습을 파악하고자 표적집단심층면접(FGI : Focus Group Interview)을 실시하였다.

조사대상은 제3장의 생애노동 궤적 유형이 반영될 수 있도록 '일자리 유지' 유형과 '일자리 이동' 유형, '경력단절' 유형으로 구성하였다. '일자리 유지' 유형은 10년 이상 동일한 일자리를 유지한 경우로, 임금근로자 유지 집단과 자영업 유지 집단으로 나누고, 임금근로자 유지 집단은 대기업 종사자와 중소기업 종사자로 다시 구분하였다. '일자리 이동' 유형은 여러 번의 이직을 경험한 사람들로 임금근로자로 있으면서 직장을 옮긴 사람들과 임금근로자에서 자영업으로 이동한 사람이다. '경력단절' 유형은 5년 이상 실질상태 후 다른 일자리로 복귀한 사람이다.

생애노동 궤적에 따른 분류와 연령을 함께 고려하여, 면담 그룹을 구성하였다. 면담은 2024년 1월 24일, 29일, 30일 3회 진행되었고, 모든 대상자가

〈표 5-1〉 집단심층면접 조사 대상 및 그룹 구성

대분류	중분류	유형	인원
일자리 유지	대기업	1-1	2명
	중소기업	1-2	2명
	자영업	1-3	2명
일자리 이동	임금→임금	2-1	4명
	임금→비임금	2-2	1명
경력 단절	임금→임금	3-1	4명
	임금→비임금	3-2	2명

자료 : 저자 작성.

〈표 5-2〉 집단심층면접 조사 일정

그룹 유형	일시	참여 인원
일자리 유지형	1월 30일(화) 오후 7시	6명
일자리 이동형 + 경력단절형 (35~49세)	1월 29일(월) 오후 7시	5명
일자리 이동형 + 경력단절형 (50~59세)	1월 24일(수) 오후 7시	6명

자료 : 저자 작성.

현재 직장을 다니고 있는 상태여서 평일 오후 7~9시에 이루어졌다. 모든 면담은 면담자에게 사전 동의를 얻은 후 녹취를 실시하였고, 녹취 자료는 전문속기사가 전사하였다.

면담 대상자는 총 17명으로 남성이 9명, 여성이 8명이다. 연령대는 30대 1명, 40대 8명, 50대 8명으로 평균 48.7세이다. 앞서 제3장과 제4장에서 사용한 세대별 구분에 의하면, 산업화 세대(1945~1962년생)는 0명, 민주화 세대(1963~1980년생) 10명, 정보화 세대(1981~1995년생) 7명으로 구성된다.[36)]

36) 면담 대상자 선정에서 세대와 연령이 모두 포함되지 못한 아쉬움이 있다. 면담 대상자를 구성할 때 가장 중요하게 생각한 부분은 현재 일자리를 다니고 있으면서, 일자리 유지형, 일자리 이동형, 경력단절형으로 구분한 것이다. 그 이유는 이미 은퇴를 한 집단은 은퇴 시점과 은퇴 이유, 현재 가정 형편에 따라 매우 다른 개인적 특성을 가지고 있을 확률이 높기 때문이다. 따라서 산업화 세대(1945~1962년생)가 면담 대상자에서 체계적으로 배제되는 현상이 발생하였다. 예산과 시간상의 한계로 위의 3가지 유형에 속하면서 현재 일을 하지 않고 있는 그룹을 따로 산정하지 못한 것은 아쉬움으로 남는다.
이와 같은 맥락에서 면담 대상자의 일자리 경력이 최소한 10년 이상이면서 일자리 유지형, 이동형, 경력단절형의 조건에 맞는 적합한 대상자를 찾다보니 30

〈표 5-3〉 집단중심 면담 대상자 명단

이름	성별	나이(만)	현 직장				총 일자리 경력	유형
			소속사업체명 업종/직무	직원 수	직함	근속기간		
박○기	남	40	○○기공 (제조/인사)	1,000인 이상	과장	11년	11년	1-1
고○윤	여	38	○○제약 ○○홀딩스 (제조/인사)	1,000인 이상	차장	13년	13년	1-1
김○호	남	40	특허 법인 ○○○○○ (전문서비스/경영지원)	15명	팀장	10년	14년	1-2
이○석	남	44	○○부동산 (부동산회사/마케팅)	16명	부장	13년	16년	1-2
김○숙	여	58	○○○○ (도소매/이불판매)	1명	대표	13년	23년	1-3
이○시	여	52	○○○○으뜸 보습학원 (교육/원장)	4명	원장	19년	23년	1-3
조○현	남	49	크루즈 ○○○○○ (여행/상표기획)	50명	부장	2년 9개월	18년	2-1
최○명	남	46	○○○○○투어 (사업지원, 여행/가이드)	5명	대리	9개월	20년	2-1
박○원	여	42	○○회계법인 (전문서비스/회계업무)	6명	-	7년	16년	3-1
오○화	여	41	○○○ (IT/SW검증)	10명	-	5년	13년	3-1
임○라	여	43	○○○(카페/커피판매)	0명	대표	3년	12년	3-2
한○남	남	53	○○○○○ (정보통신/유지보수)	100명	팀장	2년	30년	2-1
김○미	여	58	○○○○(도시가스점검원)	23명	-	3년	20년	2-1
박○철	남	54	○○부동산(부동산/대표)	2명	대표	2년 6개월	24년	2-2
박○정	남	57	○○○○홀딩스 (교육출판업/사업본부장)	485명	본부장	18년	25년	3-1
김○선	여	58	○○○병원 (보건의료/주차정산원)	200명	-	3년	20년	3-1
김○동	남	56	○○당구 (도소매/당구용품판매)	0명	대표	10년	17년	3-2

자료 : 저자 작성.

대가 1명뿐이었다. 현재 청년의 노동이력을 살펴보는 데 있어 부족함이 있음을 밝힌다.

현재 직원 수가 500명 이상 대기업 종사자는 2명이고, 100~500명 규모는 3명, 나머지 12명은 10명 내외의 소규모 사업장에서 일하고 있었다. 현 직장 근속기간은 5년 미만 7명, 5~10년 2명, 10년 이상 8명으로 평균 8년이다. 총 일자리 경력은 10~19년 9명, 20년 이상 8명으로 평균 18.5년이다.

조사내용은 생애노동 궤적에 따른 특성을 파악하고, 세대별 차이점 및 불평등을 파악하고자 한다. 조사내용은 기본적으로 앞서 분석한 제3장과 제4장 결과를 반영하여, 세부 내용을 파악할 수 있도록 구성하였다. 제3장 생애노동의 장기 추이와 세대 간 생애노동 궤적을 반영하여 노동시장 진입기, 활동기, 은퇴기로 나누어 질문하였다. 노동시장 진입기는 첫 직장과 관련된 질

〈표 5-4〉 주요 조사내용

		내용
소개		- 현재 연령, 일한 기간(임금노동자 기간, 자영업 기간), 실업 경험 등
제3장 생애노동 궤적	노동시장 진입기	- 첫 직장 취직 시 나이 - 취업 당시 취업시장 분위기 및 취업까지 걸린 기간 - 취직 시 가장 어려웠던 점 - 첫 직장이 현재의 직장에 미친 영향
	노동시장 활동기	- 직장 이동 횟수 및 직장별 근속기간 - 직장을 옮긴 이유 - 전 직장에 대한 불만 - 이직이나 창업을 결심한 계기 - 이직 시 애로사항 - 현재 일자리에서 이직 의향 및 이유 - 이직 시 중요한 점
	노동시장 은퇴기	- 은퇴 예정 나이 - 은퇴 준비 정도 및 은퇴 후의 생활 예상 - 은퇴 이후 희망 노동 강도(생업 vs. 소일거리)
제4장 소득 불평등	불평등	- 처음 노동시장 진입 당시 또래 대비 본인의 임금수준 - 현재 임금수준 비교 - 우리나라의 소득불평등 정도 - 개천에서 용난다는 속담의 과거와 현재의 비교 - 우리나라는 일을 열심히 하면 더 잘 살 수 있는 사회인가에 대한 의견

자료 : 저자 작성.

문으로 첫 직장 연령, 취업까지 걸린 기간, 취업 당시 사회 경제적 여건 및 개인의 상황 등에 대한 질문이다. 활동기는 이직에 초점을 맞춰 이직 횟수 및 이직 사유, 이직 시 문제점 및 고려해야 할 주요 사항, 이직 전후 만족도 등이다. 은퇴기는 은퇴 예정 나이 및 은퇴 후 노동 의사 등이다.

제4장 생애노동 유형과 소득불평등을 반영하기 위해서 첫 직장 당시 또래 대비 본인의 임금수준과 현재 임금수준의 비교 및 우리나라의 소득불평등 정도, 개천에서 용이 날 수 있는지, 열심히 일하면 더 잘 살 수 있는가에 대한 의견을 청취하였다.

제2절 주요 결과

1. 노동시장 진입기

노동시장 진입기의 주요 특성은 최근에 오면서 입직 연령이 늦어지고, 정규직보다는 비정규직의 비중이 높아지고 있는 것이다. 제3장 청년기 생애노동궤적 분석에서 발견된 주요 시사점은 최근 입직 연령에 따른 혹은 학력에 따른 고용형태가 고착되고 있는 것이다. 민주화 세대(1963~1980년생)는 입직 연령에 상관없이, 즉 고졸, 전문대졸, 대졸에 상관없이, 노동시장 진입 이후 상용근로자로 이동한 반면, 정보화 세대(1981~1995년생)는 고졸은 임시일용, 전문대졸은 임시일용과 상용 사이, 대졸은 상용으로 노동시장에 진입하여, 시간이 지나도 그 간격이 줄어들지 않고 평행하는 노동시장 분절 현상이 나타났다(그림 3-10 참조). 현재 나이 30~44세 정보화 세대와 45~62세의 민주화 세대의 노동시장 진입에 대한 생각은 면담 과정에서도 확연하게 차이가 났다. 30~44세 정보화 세대의 경우 IMF(1997년)가 끝났으나 경제가 완전히 회복되지 않은 상태로 취업시장의 경향이 변화하는 시기와 맞물려 대부분 취업에 어려움을 느꼈다고 토로하였다. 반면, 50대인 민주화 세대는 IMF 이전 시기에 취업하여 고졸자와 대졸자 모두 취업이 어렵지 않았던 것으로 보인다.

"취업 분위기가 그때 당시에 되게 어렵다고들 했어요. 그러니까 자소서를 기본적으로 100개는 써야 된다고 해서 취업할 때 사실 저는 그래도 나름대로 좋은 학교 나와서 선배들도 다 그런 상황인데도 되게 취업난이 심하고 물론 좀 좋은 회사를 가려다 보니까 그랬을 수 있는데." (일자리 유지형, 고○윤, 여, 38세)

"첫 직장을 2007년도에 취업을 했었는데 그때 취업시장이 바뀌는 시기였던 것 같아요. 공채 시장이 열리기는 했는데 대학생들 입장에서 보면 기존의 교수님 추천제나 이런 것들이 거의 없어지고 전면 공시가 되면서 사트나 삼성 같은 기업 고시 이런 것들이 다 풀리면서 우왕좌왕했어요. 굉장히 그러니까 나하고 맞는 직군이 어딘지도 모르는 상태에서 시험을 쳐야 하고 그래서 반은 붙고 반은 떨어져 나가고 막 이런 시기였던 것 같고요." (일자리 유지형, 이○석, 남, 44세)

"그때 서울여상을 들어갔었는데 서울여상 간 이유는 취업을 좋은 데 하려고 그런 계획을 갖고 갔는데 98년도가 저희 2학년 때거든요. 고2 때쯤에 다들 실습을 나가고 취업을 나가요. 근데 그냥 쉽게 들어갈 수 있을 곳으로 그때는 은행에 많이 들어갔었거든요. 근데 기본적으로 그런 쪽으로는 갈 수 있을 거라고 생각을 했는데 제일 잘 가는 게 은행이었어요. 그때는 그리고 반에 40 몇 명 이렇게 있는데 취업 나간 친구가 그때 졸업할 때까지도 10명도 안 됐었어요. 반 이상은 나가야 해요. 반 이상은 나가야 하고 기본적으로 그런데 거의 못 가서 그때 대학을 간 친구들이 많이 있었어요." (경력단절형, 임○라, 여, 43세)

"당시에 두 가지 케이스가 있었는데 대부분 95년 2월에 졸업을 하는데 대기업에서는 1학기 끝나면 먼저 원서 접수해서 합격자 발표를 했어요 그 당시에 그래서 1학기에 삼성이나 취업을 미리 정해 놓고 2학기는 공부는 하지만 이미 직장이 정해진 졸업생이 절반 정도 됐고 저는 2월에 졸업하기 전에 12월 달, 졸업 전에 취직했고 겨울방학 되기 전에 취직해서 일을 다니고 사회적인 분위기가 그래서 자기 눈높이가 높지 않으면 대부분 다 취직을 한 거 같아요." (일자리 이동형, 박○철, 남, 54세)

취업 시 어려웠던 점에 대하여도 30~44세 정보화 세대는 취업 준비 시 채용 인원이 적거나 전공을 통해 지원할 수 있는 곳이 적었다는 의견이 공통적이었으며, 50대 민주화 세대의 경우에는 취업 시 대체로 어려운 점은 없었으나 취업 정보를 찾는 것이 어려웠다고 응답하였다.

> "취업을 준비하는 입장에서 자격증도 준비해야 했고 어려웠던 점은…… 저는 지방에서 올라왔기 때문에 부산에서 올라왔기 때문에 내가 살 공간 이런 것들이 조금 힘들었던. (일자리 유지형, 김○호, 남, 40세)

> "뭔가 전공을 살리는 취업을 하기가 너무 애매했어요. 너무 안 뽑았어요. 신문사나 그런 쪽도 너무 안 뽑았고 그나마 은행이 조금 뽑았던 것 같아요. (경력단절형, 박○원, 여, 42세)

> "그때는 인터넷이 없으니까 정보를 찾기가 어려워서 신문이나 그런 것을 보고 공고 올라오는 것을 보고. 그런데 정보가 많이 부족했어요. 그때는 그래서 지금은 바로바로 볼 수 있잖아요. 그런데 그때는 그게 어려웠어요. (경력단절형, 김○동, 남, 56세)

최근 들어 취업난이 더 심해지고 있다는 의견에 대하여 일부는 동의하고, 일부는 동의하지 않았다. 취업난이 더 심해지고 있다고 느껴지는 이유로는 경력자를 우선 채용하거나, 서울 소재 대학을 우선 채용하기 때문에 지방대학 졸업자의 좁아진 기회 등을 언급하였다. 반면 실제 노동시장 상황은 비슷한데 요즈음 젊은 세대가 대부분 대졸자라서 눈높이가 높아졌기 때문에 예년에 비해 취업이 힘들다고 인식한다는 의견도 제시되었다.

> "우선 여론을 통해 방송에서 보면 20대가 아예 취업할 의사도 없는 사람도 많고 어렵다고 듣고 있고 제 주변 봐도 취업이 잘 되는 거 아니면 굉장히 방황을 많이 하는 거 같아요. 저희 때는 그래도 취업할 마음은 있었는데 그 취업을 아예 안 하겠다는 사람들도 있다고 하니까 그런 거 같아요." (일자리 이동형, 최○명, 남, 46세)

> "주변을 봐도 일단 제 주변에 회사 인사팀이나 기업 경영을 하거나 이런 분들이 채용 자체를 안 하세요. 그러니까 저는 그래도 힘들어도 채용 공고는 있어서 지원은 할 수 있었는데 지금은 지원할 곳이 없어요. 안 뽑으니까. 어려우

니까요. 신규 인원을 뽑을 여력이 안 되고 그다음에 더 문제는 회사들이 기업이 신입을 안 뽑습니다. 경력자들을 뽑거든요. 근데 누구나 처음부터 경력자는 아니니까 대학을 졸업하면 신입부터 배워야 하는데 그 기회 자체가 안 주어지기 때문에 기존에 일을 하던 사람들은 더 일할 곳이 많고 신입인 애들은 더 일할 곳이 없어지지요. (일자리 이동형, 조○현, 남, 49세)

"지금이 굉장히 어려워지고 있고 주변에 대학을 졸업하는 친구들 보면 입사하는 그 비율, 합격률이 예전에 저희 때는 원하는 데를 70~80% 들어갔다고 하면 지금 대학 졸업한 애들은 20% 정도 들어갈 수 있을까. 나머지 잉여 인력들은 대학 졸업하고 나서 한 1년 사이에 첫 직장을 못 구하면 또 다음에 또 다른 또 졸업생들 나오고 또 연체가 되잖아요. 그렇게 돼서 신입을 뽑는 자기 연령대에서 탈락이 돼 버리고 나면 그 사람들에 대한 미래는 정말 어렵겠다, 지금 사회 현상이 이렇게 됐다, 현실이 그런 거 같아요." (일자리 이동형, 박○철, 남, 54세)

"우리 때 1980년대 1990년대에 취직이 잘 됐다고 하지만 그때도 사실은 녹록하지 않았어요. 물론 뭐 찾아보면 다 있다고 하지만 그렇게 쉽게 취직되진 않았어요. 근데 사람들이 그때는 뭐 잘 되고 지금은 어렵다고 하는데 그냥 이건 주관적이니까. 지금은 무슨 생각이 드냐면 그때는 대졸이 별로 없었거든요. 그런데 지금은 너도 나도 할 것 없이 대졸이 거의 대부분인데 자기들이 착각하고 있는 것 같아요. 굉장히 실력 있다고 대학만 나오면 취직이 될 거라고 착각을 하는 것 같아요. 그러니까 자기 수준에 맞는 정확하게 자기 실력을 인지하지 못하고 그냥 대학 나왔으니까 이 정도 수준은 되어야지라고 좀 약산 허영에 찬 젊은 세대들이 많다고 저는 생각을 해요." (경력단절형, 김○선, 여, 58세)

2. 노동시장 활동기

제3장 생애노동 궤적에 따르면, 노동시장 활동기에 이직을 경험한 특성이 민주화 세대와 정보화 세대에서 다른 양상을 보였다. 현재 45세 이상인 민주화 세대는 임금근로자 안에서 상용과 임시일용을 불안정하게 이동한 반

면, 45세 미만인 정보화 세대는 미취업과 취업 사이의 이동이다. 즉 최근 청년 실업률이 급증하고 있는 현실이 반영된 것이다(그림 3-9 참조).

면담 과정에서는 앞서 발견된 세대별 공통된 특징과 달리 직장을 옮긴 이유 및 이직을 결심한 계기가 세대를 넘어서 각각의 개인 특성이 반영되어 매우 다양하다. 모든 연령대에서 비자발적으로 회사가 인수 합병되거나 폐업 또는 구조조정에 의해서 어쩔 수 없다는 응답이 있었다. 출산과 육아에 의한 사유도 있었으며, 업무로 인한 스트레스나 적성에 맞지 않아서 이직하는 경우도 있었다.

> "저는 첫 회사에서 5년을 근무했는데 그때 당시에 제가 지방에서 회사에 다니고 있었거든요. 그래서 서울 쪽으로 오고 싶어서 이직했어요. 이직을 하면서 두 번째 회사는 ***에 들어갔거든요…… 한순간에 회사가 없어졌어요. 진짜 뉴스에 나오고 그랬어요. 그러면서 좀 쉬었다가 세 번째 회사는 그것도 아는 분 소개로 미국 외국계 회사에 다니다가 그 회사도 상황이 점점 안 좋아져서 제가 한 3년 정도 다니고 육아휴직을 쓰면서 회사를 그만두게 되었거든요. 그러고 나서 제가 경력단절로 쭉 있다가…… 그러다가 18년 말쯤 해서 우연히 좋은 기회가 생겨서 다시 입사하면서 지금 5년 정도 된 것 같아요, 다시 일한 지." (경력단절형, 오○화, 여, 41세)

> "우선은 마지막에 그만둔 것은 그만두고 싶진 않았지만 제가 아이를 연년생으로 낳다 보니까 본의 아니게 너무 육아휴직 쓰는 게 많이 좀 그렇더라고요. 제가 오너 입장에서 생각해도 두 번이나 육아휴직 쓰면 좀 눈치 보여서. 2012년도 10월에 낳고 그다음에 바로 또 가져서 육아휴직을 써야 하는데 너무 그게 죄송스러운 거예요. 그래서 제가 그때 그만두게 된 거거든요…… 근데 카페 하면 제 생활 더 많아지고 아이 키우면서 할 수 있을 거고 돈도 월급 버는 것처럼 벌 수 있겠다는 그런 기대감만 가지고 시작하게 됐어요." (경력단절형, 임○라, 여, 43세)

이직하였거나 이직을 고려할 때 어려웠던 점과 중요한 점에서 모두 '나이'가 언급되었다. 그 외 어려웠던 요소로는 조직에 적응하는 것과 낮은 급여, 경력자 우대 등이 있었다.

"저는 생각해 보니까 제가 경력단절이었다가 면접을 본 회사 중에서 그걸 말씀해 주셨어요. 40이 넘어가면 여자 나이 40이 넘어가면 거의 채용 안 한다는 식으로 했었거든요…… 경력으로 왔으면 경력이라고 하는 게 보통 한 달에서 3개월 안에 퍼포먼스를 내야 하잖아요. 근데 경력단절이었는데 다시 왔어요. 나이도 40대예요. 그러면 보통 가르치는 분들이 팀장급 이상이 가르치지 않잖아요. 밑에 있는 사람들이 가르치잖아요. 그러면 대리들이 보통 가르치게 될 텐데 어떻게 보면 이분들은 지금 경력단절 왔어도 대리 이상급의 직급이잖아요." (경력단절형, 오○화, 여, 41세)

"면접에서 어떤 식으로 나오냐면 질문을 하는데 이거를 해봤느냐 이런 식으로 질문이 되는 거예요. 그럼 뭐냐면 내가 여기 와서 배우면 되는데 기본적으로 해 본 사람한테 플러스 알파가 있는 거예요. 그러면 그 사람이 자격증이 있느냐 없느냐 그걸 떠나서 그것에 대해서 집중적으로 질문하고 그 사람한테 점수가 1점이라도 더 가는 거예요. 그럼 뭐냐 하면 나는 기존에 30년간 이런 업종에서 이렇게 일을 쌓아왔는데 이것도 내 나름대로의 커리어인데 이게 의미가 없다는 거예요." (경력단절형, 김○선, 여, 58세)

우리나라에서 더 나은 직장으로 전환 가능성이 있는지에 대하여, 실력이 있거나 오래 재직한다면 그만큼 인정을 받게 되므로 더 좋은 곳으로 갈 확률이 높아진다는 의견이 있었다. 반대 의견으로는 더 좋은 곳으로 갈 기회가 실제로 적거나 찾기 힘들다고 제기되었다.

"열려 있지요. 분명히. 대기업들도 모두 경력사원 모집도 따로 하니까 그런 점에서 가능하다고 생각해요." (경력단절형, 박○정, 남, 57세)

"솔직히 같은 업종에서 같은 데를 다른 데로 옮긴다, 이직을 한다, 근데 돈을 더 많이 준다, 그럴 일은 우리나라에서는 아직 없을 것 같아요. 완전 특채로 해서 그분이 상위 1% 안에 간다, 완전 인재다 그런 사람 빼고는. 이직을 해서 돈을 더 받는다, 더 좋은 데로 간다는 것은 저는 힘들다고 생각해요." (일자리 이동형, 한○남, 남, 53세)

이직 의향이 있는 응답자들의 이유는 유형에 따라 달랐다. 일자리 유지형은 창업을 하려는 경향이 있었으며 자영업자 또한 다른 업종의 자영업으로 이직할 의향이 있었다. 40대는 지금의 연령이 마지막 기회라는 생각에 더 큰 회사에서 일해보고 싶은 생각이 있다고 응답하였다. 50대는 자영업을 하는 경우 버티기가 어려워서 다시 임금근로자로 일하기를 희망했으며, 임금근로자로 일하고 있는 경우에는 더 나이 들기 전에 다양한 일자리 경험을 위해 수시로 이직하고 싶다는 의사를 밝혔다.

"휴가도 잘 없었던 것 같아요. 쉬지 않고 일했고 그나마 위안되는 게 연봉인데 그거 하나만 믿고 지금 11년을 하고 있거든요. 이제는 조금 생각이 바뀌긴 했어요. 회사를 옮기거나 그런 것보다 좀 다른 일을 해보고 싶다 자영업 쪽으로 지금 생각하는 것은 있습니다." (일자리 유지형, 박○기, 남, 40세)

"지금 자영업자들 입장에서 보면, 그냥 숨만 쉬어도 한 달에 들어가는 게 임대료랑 직원들 월급, 그다음에 전기세나 공과금 이런 것들이 있잖아요. 이 고정비용이라는 것이 무시를 못하고 어느 정도 발생이 되는데 거기에 대한 그 비용 플러스알파로 수익이 나야 되는 부분이 있는데 지금 대부분의 자영업자들은 지출이 수익보다 많다, 그리고 수익 자체가 제로인 경우도 많겠다. 그러니까 그게 한 1년, 6개월 정도 되면 어느 정도 버티거든요. 1년이 넘어가고 이렇게 되면 보증금도 다 까먹는 경우도 생기는 거고 내 사업장을 누군가가 인수를 해줘서 이렇게 체인지가 되면 좋은데 이런 것도 지금 힘들다는 거예요. 지금 같은 경제 상황이라고 한다면 다시 이 고정비용이 계속 들어가는 이런 자리보다는 남 밑에 있는 게 좀 더 나을 수도 있겠다라고 생각합니다." (일자리 이동형, 박○철, 남, 54세)

3. 노동시장 퇴장기

노동시장 퇴장기는 현재 60대 이상자인 산업화 세대에 발견할 수 있다. 제3장 산업화 세대의 생애노동 궤적에 따르면, 완전히 퇴직하는 유형은 2가지 이다. 상용을 오래 유지하면서 40년 이상 일하다가 은퇴하는 경우와, 상용과 임시일용, 비임금 등을 거치면서 노동시장 진입 후 20년 만에 퇴직하는 경우이다(그림 3-6 참조).

그러나 앞서 설명한 바와 같이, 면담 대상자를 현재 일하고 있는 사람으로 구성하였기 때문에 퇴장기의 실재 모습을 포착하는 데는 한계가 있었다. 따라서 면담 과정에서는 본인이 희망하는 은퇴 모습에 대해 질문하였다. 응답자의 대부분이 은퇴하지 않고 계속 일을 하고자 하는 욕구가 있었다. 명목적인 은퇴 이후에도 자격증을 준비하거나 임금근로자, 자영업자, 비정규직 등 다양한 방식으로 일을 계속하고자 하는 욕구가 강했다.

"60세 정도 되면 개인적으로는 1년에 한 여섯 번 정도 해외여행을 갔으면 좋겠고요. 여행을 가면서 또 일을 할 수 있는 부분이 가이드나 이런 자격증을 취득해서 가이드도 하면서. 해외여행 시 해외로 인솔을 해서 가든 아니면 외국에서 들어온 사람들을 우리나라에서 여행을 시키든 이런 가이드를 해서 제가 좋아하는 여행도 하고 돈도 벌고 그다음에 또 부동산에서 돈 벌고 이렇게 했으면 좋겠어요." (일자리 이동형, 박○철, 남, 54세)

"저는 나이 먹어서도 제가 나이에 상관없이 할 수 있는 일이 있으면 했으면 좋겠어요. 건강을 위해서라도 집에 있으면 정신적으로도 그럴 것 같아서 많고 적고를 떠나서 사회생활을 하는 것이 우선은 건강을 위해서 제일 좋은 것 같아요. 그리고 경제적으로도 그렇고 사회생활도 그렇고." (일자리 이동형, 김○미, 여, 58세)

"일을 할 수 있다면 저는 나이 들어서 노인이 돼서도 나가는 게 좋다고 생각을 해요. 나를 사람들이 써주기만 한다면 저는 계속 다닐 의향이 있어요…… 일단 경제적인 면에서도 규칙적인 수입을 발생시켜서 가장 안전하고 건강이나 이런 정신적인 면에서도 일을 안 하고 쉬는 것보다 훨씬 낫고요. 생활도 일단 균형이 잡히고요." (일자리 이동형, 조○현, 남, 49세)

"아마 저는 70까지는 일을 할 것 같아요. 70세 이후는 장담할 수가 없어요. 근데 70까지는 기력이 될 것 같아요. 그리고 제가 돈이 되게 많지 않은 이상 그래도 남편이랑 제 앞날은 저희 둘이서 준비를 해야 된다고 생각을 하니까 그냥 100을 벌든 200을 벌든 둘이 소소하게 일은 계속 하게 될 것 같아요." (경력단절형, 임○라, 여, 43세)

"저는 살아 있을 때까지 일하고 싶어요. 그리고 지금은 은퇴라는 개념이 없는 것 같아요. 왜냐하면 계약직을 하다 보니까 계약직은 은퇴라는 게 없고 그래서 제가 자격증에 좀 많이 몰두하거든요. 자격증이 있으면 그렇게 힘들게 일을 하는 게 아니라 탄력근무제 요즘 많이 하잖아요. 관리 감독 그런 식으로 하고 재택근무도 가능하고 그래서." (일자리 이동형, 한○남, 남, 53세)

"저는 은퇴할 생각을 안 해요. 최대한 일할 수 있을 때까지. 집에 가만히 있으면 요새는 퇴직하고 나서 집에 있으면 우울증 같은 거 있다고 많이 들었어요. 그리고 답답하고 그리고 사람이 뭐라도 몇 시간이라도 일을 해야지 아프지 않대요." (일자리 이동형, 김○미, 여, 58세)

"저는 80세 넘어서까지. 저는 지금 여기 다니는 직장을 솔직히 일이라고 생각을 안 해요. 왜냐하면 정신적으로 피로하지도 않고 단순하고 그렇기 때문에 일종의 보험 같은 느낌이 드는 거예요. 내 현실에 대한 보험 내가 만약에 투자를 하더라도 실패를 하더라도 그냥 꾸준히 소소하게 들어오는 수입으로 먹고 살 수는 있겠다. 그리고 또 남편이 퇴직해서 연금도 있으니까 그러다 보니까 내가 이 직장에 얽매이겠다는 생각도 안 들고 만약에 그만두더라도 가볍게 또 딴 데로 가서 하지 하면서 계속 공부는 하지요. 죽는 날까지 계속 뭔가를 해야 된다고 생각을 해요." (경력단절형, 김○선, 여, 58세)

"계속. 저는 당구 쪽 일이니까 시력이 아예 나빠지지 않는 이상은 나이 상관없이 할 수 있거든요. 저도 쉬어 봤는데 쉬면 마땅히 할 게 없어요. 심심해서 계속 일을 하는 게 나아요. 일단은 제가 좋아하는 걸 하잖아요. 그러니까 활력이 생기고 밥맛도 좋아지고 그렇지요." (경력단절형, 김○동, 남, 56세)

은퇴 준비 정도에 대해서는 육아를 하는 응답자의 경우 그 정도가 낮다고 응답하였다. 50대의 경우에는 대부분 보통 이상으로 준비가 되었다고 응답하였는데, 그 이유는 현재 경제적인 어려움이 없거나 연금 등이 준비되어 있기 때문이었다. 그러나 자녀가 결혼할 때 지원하는 것을 생각하면 은퇴자금이 줄어들 수밖에 없음을 언급하였다.

"애 키우면서 준비가 안 됐겠지요. 대출금 갚는 게 저희의 은퇴 준비다, 집 대출금이 적금이다 생각하고 저는 30년 장기 적금을 들고 있기 때문에 그것 밖에 없는 거지요." (일자리 유지형, 김○호, 40세)

"애들 교육비에 너무 많이 써서 그러니까 한 보통…… 얼마전 조사 보니까 한 달에 얼마가 필요하냐고 할 때 다들 300에서 500정도 필요하다고 해요. 그렇게 계산해 보면 한 달에 500이라고 했을 때 1년이면 6천이잖아요. 그럼 앞으로 10년이면 6억이잖아요. 그렇게 치면 만만치 않은 거지요." (일자리 유지형, 이○지, 여, 52세)

"제가 만약 60세에 은퇴를 하고 그때까지 모은 돈을 가지고 20년 이상을 버틸 수 있을까 이걸 산술적으로 계산해 봤을 때 결론적으로는 아직까지 모자란 것 같다, 그리고 자녀들도 대학을 졸업하고 직장생활을 하면서 자녀들 결혼이나 이런 것들을 또 대비하다 보면 그런 부분을 주고 나면 과연 나한테 남아 있는 현실적인 자금이 얼마나 될 것인가 이런저런 것까지 다 계산을 한다고 하면 아직까지 제가 많이 부족한 것 같다, 그래서 은퇴하기 전까지 최대한 모으고 이렇게 해서 노후대비를 해야 되겠다 이런 생각을 가지고 있습니다." (일자리 이동형, 박○철, 남, 54세)

4. 불평등

제4장 세대 간 생애노동 유형과 소득불평등에서는 취업 1년 차 임금과 취업 10년 차 임금을 비교한 결과, 1970년대 초반 출생자는 취업 8년 차에 시장 평균임금보다 높아졌지만, 그 이후 출생자는 모두 10년이 지나도 시장 평균 임금에 도달하지 못했나. 즉 최근에 오면서 근속기간이 길어져도 기성세대 임금인상을 따라가지 못하는 현실이 포착되었다(그림 4-10 참조).

면담 과정에서는 이러한 세대 간의 불평등에 대해서는 특별한 인식이 발견되지 않았다. 다만 우리나라에 소득불평등이 어느 정도라고 생각하는가에 대하여 심각하다는 인식과 이 정도의 소득불평등은 당연하다는 의견이 공존하였다. 불평등하다는 의견을 제시한 이유로는 대기업의 초봉 수준이을 언급하였다. 특이한 점은 같은 직장 내에서 열심히 일하는 사람과 열심히 일하지 않는 사람에 대하여 임금 차이가 나지 않거나, 회사 임원진은 노동강도에 비하여 임금이 과도하게 높다는 것을 불평등하다고 인식하고 있는 것이다. 불평등이 심하지 않다고 응답한 사람들은 개인 능력과 노력의 차이에 기인한 임금 차이는 당연한 결과라고 생각하고 있었다.

"일단 기업체 대입 초입 연봉부터가 차이가 많이 나는 케이스가 많지요. 거기서부터 시작되는 소득 격차가 앞서 말씀드렸지만 경력직 이전이나 이직을 하면서 줄어들 수 있지만 기본적으로 차이 나는 것들은 시간이 지날수록 더 차이가 나거든요." (일자리 유지형, 이○석, 남, 44세)

"전문직 자격이 있고 없고의 차이가 그런 건 분명히 있다고 생각하는데 그런 격차에 대한 차이가 가장 피부로 와닿는 부분이 지방이거든요. 조선소 쪽에 예를 들면 일단은 첫 번째 대기업들이 고용 세습에 대한 현장 근로자들의 세습들이 있어요. 얼마 전에 기아자동차 지금 현대자동차 노조가 얘기했듯이 자녀들의 현장 근로자의 채용이 세습된다는 문제가 있어요. 이게 타이어를 조립하는 똑같은 일을 하는데 대기업 소속이냐 아니면 비정규직이냐 그 하청업체 소속이냐에 따라서 너무 달라지고." (일자리 유지형, 김○호, 남, 40세)

"평등하다고 볼 수는 없는 구조고 그렇다고 아주 그건 아니고 그 사이 정도 되는 것 같아요. 물론 더 많이 공부하고 더 많은 능력을 발휘하거나 더 고난도의 기술 가진 사람이 많이 버는 건 맞아요. 그건 좋게 생각하는데 그게 그렇지 못한 사람과의 차이가 너무 많이 나서 어느 정도 나는 건 저도 이해를 하는데 그게 너무 심하니까." (일자리 이동형, 조○현, 남, 49세)

"저는 직업군에 따라서 이 소득의 차이가 크게 난다고 생각하는데 물론 많이 배우고 많이 투자하신 분들이 많이 받는 건 당연한데 제 눈에도 그렇지 않은 제 또래들이나 이렇게 봤을 때 쟤는 되게 많이 놀고 쉬고 그런데 월급은 저보다 2배 받고 저는 맨날 야근하고 그런데 저는 그것의 반도 못 받고 이런 괴리감이 느껴졌을 때 저 회사를 들어갔어야 하나 저 직종을 했었어야 하나 이런 생각을 되게 많이 했었어요." (경력단절형, 임○라, 여, 43세)

"저는 사실 연령대가 되신 분들은 그 기관에서 많이 일을 안 하시는 것 같거든요. 학교도 그렇고 기업도 그렇고 지시만 하고 맨날 골프 치러 다니시고 파트너들 맨날 그러시는데 일은 다 저희가 하는데, 솔직히 우리가 일하는 것 때문에 월급을 받는다고 생각해요." (경력단절형, 박○원, 여, 42세)

"정확하게 공개된 건 아니지만 가정마다 진짜 소득차이가 엄청 심한 것으로 알고 있어요. 그런 차이는 일단 회사가 대기업이냐 자기가 전문직을 하느냐 그 경력이 얼마 정도 되느냐. 또 투자 있잖아요. 부동산이라든지 또 건물 투자에 따라서 소득이 극과 극이더라고요. 천차만별이에요." (일자리 이동형, 김○미, 여, 58세)

"이걸 불평등이라고 한 것은 어떤 기득권자에 대해서 불만 있는 사람들이 표현을 한 거라고 생각을 해요. 그러면 그 기득권자들은 저절로 된 게 아니거든요. 자기만의 역량이 있고 그동안 쌓아온 커리어가 있고 투자한 게 있고 자기 자신을 일종의 상품화한 거거든요." (경력단절형, 김○선, 여, 58세)

"100% 불법 소득이나 그거 아닌 이상 불평등은 아니라고 봐요. 왜냐하면 능력의 차이지 불법적으로 탈세를 하거나 그래서 돈을 뭐 이렇게 많이 부를 축적하는 거 아닌 이상은 능력이라고 봐요." (일자리 이동형, 한○남, 남, 53세)

어려운 환경에서 성공할 수 있는지에 대하여 모든 연령대에서 '개천에서 용 난다'라는 속담이 이제는 더 이상 실현되기 어렵다고 의견을 낸 경우가 대부분이었다. 좋은 환경이 뒷받침되어야 성공할 기회가 커진다고 응답하였다. 그럼에도 '용'의 의미를 좋은 학벌이나 좋은 직장이 아니라 '유튜버'가 용이 될 수 있다는 소수 의견도 제시되었다.

"물론 서울대학교를 가고 이런 걸 해서 성공할 수도 있겠지만 자기가 진짜 무엇을 원하는지를 알고 고등학교를 가고 대학을 안 가더라도 그 일을 하면 성공할 수 있다라고 보는데 지금 제가 보기에는 개천에서는 그 기회를 접할 수 없을 것 같아요." (일자리 유지형, 이○석, 남, 44세)

"공부를 잘해도 문제라니까요. 왜냐하면 제 주위에 지금 같은 중학교 1학년 들어가는데 그 친구는 과학고나 외고를 준비하고 있거든요. 걔는 한 달에 300만 원씩 쓰고 있어요…… 근데 그걸 쓰려면 결국에는 부모가 돈이 있어야 되는 거잖아요. 공부 잘해서 걱정이에요." (경력단절형, 오○화, 여, 41세)

"지금 서울대가 용이라고 생각하시는데 제 주변에서는 유튜브로 용이 됐습니다. 그런 방법도 있지요. 아까 인플루언서도 말씀하셨는데 방향은 그렇게 생각해 보면 또 방법은 있어요." (일자리 유지형, 박○기, 남, 40세)

제3절 소 결

본 장에서는 제3장과 제4장의 양적 분석을 보완하기 위해 질적 분석을 시도하였다. 앞서 제3장 세대별 생애노동 궤적 및 제4장 세대별 생애노동 유형과 소득불평등은 모두 양적 데이터를 기반으로 개인의 생애주기와 생애노동을 결합하여 분석한 것이다. 이러한 양적 분석을 기반으로 현재 노동자의 삶을 살고 있는 사람들의 의견을 청취하여 보다 현실적인 생애노동의 모습을 파악하고자 표적집단심층면접(FGI : Focus Group Interview)을 실시하였다.

면접 내상은 제3장의 생애노동 궤적 유형이 반영될 수 있도록 '일자리 유지' 유형과 '일자리 이동' 유형, '경력단절' 유형으로 구분하였고, 면담은 총 17명을 대상으로 2024년 1월 24일, 29일, 30일 3일에 걸쳐 진행하였다.

조사내용은 제3장의 생애노동 궤적을 반영하기 위하여 노동시장 진입기, 활동기, 은퇴기로 구분하고, 제4장 소득불평등을 반영하기 위하여 개인이 느끼는 불평등에 관한 질문으로 구성하였다.

표적집단심층면접(FGI)의 시사점은 다음과 같다.

첫째, 첫 일자리를 갖는 것은 과거에 비해 현재가 더욱 어려워진 것으로 인식되었다. 50대는 IMF 이전에 취업을 하여 고졸자와 대졸자 모두 취업이 어렵지 않았다. 반면 정보화 세대인 30~44세는 IMF 이후 경제가 완전히 회복되지 못한 상태로 대부분 취업이 어려웠다고 언급하였다.

둘째, 이직을 한 이유는 세대별 공통된 특징이 발견되지 않았고, 개인이 처한 환경에 따라 다양하게 응답되었다. 모든 세대와 모든 일자리 유형에서 적성에 맞지 않거나, 출산 및 육아, 회사 사정이 어려워진 경우 등의 의견이 제시되었다. 이직 시 고려해야 할 점으로는 모두 '나이'를 언급하여, 일정한 나이 이후 이전 직장과 비슷한 수준의 직장으로 이직하는 것은 매우 어려운 일로 여겨진다.

셋째, 모든 연령대에서 은퇴하지 않고 계속 일하고자 하는 욕구가 있었다. 40대는 대출금을 갚는 것이 은퇴준비라고 할 만큼 은퇴준비가 되어 있지 않다고 응답하였으며, 상대적으로 50대는 은퇴준비에 대한 구체적인 계획을 가지고 있는 것으로 언급하였다.

넷째, 첫 일자리 임금수준 대비 현재 임금수준을 비교했을 때, 일자리 유지형은 첫 일자리에서 또래보다 임금이 낮았더라도, 현재는 또래 집단보다 높게 받는다는 응답이 많았다. 반면 일자리 이동형과 경력단절형은 시작할 때는 비슷하였는데, 현재는 또래보다 낮다는 응답이 대부분이었다. 특히 50대에 재취업을 한 경우는 최저임금 수준의 일자리를 얻는 것이 일반적이라는 의견이 많았다.

다섯째, 우리나라 소득불평등 정도에 대하여, 대부분 불평등하다는 의견이 많았다. 반면 50대에서는 다른 연령대에 비해 불평등이 심하지 않다는 응답이 상대적으로 많았는데, 불평등이 개인의 능력 차이에서 발생하기 때문이라는 의견이 제시되었다.

제6장 결 론

제1절 요 약

보고서 각 장의 분석 결과들을 중심으로 요약하면 다음과 같다.

제2장은 한국의 세대를 구분하기 위한 이론적 검토이다. 세대상황, 세대결속, 세대단위 같은 주요 개념을 가다듬으면서 세대에 관한 사회과학적 접근에 기초를 닦은 만하임의 세대론과 이질적 요소의 병존을 비동시성의 동시성으로 포착한 블로흐의 논의는 세대에 접근하는 이론적 자원을 공급했다. 개인들과 역사적 · 사회경제적 맥락의 관계에 주목하는 생애과정론 역시 세대 연구에 활용할 수 있다. 특히 생애과정체계 개념은 나라에 따라 상이한 생애과정의 속성이 있다는 점을 강조함으로써 국가별 생애과정의 유사성과 차별성을 조명하는 데 도움이 된다.

일하는 삶과 관련된 규칙, 제도, 규범, 관행 등에 주목하는 노동생애과정체계는 일생에 걸친 노동의 궤적과 유형을 드러낼 수 있는 유용한 개념이다. 노동생애과정 체계는 나라별로 독특한 특징을 보이겠지만 역사적 변동에 따라 한 나라 안에서도 세대별로 다른 모습을 취한다. 노동생애과정의 특징에 따라 세대 내 소득불평등과 세대 간 소득불평등은 역사적으로 상이한 형태를 드러낸다.

만하임의 세대상황을 세대경험으로, 세대결속을 세대표준으로, 세대단위를 세대분화로 번안하면 한국의 세대를 입체적으로 조망할 수 있다. 한국의 세대는 10대 후반부터 30대 초반 시기에 직면한 세대경험을 기준으로 건국 세대(1930~1944년생), 산업화 세대(1945~1962년생), 민주화 세대(1963~1980년생), 정보화 세대(1981~1995년생)로 구분할 수 있다.

건국 세대는 질풍노도의 시기에 해방, 정부수립, 분단, 전쟁을 겪으며 대한민국이라는 나라를 어떻게 만들어 갈 것이냐라는 시대적 과제를 안고 있었다. 전통사회에서 근대사회로 나아가는 길목에서 농지개혁을 경험하는 한편, 산업화의 초기단계를 공유했다.

산업화 세대는 청년기를 정치적 억압과 경제성장이 결합된 체제에서 살았다. 군사쿠데타에 이은 독재체제의 수립, 유신 같은 사건이 이들이 청년기에 공유한 정치적 세대경험이었다. 사회경제적으로는 산업화, 도시화를 포함해서 한국자본주의가 급행열차를 탄 시기로, 한편으로는 고도성장의 세례를 받기도 했지만 다른 한편으로 "조국 근대화의 기수"로 호칭된 이들은 중노동으로 그늘이 짙게 드리워진 세대였다.

민주화 세대는 한국에서 민주주의를 정착시키는 데 커다란 공적을 세웠지만 이제는 기득권 수호세력으로 도마 위에 올랐다. 이들은 민주화 투쟁이 이어 1987~1988년의 노동자 대투쟁을 현장에서 경험하고 조금씩이나마 생활이 나아지고 있었다. 특히 1986~1989년에 걸쳐 한국경제가 유례없이 잘 나가는 "3저 호황"을 누렸다. 그러나 이들은 10년 후 불어 닥친 IMF 외환위기를 한참 일하고 있을 시기에 경험하였다.

정보화 세대가 앞선 세대와 뚜렷하게 구별되는 지점은 구심점이 희미하다는 점이다. 나라 만들기, 산업화, 민주화 같이 세대를 아우르면서 세대를 상징하는 깃발은 그다지 뚜렷하지는 않지만 인터넷의 보편화를 필두로 인공지능에 이르기까지 정보통신기술이 삶에 깊숙이 침투한 시기에 살고 있다. 본 보고서는 자료의 한계로 건국 세대는 분석에 포함하지 못하였다.

취업자 수와 산업별·종사상지위별 구성, 임금, 노동시간 등은 각 세대에 통용되는 노동생애의 틀을 형성했다. 아울러 각 세대의 노동생애는 입직시기, 일자리(고용관행, 안정성, 고용형태), 노동시간, 임금제도, 은퇴연령 등 상이한 제도 속에서 이루어졌다. 세대별 노동생애에는 지배적인 양태가 있다는 의미에서 전형(典型), 즉 표준적 노동생애가 성립됨으로써 각 세대의 노동생애에는 일정한 동질성이 있다고 볼 수 있다.

각 세대의 노동생애에 지배적인 양태가 있더라도 모든 세대 구성원이 비슷한 노동생애를 경험하지는 않는다. 동시대를 공유하면서 세대경험이 같은 사람들 사이에도 노동생애제도 중에서 주로 직면하는 생애노동제도가 달라 생애노동에 이질성이 존재한다. 생애노동의 동질성과 이질성은 실증적으로 규명해야 할 과제다.

제3장에서는 노동시장 진입기와 활동기 동안의 세대별 특성 차이를 일차적으로 살펴보았다. 이후 세대별 생애노동 궤적의 유형을 나누고, 각각의 유형 특성과 세대별 차이를 파악하였다. 그러나 2022년 현재 1945~62년생인 산업화 세대는 61~78세이고, 1963~80년생인 민주화 세대는 43~60세, 1981~2000년생인 정보화 세대는 23~42세이다. [그림 2-11]에서 언급한 바와 같이 산업화 세대는 일부 노년을 포함하여, 청년, 중년, 장년이 모두 포함된 생애노동 궤적을 그릴 수 있다. 반면 민주화 세대는 일부 장년을 포함하여 청년, 중년의 생애노동 궤적이 가능하다. 마지막으로 정보화 세대는 청년과 일부 중년을 대상으로 할 수밖에 없다. 따라서 궤적은 각 세대 내에서의 이질성을 파악하는 데 중점을 맞추었다. 세대 간 생애노동 궤적 비교를 위하여 동일한 연령대 분석을 실시하였다. 산업화 세대의 청년, 민주화 세대의 청년, 정보화 세대의 청년의 청년기 노동 궤적을 직접적으로 비교하였다.

생애노동 장기 추이 분석의 시사점은 다음과 같다.

첫째, 첫 일자리 취득 연령은 최근에 오면서 점점 높아지고, 최종학력 졸업 이후 첫 일자리 취득 소요 기간도 길어지고 있다. 이는 과거에 비해서 대학 진학률이 높아지면서 자연스럽게 노동시장 진입이 늦어졌기 때문이다. 또한 첫 일자리 취득 소요 기간이 길어지는 것은 최근 노동시장의 양극화로 처음부터 안정적인 일자리로 진입하려고 하기 때문이다. 직종은 세대별로 직업군별 큰 차이가 없었다면, 사무직 종사자가 민주화 세대 이후 압도적으로 많아졌다.

둘째, 최근에 오면서 청년기(19~34세) 노동기간은 줄어들고, 장년기(50~64세) 노동기간 소폭 증가하였다. 이는 학력 상승으로 인한 취업 연령 증가로 청년기 노동기간은 줄고, 은퇴 이후 계속 일하는 중고령자가 많아지고 있는 사회현상을 그대로 반영하고 있다. 그러나 최종학력 졸업 이후 34세까지의 기간으로 산정하여, 노동 가능 기간 대비 실제 노동기간 비중을 살펴보면, 청년기의 노동 밀도가 최근에 오면서 오히려 높아진 것으로 나타났다. 즉 청년기의 실제 노동기간은 최종학력 증가로 인해 감소하였지만, 졸업 후 34세까지 기간 동안의 노동 비중은 더 높은 것을 알 수 있다.

셋째, 이직 횟수는 과거에 비해 증가하고 있으며, 첫 번째 일자리보다 두 번째 일자리의 근속기간이 길어지고 있다. 이는 평생직장의 개념은 옅어지고, 첫 번째 일자리가 두 번째 일자리로 가기 위한 가교 역할을 하고 있기 때문인 것으로 보인다.

생애노동 궤적분석을 위하여 집단기반 궤적분석(Group-Based Trajectory Analysis)을 이용하여 입체적인 궤적을 도출하였다. 산업화 세대(1945~1962년생), 민주화 세대(1963~1980년생), 정보화 세대(1981~1995년생)를 나누어 각각 생애노동 궤적을 유형화하고, 세대별 비교를 통해 생애노동 궤적의 변화를 파악하고자 한다. 고용형태는 미취업, 비임금근로자, 임시일용 근로자, 상용근로자로 구분하였다.

생애노동 궤적은 세대별로 동질성과 이질성이 동시에 존재한다. 궤적은 노동시장에서 고용형태가 안정하게 유지되었는지, 시간의 흐름에 따라 이동하였는지, 노동시장을 퇴장하는지, 혹은 재진입하였는지로 구분된다. 고용형태가 유지된 유형은 '상용 유지', '임시일용 유지', '비임금 유지' 유형이다. '비임금 유지' 유형의 경우 정보화 세대에는 관측되지 않았다. 고용형태 이동 유형은 '비임금에서 임금', '임금에서 비임금', 혹은 비임금과 임금을 반복하는 '불안정 이동' 유형이다. '불안정 이동' 유형은 산업화 세대에는 발견되지 않았다. 퇴장 유형[37]은 '상용 후 은퇴', '상용 후 퇴장', '중도 퇴장', '중도 퇴장 후 재진입', '경력단절 후 재진입'이다.

세대별 생애노동 궤적 분석을 통해 얻은 시사점은 다음과 같다.

첫째, '불안정 이동' 유형은 산업화 세대에서는 발견되지 않았고, 민주화

---

37) 퇴장 유형은 첫 취업 후 총노동기간과 미취업기간에 따라 구분된다. 상용 후 은퇴는 노동시장 진입 40년 후 미취업 상태가 보고된 반면, 상용 후 퇴장은 25년 만에 미취업 상태가 발견된 경우, 중도 퇴장은 10년 후 미취업 상태가 보고되고 이후 계속 유지된 경우이다. 중도퇴장 후 재진입은 20년 정도의 미취업 기간 후 재취업한 경우이고, 경력단절 후 재진입은 10년 미만의 미취업 기간 후 다시 노동시장에 진입한 경우이다.

세대와 정보화 세대에서 발견되었다. 민주화는 임시일용과 상용 사이의 불안정 이동이라면, 정보화는 미취업과 취업 사이의 이동이다. 즉 정보화 세대에는 실업과 취업이 반복적으로 일어나고 있음을 추측할 수 있다. 이는 최근 평생직장의 개념은 없어지고, 청년 실업률이 급증하는 현실을 반영하고 있다.

둘째, '상용 유지' 유형의 여성 비중이 증가하고 있다. 산업화 세대 30.4%, 민주화 세대 33.7%, 정보화 세대 41.0%로 나타났다. 안정적이고 상대적으로 좋은 일자리에서는 주로 남성들이, 불안정하고 상대적으로 임금이 낮은 일자리에서는 주로 여성들이 일하고 있었던 노동시장의 성별 격차가 완전히 해소되지는 않았지만, 줄어들고 있는 것으로 보인다.

셋째, '비임금 유지' 유형이 정보화 세대에서는 없어졌다. 이는 우리나라 노동시장 전반의 성격을 반영한 것으로, 최근에 오면서 비임금 노동자의 비중이 줄어들었기 때문이라고 추측된다.

앞서 도출된 생애노동 궤적은 자료의 한계상 세대별 분석 기간이 달라 산업화 세대는 노동시장 진입 이후 40년, 민주화 세대는 30년, 정보화 세대는 20년을 대상으로 분석한 것이다. 분석 기간이 다르기 때문에 발생할 수 있는 문제점을 극복하기 위해 모든 세대에서 19~34세에 이르는 기간을 대상으로 청년기 노동 궤적을 분석하였다. 청년기는 최종학력 상태에 따라 노동시장 진입 시점이 다를 것이기 때문에 고용형태에 학생을 포함하여, 학생, 미취업, 비임금, 임시일용, 상용으로 구분하였다.

청년기 노동 궤적은 노동시장 진입 후 동일한 고용형태가 유지되는 '안정' 유형, 고용형태가 이동하는 '이동' 유형, 학생이나 미취업이 유지되는 노동시장 '미진입' 유형으로 구분되었다. 안정 유형은 노동시장 진입 시점에 따라 구분되는데, '20세 진입', '25세 이전 진입', '25세 이후 진입'으로 구분되었다.

세대별 청년기 노동 궤적 분석은 다음과 같은 시사점이 있다.

첫째, 최종학력이 대졸인 것으로 추측할 수 있는 '25세 이후 진입' 유형은 산업화 세대, 민주화 세대, 정보화 세대 구분 없이 모든 세대에서 첫 일자리에 획득한 상용을 유지하였다. 그러나 최종학력이 고졸이 다수인 노동시장 '20세 진입' 유형들은 세대별로 진입 후 양태가 다르다. 산업화 세대와 민주화 세대는 20세 노동시장 진입 후 상용을 계속 유지한 반면, 정보화 세대는

20세에 임시일용으로 첫 일자리를 획득한 이후 계속 임시일용을 유지하였다. 즉 정보화 세대에는 학력에 따라 고용형태가 상용과 임시일용으로 단절되었다면, 산업화 세대와 민주화 세대는 학력에 구분 없이 상용으로 노동시장에 진입하여 청년기 동안 상용을 유지하는 것을 알 수 있다.

둘째, 청년기 노동 궤적의 성별 특성을 보면, '25세 이후 진입' 후 상용은 모든 세대에서 남성이 80% 이상으로 압도적으로 많다. '25세 이전 진입' 후 상용의 남성 비율이 민주화 세대 68.3%, 정보화 세대 42.9%로 오히려 역전되었다. 이는 여성의 대학 진학률이 높아진 것에 기인한 것으로 보인다.

세대별로 청년기 노동 궤적 유형에 속할 결정요인을 알아보기 위해 다항로짓 분석을 실시하고 한계효과를 계산하였다. 남성일수록, 학력이 높을수록 노동시장 진입 후 상용을 유지하는 유형에 속할 확률이 모든 세대에서 높았다. 그러나 아버지 학력과 14세 당시 경제적 형편은 세대별로 유형별로 유의한 정도가 일관성을 보이지는 않았다.

제4장은 세대별 생애노동 유형과 소득불평등에 대하여 분석하였다. 개인의 생애노동 유형이 세대별로 변화가 있는지 산업화 세대(1945~1962년생), 민주화 세대(1963~1980년생), 정보화 세대(1981~1995년생)로 구분하여 노동기간 총량을 살펴보았다. 또한 생애노동 가능 기간 대비 실제 노동기간으로 생애노동 유형을 구분하고 세대별로 차이가 있는지 살펴보았다. 시사점은 다음과 같다.

첫째, 생애노동 유형[38] 중 '안정적 임금노동자'는 산업화 세대 20.5%, 민주화 세대 46.2%, 정보화 세대 53.7%로 급격하게 증가하였고, 반면 '지속적 비임금노동자'는 산업화 세대 25.3%, 민주화 세대 13.8%, 정보화 세대 4.2%로 감소하였다. 이는 전체 노동시장에서 임금노동자의 비중이 증가하고, 비임금노동자의 비중이 감소하였기 때문이라 추측된다. 또한 '안정적 임금노

38) [유형1] 안정적 임금노동자 : 생애노동 가능 기간 중 2/3 이상 노동 & 노동기간 중 임금노동 50% 이상 & 임금노동 기간 중 상용직 75% 이상
[유형2] 불안정 임금노동자 : 생애노동 가능 기간 중 2/3 이상 노동 & 노동기간 중 임금노동 50% 이상 & 상용직 75% 미만
[유형3] 지속적 비임금노동자 : 생애노동 가능 기간 중 2/3 이상 노동 & 노동기간 중 임금노동 50% 미만
[유형4] 간헐적 임금노동자 : 실제 노동기간 2/3 미만 & 임금노동 50% 이상
[유형5] 간헐적 비임금노동자 : 실제 노동기간 2/3 미만 & 임금노동 50% 미만

동자'의 여성 비중은 4배 이상 증가(8.8%→22.0%→39.4%)하였는데, 이는 전체 노동시장에서 여성의 노동시장 진출 증가에 기인한 것이다.

둘째, 최종학력 졸업 이후 34세까지를 대상으로 청년기 생애노동 유형을 살펴본 결과, 생애노동 가능 기간 동안 실제 노동기간이 2/3 이상인 유형 비율이 산업화 세대(27.7%)에 비해 민주화 세대(54.0%)와 정보화 세대(66.1%)에서 높아, 최근에 오면서 노동 밀도가 높아졌음을 알 수 있다.

생애노동과 소득불평등 분석의 시사점은 다음과 같다.

첫째, 사업소득의 불평등 정도는 임금의 불평등 정도보다 월등히 높아 상위계층과 하위계층의 격차가 큰 것으로 나타났다. 2009~2022년 14년 동안 사업소득은 10분위 소득이 1분위 소득보다 평균 44배 높았고, 임금은 평균 10배가 높았다. 시간의 경과를 살펴보면, 사업소득 지니계수는 2009년 이후 2016년까지 감소하다가 최근 5년간 소폭 증가하는 추세인 반면, 임금 지니계수는 2018년 이후 감소 추세가 증가하였다. 즉 사업소득은 최근 불평등 정도가 심화되고 있으며, 임금은 최저임금 인상 효과로 불평등 정도가 낮아지고 있는 것으로 추측할 수 있다.

둘째, 생애노동 가능 기간 대비 실제 노동기간 비율과 고용형태에 따라 분류한 생애노동 유형별 노동소득(임금+사업소득) 불평등 추이를 살펴보았다. '안정적 임금 노동자' 유형의 불평등 정도가 가장 낮았으며, 꾸준히 감소하는 추세이다. 반면 '간헐적 비임금 노동자' 유형의 불평등 정도가 가장 높았고, '지속적 비임금 노동자' 유형이 다음으로 높았다. 이는 사업소득의 불평등 정도가 높은 것과 같은 맥락에서 이해가 되며, 특히 간헐적으로 일하는 경우, 격차가 더 커질 수밖에 없을 것이다. 모든 유형에서 불평등 정도는 최근에 오면서 감소하는 추세를 보인다. 생애노동 유형별 불평등 정도는 산업화 세대, 민주화 세대, 정보화 세대에서 큰 차이 없이 비슷하였다.

셋째, 청년기 소득불평등 정도를 파악하기 위해 첫 취업 후 10년 동안의 노동소득에 대하여 세대별 평균소득 대비 당해연도 소득 비중을 살펴보았다. 민주화 세대 중 1970년 초반 출생자는 이후 출생자에 비해 평균소득 대비 소득 비중이 가장 높았으며, 첫 일자리 취득 8년 차에 비중이 100%가 넘어선 반면, 1975년 이후 출생자는 10년 동안 100%를 넘지 못했다. 즉 과거에 비해 최근 청년들은 노동시장 전체에서 차지하는 임금 비중이 첫 일자리부터 10년 동안 계속 낮으며, 시간이 지나도 기성세대의 임금인상 수준을 따라가지 못함을 알 수 있다. 이러한 현상은 남녀 차이에서 더욱 두드러져서, 남성은 모든 출생 코호트에서 5년 차에 평균임금대비 100%를 넘어서지만, 여성은 모든 코호트에서 첫 취업 후 10년 동안 한 번도 100%를 넘지 못했다.

넷째, 생애노동 유형에 따른 1년 차 임금과 10년 차 임금을 비교하였다. '안정적 임금노동자'의 1년 차 소득 비중이 모든 출생 코호트에서 동일하게 높았으며, 10년 차 소득 비중도 안정적 임금노동자가 가장 높았다. 또한 10년 차 평균소득 대비 소득 비중은 최근에 오면서 낮아졌다. 즉 청년의 노동시장 전체에서의 임금 수준이 과거에 비해 낮다는 것을 추측할 수 있다.

다섯째, 첫 취업 후 10년 차 소득에 영향을 미치는 요인이 후기 민주화 세대(1970년대생)과 전기 정보화 세대(1980년대생)에서 차이가 있었다. 후기 민주화 세대는 고졸 대비 대졸 이상이 5.15로 가장 큰 영향 요인이었고, 1차년도 소득은 4.6으로 다음이었다. 반면 전기 정보화 세대는 여성에 비해 남성이 5.8로 가장 높고, 임시 일용 대비 비임금일 경우 4.14, 1차년도 소득은 3.65 순으로 영향을 미쳤다.

제5장에서는 제3장과 제4장의 양적 분석을 보완하기 위해 질적 분석을 시도하였다. 앞서 제3장 세대별 생애노동 궤적 및 제4장 세대별 생애노동 유형과 소득불평등은 모두 양적 데이터를 기반으로 개인의 생애 주기와 생애노동을 결합하여 분석한 것이다. 이러한 양적 분석을 기반으로 현세 노동자의 삶을 살고 있는 사람들의 의견을 청취하여 보다 현실적인 생애노동의 모습을 파악하고자 표적집단심층면접(FGI : Focus Group Interview)을 실시하였다.

면접 대상은 제3장의 생애노동 궤적 유형이 반영될 수 있도록 '일자리 유지' 유형과 '일자리 이동' 유형, '경력단절' 유형으로 구분하였고, 면담은 총 17명을 대상으로 2024년 1월 24일, 29일, 30일 3일에 걸쳐 진행하였다.

조사내용은 제3장의 생애노동 궤적을 반영하기 위하여 노동시장 진입기, 활동기, 은퇴기로 구분하고, 제4장 소득불평등을 반영하기 위하여 개인이 느끼는 불평등에 관한 질문으로 구성하였다.

표적집단심층면접(FGI)의 시사점은 다음과 같다.

첫째, 첫 일자리를 갖는 것은 과거에 비해 현재가 더욱 어려워진 것으로 인식되었다. 50대는 IMF 이전에 취업을 하여 고졸자와 대졸자 모두 취업이 어렵지 않았다. 반면 정보화 세대인 30~44세는 IMF 이후 경제가 완전히 회복되지 못한 상태로 대부분 취업이 어려웠다고 언급하였다.

둘째, 이직을 한 이유는 세대별 공통된 특징이 발견되지 않았고, 개인이 처한 환경에 따라 다양하게 응답되었다. 모든 세대와 모든 일자리 유형에서 적성에 맞지 않거나, 출산 및 육아, 회사 사정이 어려워진 경우 등의 의견이 제시되었다. 이직 시 고려해야 할 점으로는 모두 '나이'를 언급하여, 일정한 나이 이후 이전 직장과 비슷한 수준의 직장으로 이직하는 것은 매우 어려운 일로 여겨진다.

셋째, 모든 연령대에서 은퇴하지 않고 계속 일하고자 하는 욕구가 있었다. 40대는 대출금을 갚는 것이 은퇴준비라고 할 만큼 은퇴준비가 되어 있지 않다고 응답하였으며, 상대적으로 50대는 은퇴준비에 대한 구체적인 계획을 가지고 있는 것으로 언급하였다.

넷째, 첫 일자리 임금 수준 대비 현재 임금수준을 비교했을 때, 일자리 유지형은 첫 일자리에서 또래보다 임금이 낮았더라도, 현재는 또래 집단보다 높게 받는다는 응답이 많았다. 반면 일자리 이동형과 경력단절형은 시작할 때는 비슷하였는데, 현재는 또래보다 낮다는 응답이 대부분이었다. 특히 50대에 재취업을 한 경우는 최저임금 수준의 일자리를 얻는 것이 일반적이라는 의견이 많았다.

다섯째, 우리나라 소득불평등 정도에 대하여, 대부분 불평등하다는 의견이 많았다. 반면 50대에서는 다른 연령대에 비해 불평등이 심하지 않다는 응답이 상대적으로 많았는데, 불평등이 개인 능력 차이에서 발생하기 때문이라는 의견이 제시되었다.

제2절 남은 과제와 정책적 시사점

세대별 노동생애의 관점으로 한국 사회를 독해한 이 보고서는 학술적으로 몇 가지 신선한 시도를 담으려고 애썼다. 동시에 바로 그 신선함의 뒤편에는 가볍지 않은 숙제도 남아 있다. 결론을 쓸 자리에 이 보고서의 의미를 밝히고 미진한 지점을 고백한 다음 정책적으로 새겨볼 대목을 제시하고자 한다.

첫째, 이 보고서는 세대에 초점을 두고 중범위 수준에서 접근한 집합적 노동사의 성격을 갖는다. 노동의 역사는 산업구조, 고용률 및 실업률, 고용형태, 노동조합 조직률 같은 거시적 시각으로 접근할 수도 있고, 반대로 미시적으로 노동자 개인의 생애사로 파악할 수도 있다. 이 보고서는 구조사도 아니고 개인 생애사도 아닌 그 중간 지대 어디쯤에 위치한다. 장기간에 걸친 집합적 노동생애사는 아마도 이 보고서가 처음 시도한 것 같다. 동시에 이 보고서는 한국의 사회변동을 나름대로 독특한 시각으로 재구성했다. 한국의 사회변동을 산업화, 도시화 같은 사회경제적인 흐름으로 파악할 수 있지만 이런 흐름들이 사람들의 삶에 녹아든 모습을 장기적으로 파악한 연구는 보기 어렵다. 이 보고서가 그려낸 노동생애를 파노라마처럼 펼쳐보면 그것이 곧 한국의 노동사 다큐멘터리가 될 것이다.

이 지점에서 미처 하지 못한 이야기가 있다. 사회변동을 노동생애의 시선으로 그려내면서 세대를 들춰내기는 했는데, 정치 · 경제 · 사회의 전반적인 흐름과 이어지는 연결고리는 공백상태로 남아 있다. 경제성장률, 고용률과 실업률, 지니계수, 노동조합 조직률 같은 총량지표를 통해 시대의 흐름을 대략 짚맥했지만 집합적 생애사로 연결되는 미세혈관은 촘촘하게 그려내지 못했다. 예컨대, IMF 경제위기 전후로 생애노동이 세대별로 어떤 편차를 보였는지 등은 충분히 분석하지 못했다. 이런 세부 주제들을 현미경으로 들여다 본 선행연구들은 이미 많이 쌓여 있고, 그것이 보고서의 본래 목적은 아니었다고 애써 위안을 삼아 본다.

둘째, 한국에서 세대 연구는 특정 세대, 특히 청년과 이른바 586세대에 집중하는 경향이 있다. 반면에 이 보고서는 관찰할 수 있는 시간의 지평을 최대치까지 늘려 그려본 벽화다. 물론 관찰기간에 차이가 있는 탓에 세대별 서술에는 편차가 있다. 하지만 현재 시점에서 노동패널을 물감 삼아 그릴 수 있는 벽화로서는 화폭이 가장 넓을 것이다.

너른 화폭에 그림을 그리다 보니 붓이 닿지 않아 여백으로 남겨둔 구석도 많다. 예를 들어 노동생애의 유형과 궤적이 세대별로 다르다는 발견을 했지만, 세대별 차이점의 맥락과 이유에 대해서는 복수의 의문부호를 찍은 채 팔레트를 접는다. 물론 세대별로 청년기에 궤적이나 생애소득 불평등에 미치는 요인처럼 몇몇 중요한 지점에 대해서는 계량분석을 통해 정밀한 분석을 시도했다. 나름대로 의미가 있지만, 분석을 기다리는 수많은 주제들 가운데 일부분에 불과하다. 아쉬움이 남지만 이 보고서에 자극을 받는 연구자가 있다면 정밀한 후속 연구를 기대해 본다.

셋째, 이 보고서는 한국의 세대유형학을 본격적으로 시도한 최초의 연구가 될 듯싶다. 같은 세대 안에 동질성과 이질성이 공존한다는 것은 굳이 이름 높은 학자들의 말을 듣지 않아도 상식에 해당한다. 그러나 세대의 동질성과 이질성, 분화와 다양성을 파악하는 방법은 별도로 이론적으로 개발할 필요가 있었다. 이 보고서는 노동생애의 관점에서 세대에 새롭게 다가섰다. 세대유형학도 정치적 · 사회적 의식을 포함하여 기준을 다양하게 설정할 수 있을 것이나 이 보고서가 설정한 노동생애의 유형은 선행연구에서 그다지 주목하지 않은 주제다. 한발 더 나아가 제3장에서 그려낸 세대별 노동생애의 궤적은 나름대로 이 보고서의 새로운 기여라고 판단된다. 계량분석을 통해 구성한 노동생애에 FGI를 통해 주관적 요소까지 덧붙임으로써 세대를 주 · 객관적으로 그려내고자 했다.

물론 세대유형학과 노동생애의 궤적은 이 보고서가 독점하는 대상은 아니다. 이 보고서와는 다른 붓과 캔버스를 써서 세대별 노동생애를 그려낼 수 있다. 예를 들어 사회경제적 지위의 대물림이 세대의 유형이나 궤적과 어떤 관계가 있는지는 아직 다루지 않은 주제다. 노동패널에 나이테가 늘어갈수록 화폭은 더 넓어지고 화도는 높아질 것인데, 이 주제는 추후의 연구과제로 창고에 쟁여 놓고자 한다.

넷째, 세대별 노동생애의 유형과 궤적에 이어 제4장에서 분석한 세대별 생애소득 불평등은 아마도 이 보고서가 최초로 다룬 주제인 듯하다. 생애소득 불평등에 관한 연구는 종종 있었지만 세대로 나누어 본 연구는 많지 않았다. 이 보고서는 세대 내 소득불평등을 살펴보고 각 세대의 청년기 소득불평등을 따로 비교분석했다는 점에서 새롭게 기여한 측면이 있다.

하지만 노동패널자료는 소득뿐 아니라 자산이나 주거 불평등에도 활용할 수 있다. 세대별로 동산, 부동산, 금융 등 자산의 축적이 어느 정도의 규모로 이루어졌고 불평등은 어떻게 나타나는지는 한국 사회를 세대로 읽을 때 빼놓을 수 없는 연구주제다. 또한 각 세대별로 언제, 어떻게, 어떤 집에서 살고, 내 집을 마련하는지도 비중 있게 검토해야 할 지점이다. 이 역시 후속연구가 요구된다.

이런 저런 성과와 한계를 가진 이 보고서는 우리 사회가 세대를 되돌아보는 작은 거울이 되면 좋겠다. 2024년에는 1954년에 태어난 70세, 1974년에 태어난 50세, 1994년에 태어난 30세가 같은 시간을 살고 있다. 비동시적인 것들의 동시성 개념으로 보자면 2024년의 한국 사회에는 과거부터 현재에 이르는 시간의 단층이 켜켜이 쌓여 있다. 여러 세대 구성원들의 삶의 궤적 한 조각 한 조각들이 우리 사회의 단층을 이루고 있다. 세대는 다양하게 그릴 수 있지만, 오늘날 세대의 풍경화는 혐오라는 물감으로 얼룩져 있다. 본문에서 보았듯이 각 세대가 서로 다른 사회경제적 조건 속에서 살고 있으니 그럴 법도 하다. 특히 21세기 청년 세대의 삶은 퍽퍽하기 그지없다.

그러나 세대별 차이점 못지않게 공통점도 눈에 띈다. 각 세대는 모두 분투하며 살아 왔고, 지금도 그렇다. 그럼에도 불구하고 안정된 삶에 이르는 길은 넓지 않다. 청년은 청년대로, 중년은 중년대로, 장년의 장년대로 힘들지 않은 세대가 없다. 이러다 보니 한국에는 정도의 차이는 있을지라도 각 세대 안에서 안정된 삶을 누리는 사람들은 많지 않다. 삶이 안정되지 않으니 일을 매우 중시한다는 것도 각 세대의 의식 저변에 흐르는 공통점이다. 청년은 말할 것도 없고 은퇴를 앞둔 세대들도 은퇴 연령이 따로 없다는 생각을 가진 사람이 많다. 자신의 가치를 일에서 실현하기 위해서라면 걱정할 게 없지만 먹고살기 위해서 일을 찾는 사람이 많다. 세대의 교집합이라고 쓰고 '안정된 삶의 희소가치화'라고 읽을 수 있는 상황이다.

'안정된 삶의 희소가치화'가 각 세대에 공히 관찰되는 현상이라면 한발 두발 '모두가 안정된 삶을 누리는 사회'로 나아가야 함은 두말할 필요가 없다. 안정된 삶을 희소가치의 세계에서 해방시켜 흔한 일로 만드는 것이다. 이른바 탈희소성 사회(post-scarcity society)가 그리는 세상이다. 물론 유토피아 같은 이야기다. 그러나 우공이 산을 옮기듯 뚜벅뚜벅 걷다보면 적어도 그런 세상 가까이 향하여 갈 수는 있을 것이다.

안정된 삶이 모두에게 고르게 펼쳐지는 사회로 나아가는 데 조금이나마 보탬이 되는 정책이 바로 생애과정 정책(life course policy)이다. 해외에서는 이미 논의가 활발하다. 사회정책은 생애과정에 주목하여 재설계할 필요가 있다는 주장이 제기되었다(Settersten, 2003). 국제협력개발기구는 『새로운 생애과정을 위한 사회정책의 현대화』라는 보고서를 낸 바 있다. 이 보고서의 서장에서는 사회정책에 생애과정의 시각을 적용할 필요성을 제기했다(D'Addio & Whiteford, 2007). 노동생애의 연장, 생애과정에 걸친 노동시간의 유연화, 고용가능성과 유연성 제고를 위한 사업장 문화 개선, 노동시장 및 주택시장의 포용성 강화, 생계부양자 지원에서 부모에 대한 일과 복지의 동시병행(in-work benefit), 노인에서 청년으로 공공지원의 이전, 사회보험에서 개인계좌제 도입 등 구체적인 정책대안도 제시되었다(Bovenberg, 2007).

생애과정 정책은 기존의 정책을 묶어 볼 수 있는 새로운 시각을 담고 있다. 사실, 생애과정정책은 용어가 생소할 수는 있지만 조각조각 형태로 이미 있다. 돌봄정책, 가족정책, 연금정책, 활동적 노화(active aging) 등 이미 널리 알려진 용어나 정책의 이름들이 모두 생애과정정책에 해당한다. 그러나 종합적인 시각으로 정책을 점검할 필요는 있다. 노동생애는 복수의 이음새로 연결된 연속적 과정이다. 취업부터 은퇴에 이르기까지 노동생애가 부드럽게 이어지는 것이 바람직할 터인데, 이 과정에서 이음새 어느 부분이 헐거운지를 점검하고 개선할 부분을 찾아 고쳐 나가는 것이 바람직하다.

참고문헌

김선기(2014), 「세대연구를 다시 생각한다 : 세대주의적 경향에 대한 비판적 검토」, 『문화와 사회』 17, pp.207~248.

_____(2019), 『청년팔이 사회』, 오월의봄.

김정훈 · 심나리 · 김항기(2019), 『386 세대유감』, 웅진지식하우스.

박재흥(2001), 「세대연구의 이론적 · 방법론적 쟁점」. 『한국인구학』 24(2), pp.47~78.

_____(2003), 「세대 개념에 관한 연구」, 『한국사회학』 37(3), pp.1~23.

변금선(2018), 「학교에서 노동시장으로의 이행 과정 변화」, 서울대학교 박사 학위 논문.

신광영(2009), 「세대, 계급과 불평등」, 『경제와사회』 81, pp.35~60.

신진욱(2022), 『그런 세대는 없다』, 개마고원

아리스토텔레스/ 조대호 옮김(2017), 『형이상학』, 길.

양해림(2022), 「한국사회의 세대간 갈등구조에 대한 철학적 성찰」, 『철학연구』 164집, pp.141~164.

여유진 · 정해식 · 김미곤 · 김문길 · 강지원 · 우선희 · 김성아(2015), 『사회통합 실태진단 및 대응방안 II』, 한국보건사회연구원.

이민호(2003), 『새 독일사』, 까치.

이철승(2019), 『불평등의 세대』, 문학과 지성사.

전상진(2002), 「세대사회학의 가능성과 한계 : 세대개념의 분석적 구분」, 『한국인구학』 25(2), pp.193~230.

_____(2013), 「경제민주화와 세대 : '연금을 둘러싼 세대들의 전쟁' 레토릭에서 나타나는 세대의미론과 활용전략의 변화」, 한국사회학회 엮음, 『상생을 위한 경제민주화』, pp.294~324, 나남.

정이환(2006), 『한국 고용체제론』, 후마니타스.

최샛별(2018), 『문화사회학으로 바라본 한국의 세대연대기』, 이화여대 출판

문화원.

최장집(2010), 『민주화 이후의 민주주의』, 후마니타스.

한국노동연구원(2023), 『KLI 노동통계』.

Aboim, S. and P. Vasconcelos(2019), Reassessing (de)standardization: Life course trajectories across three generations. *Portuguese Journal of Social Science* 18(3), pp.299~318.

Alwin, D.(2012), "Integrating Varieties of Life Course Concepts," *The Journals of Gerontology, Psychological Sciences and Social Sciences* 67(2), pp.206~220

Anxo, D., J.-Y. Boulin, C. Fagan, I. Cebrián, S. Keuzenkamp, U. Klammer, C. Klenner, G. Moreno, and L. Toharía(2006), *Working time options over the life course: New work patterns and company strategies*, Luxembourg, Office for Official Publications of the European Communities.

Anxo, D., J.-Y. Boulin, S. Keuzenkamp, U. Klammer, I. Cebrián, C. Fagan, C. Klenner, and G. Moreno(2005), *Working time options over the life course: Changing social security structures*, Luxembourg, Office for Official Publications of the European Communities.

Björklund, A. and M. Jäntti(2009), "Intergenerational income mobility and the role of family background," W. Salverda, S. Nolan & T. Smeeding (eds.), *The Oxford Handbook of Economic Inequality*, Oxford University Press, pp.491~521.

Bloch, E.(1985[1935]), *Erbschaft dieser Zeit*, Suhrkamp.

Bovenberg, A. Lans(2007), "The Life-Course Perspective and Social Policies: An Overview of the Issues," Netspar Discussion Paper No. 2007-055.

Bourquin, P., R. Joyce and D. Sturrock(2021), *Inheritances and Inequality over the Life Cycle: What Will They Mean for Younger Generations?*, The Institute for Fiscal Studies.

Chauvel, L.(2013), "Four welfare regimes, cohorts and the middle classes," J. C. Gornick & M. Jantti(eds.), *Income Inequality: Economic Disparities and the Middle Class in Affluent Countries*, Stanford University Press, pp.115~141.

Chauvel, L. and M. Schröder(2014), "Generational inequalities and welfare regimes," *Social Forces* 92(4), pp.1259~1283.

______(2015), "The impact of cohort membership on disposable incomes in West Germany, France, and the United States," *European Sociological Review* 31, pp.298~311.

Cheon, B., J. Chang, G. Hwang, J-W. Shin, S-W. Kang, B-H. Lee and H. Kim(2014), "Korea: The great U-turn in inequality and the need for social security provisions," B. Nolan, W. Salverda, D. Checchi, I. Marx, A. McKnight, I. Toth & H. Werfhorst(eds.), *Changing Inequalities and Societal Impacts in Rich Countries: Thirty Countries' Experiences*, Oxford: Oxford University Press, pp.415~436.

Corak, M.(2016), "Inequality from generation to generation: The United States in comparison," *IZA Discussion Paper*, No.9929.

D'Addio, A. C., and P. Whiteford(2007), "Intergenerational Transmission of Disadvantage: Policy Implications," Socialinė Teorija, Empirija, Politika Ir Praktika, 4, 13.

d'Albis, H. and I. Badji(2022), "Inequality within generation: Evidence from France," *Research in Economics* 76(1), pp.69~83.

Elder, G.(1995), "The life course paradigm," P. Moen et al.(eds.), *Examining lives in context: Perspectives on the ecology of human development*, Washington, DC: American Psychological Association, pp.101~139.

______(1999[1974]), *Children of the Great Depression: Social Change in Life Experience*, 25th anniversary ed. Boulder, CO: Westview Press.

Elder GH, Jr, MK. Johnson, and R. Crosnoe(2003), "The emergence and development of life course theory," Mortimer JT. & Shanahan

MJ(eds.), *Handbook of the life course*, New York: Kluwer Academic/Plenum, pp.3~19.

Elder, G. and M. Shanahan(2006), "The life course and human development," W. Damon & R. Lerner(eds.), *Handbook of Child Psychology* 1: Theoretical Models of Human Development, 6th Edition, Wiley, pp.665~715.

Escalonilla, M., B. Cueto and M. Perez-Villadoniga(2022), "Is the millennial generation left Behind? Inter-cohort labour income inequality in a context of economic shock," *Social Indicators Research* 164, pp.285~321.

Esping-Andersen, G.(1990), *The Three Worlds of Welfare Capitalism.* Cambridge: Cambridge University Press.

Farhi, E. and I. Werning(2010), "Progressive Estate Taxation," *The Quarterly Journal of Economics* 125(2), pp.635~673.

Freedman, M.(2017), "Are recent generations catching up or falling behind? Trends in inter-generational Inequality," *LIS Working Paper Series* 689, Luxembourg Income Study (LIS), Luxembourg.

Jonsson, J.(2002), C*radle to Grave: Life-Course Change in Modern Sweden.*

Karonen, E., and M. Niemela(2020), "Life course perspective on economic shocks and income inequality through age-period-cohort analysis: Evidence from Finland," *Review of Income and Wealth* 66, pp.287~310.

Kohli, M.(1985), "Die Institutionalisierung des Lebenslaufs. Historische Befunde und theoretische Argumente," *Kölner Zeitschrift für Soziologie und Sozialpsychologie* 37, pp.1~29.

______(2000), "Arbeit im Lebenslauf: Alte und neue Paradoxien," J. Kocka & C. Offe(eds.), *Geschichte und Zukunft der Arbeit*, Frankfurt a.M. S. pp.362~382.

Kuznets, S.(1955), "Economic growth and income inequality," *The*

American Economic Review 45(1), pp.1~28.

Laufer, R. and V. Bengtson(1974), "Generations, aging and social stratification: on the development of generation unit," *Journal of Social Issues* 30(3), pp.181~205.

Mannheim, K.(1964[1928/1929]), "Das Problem der Generationen," *Kölner Vierteljahreshefte für Soziologie* 7(1928/29), pp.157~184, *Wissenssoziologie*, Neuwied: Luchterhand, pp.509~562.

Martín, N. and C. García-Perez(2023), "The intergenerational mobility of income: A study applied to the Spanish case(2005~2011)," *Journal of Family and Economic Issues* 44, pp.65~83.

Mayer, K. U.(2005), "Life courses and life chances in a comparative perspective," S. Svallfors(ed.), *Analyzing Inequality: Life Chances and Social Mobility in Comparative Perspective*, pp.17~55. Stanford University Press, Palo Alto.

Milanović, B.(2014), *Global Inequality: A New Approach for the Age of Globalization*, Harvard University Press.

Möhring, K.(2016), "Life course regimes in Europe: Individual employment histories in comparative and historical perspective," *Journal of European Social Policy* 26(2), pp.124~139.

Muffels, R., H. Chung, D. Fouarge, U. Klammer, R. Luijkx, A. Manzoni, A. Thiel and T. Wilthagen(2008), *Flexibility and Security over the life course, empirical proofing*, Luxembourg, Office for Official Publications of the European Communities.

Naegele, G., C. Barkholdt, B. de Vroom, J. Goul Andersen, and K. Krämer (2003), *A new organisation of time over working life*, Luxembourg, Office for Official Publications of the European Communities.

OECD(2008), *Growing Unequal? Income Distribution and Poverty in OECD Countries.*

______(2011), *Divided We Standd: Why Inequality Keeps Rising.*

Piketty, T.(2000), "Theories of persistent inequality and intergenerational mobility," A. Atkinson and F. Bourguignon(eds.), *Handbook of Income Distribution*, pp.429~476.

______(2014), *Capital in the Twenty-First Century*, Harvard University Press.

Pilcher, J.(1993), "Mannheim's sociology of generations: an undervalued legacy," *British Journal of Sociology* 45(3), pp.481~495.

Ryder, N. B.(1965), "The cohort as a concept in the study of social change," *American Sociological Review* 30(6), pp.843~861.

Settersten, R.(2003), *Invitation to the Life Course: Towards new understandings of later life*(1st ed.), Routledge.

Sirniö, O., T. Kauppinen and P. Martikainen(2017), "Cohort differences in intergenerational income transmission in Finland," *Acta Sociologica* 60(1), pp.21~39.

Torres, A., R. Brites, B. Haas, and N. Steiber(2007), *First European Quality of Life Survey: Time use and work-life options over the life course in Europe*, Luxembourg, Office for Official Publications of the European Communities.

Vuolo, M., J. T. Mortimer, and J. Staff(2014), "Adolescent precursors of pathways from school to work," *Journal of Research on Adolescence* 24(1), pp.145~162.

White, J.(2013), "Thinking generations," *The British Journal of Sociology* 64(2), pp.216~247.

Wingens, M.(2022), *Sociological Life Course Research*, Springer.

World Bank(1993), *The East Asian Miracle: Economic Growth and Public Policy*, Oxford: Oxford University Press.

◈ 執筆陣

• 이지은(한국노동연구원 전문위원)
• 황규성(한신대학교 연구교수)

세대별 생애노동과 불평등

▪발행연월일	2024년 6월 25일 인쇄 2024년 6월 28일 발행
▪발 행 인	허 재 준
▪발 행 처	**한국노동연구원** 30147 세종특별자치시 시청대로 370 세종국책연구단지 경제정책동 ☎ 대표 (044) 287-6081 Fax (044) 287-6089
▪조판 · 인쇄	거목정보산업(주) (044) 863-6566
▪등 록 일 자	1988년 9월 13일
▪등 록 번 호	제2015-000013호

정가 9,000원

ISBN 979-11-260-0773-8